평생교육 조사방법론

윤명희 · 서희정 · 성수현 · 고영화 공저

Survey Research Methodology for Lifelong Education

학지사

머/리/말/

요즘과 같이 하루가 다르게 쏟아지는 수많은 지식과 정보는 사람들에게 평생 동안 새로운 학습이 필요하다는 것을 상기시키고 있다. 평생학습을 통한 자기개발이 개인뿐 아니라 지역사회 및 국가의 당면과제로 대두되면서 평생교육의 중요성은 어느 때보다 더 부각되고 있다.

또한 학교교육 또는 평생교육 현장에서 평생학습의 중요성이 점점 커짐에 따라 이에 대한 객관적인 정보를 학습자들에게 제공하는 활용적인 측면의 중요성도 커지고 있다. 자연히 평생교육 현장에서 조사연구의 필요성이 강조되는데, 조사연구 시 과학적인 조사방법을 알고 조사를 수행할 때와 그렇지 않을 때 결과에 미치는 영향이 큰 차이가 있을 수 있다. 이에 저자들은 조사연구 수행 시 도움이 되는 과학적 지식과 전문적 기술을 체계적으로 함양할 수 있는 서적의 필요성을 느껴 이 책을 공동 집필하기에 이르렀다. 저자들은 지난 1년 동안 매주 1회씩 정기적으로 모여 공동으로 논의를 하며 수정하는 과정을 통해 이 책을 집필하였다.

이 책의 내용은 총 4부로 구성되어 있다. 1부는 조사연구의 기본적인 이해를 위해 과학적 연구의 개념과 틀, 다양한 연구방법의 특징, 과학적 조사연구의 구성요소를 다루었다. 2부는 자료의 수집절차를 설명하기 위해 연구문제 제기에서 시작하여 설문지 작성법 등 다양한 자료수집 방법을 소개하였다. 3부는 자료의 분석절차를 설명하기 위해 양적자료 및 질적자료 분석법, 측정 및 척도, 타당도와 신뢰도, 표본추출 방법을 다루었다. 마지막 4부는 조사연구 시 첫 단계에서 수행하는 계획서 작성법과 조사완료

후 이를 보고하는 보고서 작성법에 대해 상세히 설명하였다.

특히 책의 집필을 준비하면서 저자들은 학생들의 이해를 높이기 위해 다음의 몇 가지 사항을 유념하였다. 첫째, 각 장의 앞부분에 교육목표를 구체적으로 제시함으로써 독자들이 성취해야 할 행동을 열거하였다. 혹시 그 장을 읽고 난 후 제시된 교육목표를 달성하지 못했다고 느꼈을 때는 다시 읽어 보는 노력을 해야 할 것이다. 둘째, 설명식의 문장으로 길게 작성되었을 때 느낄 수 있는 지루함을 없애기 위해, 곳곳에 요약표를 제시하여 본문 내용의 이해를 높이고자 하였다. 셋째, 기존의 조사연구방법 책이 양적 연구방법에 치우쳐 있는 것에 비해, 이 책은 질적연구분석법을 추가 제시하였다. 이는 최근 교육분야에서 그 요구가 높아지고 있는 질적연구를 독자들이 수행할 때 직접적인 도움이 되고자 한 것으로 질적연구의 입문 내용을 상세히 다루었다.

이 책은 다양한 교육분야—학교교육 또는 평생교육—에서 실제 조사연구를 수행하는 데 관심이 있는 교사와 평생교육사, 대학생, 대학원생, 기타 관련 연구자들을 위해 쓰였다. 이 책이 대학의 평생교육사 양성과정의 교육조사방법론이나 다른 과정의 조사방법론 교재로 활용될 수 있기를 기대한다. 또한 새로운 교육 프로그램을 도입하기 위해 수요조사를 하거나, 프로그램 운영 후 학습자의 만족도를 조사할 때, 또는 프로그램의 성과를 평가할 때 등 다양한 상황에서 활용되기를 바란다.

마지막으로, 이 교재를 통해 독자들이 조사연구의 기본개념과 분석 과정에 대한 이해뿐 아니라 조사연구가 사용되고 있는 교육현장에 적용시켜 자신의 목적에 맞는 조사연구를 수행할 수 있는 자신감과 능력을 갖출 수 있게 되기를 기대해 본다.

2009년

저자 일동

✤ 차 례

▪ 머리말 ▸▸▸ 3

PART 1 조사연구의 기본적 이해

제1장 사회과학의 과학적 접근 ······························ 11

제1절 과학의 개념과 범위 ▸▸▸ 12
제2절 과학적 접근방법의 의의 ▸▸▸ 15
제3절 과학적 연구방법의 특성 및 역할 ▸▸▸ 18
제4절 과학적 연구의 한계 ▸▸▸ 26

제2장 사회과학 조사방법의 이해 ······························ 35

제1절 사회과학 조사방법론 ▸▸▸ 36
제2절 평생교육 조사연구 ▸▸▸ 48

제3장 사회과학 조사연구의 구성요소 ······························ 59

제1절 개념과 정의 ▸▸▸ 60
제2절 가설과 변수 ▸▸▸ 65
제3절 이론과 모형 ▸▸▸ 72

PART 2 자료의 수집절차

제4장 연구문제 제기 ······························ 77

제1절 연구문제의 인식 및 구성 ▸▸▸ 78

제2절 연구문제의 선정 ▸▸▸ 82
제3절 연구문제의 진술 ▸▸▸ 86

제5장 사회조사 연구설계 ········· 91

제1절 연구설계의 이해 ▸▸▸ 92
제2절 사회조사 연구설계의 구성요소 ▸▸▸ 92
제3절 사회조사 연구설계의 타당도 ▸▸▸ 101

제6장 자료수집 방법의 이해 ········· 111

제1절 자료수집의 의미 ▸▸▸ 112
제2절 자료수집 방법 ▸▸▸ 115

제7장 설문지 작성법 ········· 133

제1절 설문지의 구성요소 ▸▸▸ 134
제2절 설문지 작성과정 및 작성법 ▸▸▸ 136

PART 3 자료의 분석절차

제8장 양적자료 분석법 ········· 163

제1절 자료분석의 이해 ▸▸▸ 164
제2절 양적자료의 검토 및 코딩 ▸▸▸ 166
제3절 양적자료 분석 및 해석 ▸▸▸ 171

제9장 질적자료 분석법 ········· 195

제1절 질적연구의 이해 ▸▸▸ 196
제2절 질적자료의 수집방법 ▸▸▸ 197
제3절 질적자료 분석의 이해 ▸▸▸ 200

제10장 측정 및 척도 ········· 205

제1절 측정의 의미 ▸▸▸ 206
제2절 측정의 수준 ▸▸▸ 208

제3절 척도의 구성 ▸▸▸ 212

제11장 타당도 225

제1절 타당도의 개념 ▸▸▸ 226
제2절 타당도의 유형 ▸▸▸ 227

제12장 신뢰도 233

제1절 신뢰도의 개념 ▸▸▸ 234
제2절 신뢰도의 유형 ▸▸▸ 236
제3절 타당도와 신뢰도의 관계 ▸▸▸ 241

제13장 표본추출 방법 243

제1절 표본추출 과정 ▸▸▸ 244
제2절 확률적 표집방법 ▸▸▸ 249
제3절 비확률적 표집방법 ▸▸▸ 254

PART 4 조사계획서 및 보고서 작성방법

제14장 조사계획서 작성법 259

제1절 조사계획서의 중요성 ▸▸▸ 260
제2절 조사계획서의 작성단계 ▸▸▸ 264
제3절 조사계획서의 체제 ▸▸▸ 265

제15장 조사보고서 작성법 267

제1절 윤리적 지침 ▸▸▸ 268
제2절 조사보고서의 체제 ▸▸▸ 269

- 부록 ▸▸▸ 273
- 참고문헌 ▸▸▸ 285
- 찾아보기 ▸▸▸ 289

P·A·R·T **1**

조사연구의 기본적 이해

제1장 사회과학의 과학적 접근
제2장 사회과학 조사방법의 이해
제3장 사회과학 조사연구의 구성요소

제1장 사회과학의 과학적 접근

학습목표

1. 과학의 개념을 설명한다.
2. 상식과 과학의 차이를 설명한다.
3. 과학적 접근방법을 알고 과학적 연구방법을 설명한다.
4. 과학적 연구의 특성과 역할을 설명한다.
5. 과학적 연구방법을 알고 이를 연구에 적용한다.
6. 과학적 연구의 한계점을 알고 올바른 과학적 연구를 수행한다.

제1절 과학의 개념과 범위

1. 과학의 개념

과학은 'scire(알다)'라는 라틴어에서 유래된 용어로, 우리를 둘러싸고 있는 세계를 이해하고자 하는 노력으로부터 출발하여 이론적으로 파악하려는 지식적인 체계다. 과학은 사용하는 의미와 범위에 따라 크게 두 가지로 살펴볼 수 있다.

첫째, 과학을 자연과학과 동일한 의미로 생각한다. 자연과학이 자연현상을 연구대상으로 하는 것처럼 과학도 자연현상을 연구대상으로 하며 크게 물리학, 화학, 생물학, 천문학, 지학 등으로 구성되어 있다고 보는 관점이다.

둘째, 과학을 자연과학뿐만 아니라 인문 · 사회과학 등을 총칭하는 넓은 의미의 학문으로 보는 관점이다. 자연과학은 검증을 통해 자연현상을 연역적인 방법으로 그리고 가능한 한 객관적으로 탐구하는 활동을 말한다. 사회과학은 사회현상을 지배하는 객관적인 법칙을 증명하려는 경험과학으로서, 사회학과 정치학, 경제학, 역사학 등이 이에 속한다.

즉 과학은 좁게는 자연과학, 넓게는 인문 · 사회과학 등을 포함한 넓은 의미의 학문을 총칭한다고 말할 수 있다.

2. 상식과 과학

간혹 과학을 일반적인 상식과 혼돈하여 생각하는 경우가 있다. 그러나 상식이 우리가 일반적으로 알고 있고 옳다고 생각되는 것을 비판없이 수

> ❖ **상식과 과학의 차이**
>
> • 과학은 체계적인 개념적 도식과 이론적 구조 방식 사용
> • 과학은 이론과 가설을 체계적이고 실험적으로 검증
> • 과학은 통제를 사용
> • 과학은 추상적 설명을 사용하지 않음

용하는 것이라면, 과학은 과학적인 접근과정을 거쳐서 수용하는 것이라는 측면에서 상식과 분명히 구분되어야 하는 개념이다. 예를 들어, "부모가 자녀교육에 관심을 가지면 자녀가 성공한다."라는 설에 대해, 상식의 경우 비판없이 수용하지만 과학의 경우 가설검증과 같은 과학적인 접근방법을 사용하여 수용한다. 상식과 과학의 내용이 다르지 않게 느껴져 상식을 과학으로 오인하는 경우가 발생하기도 하지만, 상식과 과학은 다양한 측면에서 뚜렷한 차이점을 가지고 있다(Kerlinger, 1989).

상식과 과학의 차이점을 구체적으로 살펴보면 다음의 〈표 1-1〉과 같다.

〈표 1-1〉 상식과 과학의 차이점

구분	상식	과학
개념적 도식 및 이론적 구조 사용 방식	개념과 서술을 있는 그대로 받아들임	체계적, 실험적 검증을 통해 받아들임
검증방식	선택적 방법	체계적 방법
통제에 대한 관점	통제를 사용하지 않음	원인 외의 다른 변인 통제
현상 설명 방식	추상적 설명 포함	추상적 설명 배제

첫째, 상식과 과학은 개념적 도식과 이론적 구조를 사용하는 방식이 다르다. 과학은 자신의 이론과 가설을 체계적이고 실험적으로 검증하는 반면, 상식은 검증 없이 그대로 받아들인다. 즉 과학은 과학자들에 의해 체계적으로 이론적 구조를 세우고 내적 일관성 검증 및 체계적인 실험적 검

증을 실시한다. 그러나 상식은 개념과 이론을 사용함에 있어 허술하며 자연과 인간의 현상에 대한 기묘한 설명을 고민없이 쉽게 받아들이는 경향이 있다.

둘째, 검증방식이 다르다. 과학은 체계적인 방법을 사용해 검증하고 이를 통해 검증된 사실만을 수용하는 반면, 상식은 선택적인 방법을 통해 어떠한 증거가 자신의 가설과 일치하거나 많은 사람들이 자신의 가설을 믿고 있다면 이를 선택하고 확정하는 경향이 있다. 예를 들어, 외아들이나 외동딸이 흔히 의존적이라는 관점에 대해, 상식은 많은 외아들, 외동딸이 흔히 의존적이라는 사실만으로 자신의 믿음을 쉽게 '확증'한다. 여기서 독립적인 외아들이나 외동딸의 경우는 고려하지 않는다. 하지만 과학자는 이러한 선입관과 편견, 가설의 선택적 지지를 철저히 배제시키고, 실험 · 관찰 및 상관관계의 연구와 같은 실증적인 연구를 통해 검증하려고 한다.

셋째, 통제에 대한 관점의 차이가 존재한다. 통제는 최종적으로 연구결과의 '원인'이라고 판단되는 것 이외의 다른 변인들을 체계적으로 배제하는 것을 의미한다. 과학에서는 이런 통제를 중요시하는 반면, 상식은 그렇지 못하다. 상식은 단지 자신의 생각이나 믿음과 일치하는 사실만을 받아들이는 경향이 있으므로 통제의 과정이 개입될 여지가 없기 때문이다. 예를 들어, 학군이 좋지 않은 일반 학교에서 학생들의 비행률이 높다고 인식된다면, 상식에서는 학군이 좋은 학교에서 발생하는 비행은 문제시하지 않는 경향이 있다. 반면, 과학은 여러 학교에서 발생하는 비행 사례를 통해 밝혀진 다양한 원인들을 나열하고, 이를 토대로 통제의 과정을 거쳐 직접적인 원인을 찾아 나갈 것이다.

넷째, 관찰된 현상의 관계를 설명하는 데 있어서도 차이가 있다. 과학은 추상적 설명을 배제시키는 반면, 상식은 추상적 설명도 포함한다. 추상적 설명이란 객관적으로 검증될 수 없는 명제를 말한다. 이는 과학자라면 추상적 진술을 일축해 버리거나 그것들이 옳지 않으며 의미가 없다고 주장해야 한다는 의미가 아니라, 과학자로서 추상적 진술은 가급적 다루지 않는다는 것을 의미한다.

제 2 절 과학적 접근방법의 의의

인간은 자신을 둘러싼 다양한 환경에 영향을 받으며 살아가는 존재이므로 이에 대한 지식을 얻기 위해 많은 노력을 해 왔다. 이러한 지식을 얻기 위한 지식습득 방법에는 관습적 방법, 권위적 방법, 신비적 방법, 직관적 방법, 과학적 방법 등이 있다(윤성채, 최종후, 1999; 채서일, 1999).

❖ 지식습득 방법

- 관습적 방법: 사회적으로 형성되어 있는 선례, 관습, 습성 등을 비판 없이 수용
- 권위적 방법: 권위 있는 사람 또는 조직에 의해 형성된 지식 수용
- 신비적 방법: 초자연적인 권위자로부터 오는 지식 수용
- 직관적 방법: 비판의 여지가 없는 분명한 명제에서 출발하여 지식 형성
- 과학적 방법: 체계적인 검증을 통해 지식 형성

1. 관습적 방법

관습적 방법은 사회적으로 이미 형성되어 있는 선례나 관습 또는 습성 등을 비판 없이 그대로 수용하여 자신의 지식으로 형성하는 것을 말한다. 예를 들어, "화상에는 된장을 바르면 좋다." "산모는 출산 후에 당분간 찬 바람을 쐬면 안 된다." 등이 그것이다. 반드시 옳은 지식은 아니지만 생활과 관련된 많은 지식들이 관습이나 전통에 근거해 쉽게 받아들여지는데, 그 이유는 주로 인간의 보수성과 이를 받아들이지 않았을 경우 받게 될 불

편과 고통 때문이다. 그러나 관습이나 전통은 시대의 흐름에 따라 변화하거나 대립되는 견해에 확실한 해답을 주지 못하는 한계가 있다. 또한 모든 사람이 알고 있는 사실만을 자신의 지식으로 받아들이게 되면 지식의 발전을 불가능하게 만들며, 과학적인 방법보다 상식의 수준에서 지식을 받아들여 잘못된 지식이 적용될 가능성이 높다.

2. 권위적 방법

권위적 방법은 분야별로 자질을 갖춘 권위 있는 사람들로부터 생산된 지식을 수용하는 것을 말한다. 흔히 어떤 지식을 설명할 때 자기 주장의 타당성과 설득력을 높이기 위해 인품이 뛰어나거나, 전문기술을 갖고 있거나, 사회적 지위가 높은 사람을 인용한다. 또한 믿을 만한 정보 출처를 인용한다든지 신뢰도가 높은 공공기관의 유권해석을 적용하기도 한다. 권위적 방법은 지식의 원천을 타인 또는 타 조직의 권위에 두고 있는 것이 특징이다. 이 방법은 개인이 권위적 방법에 따라 제안된 지식에 의문을 제기할 경우, 제기한 의문이 그 지식과 반대되는 것이라면 쉽게 받아들여지지 않는 경향이 있어 지식탐구의 의지를 제약하는 문제점이 있다.

3. 신비적 방법

신비적 방법은 지식 추구자의 심리적 측면에 초점을 둔 것으로 지식이 어떤 격언, 전설, 신 등의 초자연적인 권위자로부터 오는 것을 말한다. 이는 권위적 방법과 매우 유사한 지식습득 방법이지만, 초자연적인 것에 근거하고 있고 지식 추구자의 심리적인 측면에 역점을 두고 있다는 점에서 차이가 있다. 보편적으로 현재의 상태가 불안하거나 어떠한 것을 갈

망하는 자는 신비적 형태의 지식을 쉽게 받아들이는 경우가 생긴다.

4. 직관적 방법

직관적 방법은 비판의 여지가 없는 분명한 명제에서 출발하여 지식을 개발해 나가는 방법이다. 예를 들면, "전체는 부분의 합보다 크다." "원인 없는 결과는 없다."와 같은 명제는 많은 사람들이 의심 없이 받아들인다. 이처럼 비판의 여지가 없는 명제를 받아들여 지식을 형성해 나가는 것이 직관적 방법이다. 그러나 이러한 직관에 의한 방법으로 인정되었거나 인정되고 있는 명제라 하여 다 자명성을 지니는 것은 아니다. 예를 들면, 과거에 당연히 받아들여졌던 명제인 "전체는 부분의 합과 같다."는 현대에 와서 형태주의자들에 의해 그렇지 않음이 밝혀졌다. 따라서 어떤 명제든지 의문을 갖는 것은 중요하다. 이처럼 직관적 지식에 의문을 가지고 비판적으로 생각하는 것이 과학적인 사고의 출발이 될 수 있다.

5. 과학적 방법

과학적 방법은 가능한 한 많은 의문을 제기하고, 제기된 의문들을 과학적으로 증명해 감으로써 지식을 습득해 나가는 방법이다. 앞서 제시한 지식을 습득하는 방법인 관습적, 권위적, 신비적, 직관적 방법으로부터 습득되는 지식의 한계점을 벗어나, 체계적인 검증을 통해 과학적인 지식을 형성하려는 것이다. 따라서 과학적 방법은 이전에 제시된 다른 방법들과 달리 과학적인 특징을 가지고 있다. 즉 논리적, 경험적인 특징을 가지고 있는 것이다. 이는 현상에 대해서 논리적으로 탐구하여 유추된 지식이 실제 현상에서 경험적으로 관찰된 사실과 일치해야 함을 뜻하는 것으로, 과학적 이론이 현실적으로 어떻게 존재하고 있는가를 보여 주는 가장 합리적인 수단이 될 수 있다.

제3절 과학적 연구방법의 특성 및 역할

1. 과학적 연구의 특성

과학은 자연현상 또는 사회현상을 이해하는 데 도움을 주며, 연구자는 사물의 현상을 정확하게 기술하고 여러 가지 현상 속에 내재된 규칙성을 발견하여 이를 이론으로 정립할 수 있어야 한다. 즉 과학적인 활동을 통해 인간을 둘러싸고 있는 자연현상 및 사회현상을 이해할 수 있어야 한다. 이러한 연구자의 활동이 과학적인 것인지 아닌지를 명확히 구분하기 위해서는 과학적 연구의 특성을 이해하는 것이 선행되어야 한다. 과학적 연구의 특성을 살펴보면 다음과 같다(정재욱, 2006; 채서일, 1999).

❖ 과학적 연구의 특성

- 논리적 사고활동
- 원인과 결과에 대한 결정론적 이해
- 일반성 추구
- 간결성 추구
- 구체적인 표현
- 경험적 검증 가능성
- 동일한 연구과정은 동일한 결론을 이끔
- 수정 가능성

첫째, 과학적 연구는 논리적(logical)이다. 근본적으로 과학은 합리적인 사고활동으로서 과학적 설명은 이치에 맞아야 한다. 즉 과학은 논리적 사고에 의존해야 하며, 우리가 알고 있는 지식체계 내에서 객관적 사실에 의해 뒷받침되어야 함을 의미한다. 예를 들어, "국어공부를 많이 할수록 국어점수가 높다."는 것은 이치에 맞는 설명이다. 즉 논리적으로 공부를 많이 할수록 점수가 높을 것이라고 생각하기 때문이다. 따라서 이를 뒷받침할 수 있는 객관적 사실이 바탕이 된다면 논리적으로 타당성을 가지게 될 것이다.

둘째, 과학적 연구는 결정론적(deterministic)이다. 과학에서는 원인에 의해서 결과가 발생함을 가정한다. 즉 과학자들에게 모든 현상은 자연발생적인 것이 아니라 어떤 원인에 의해서 발생하는 것이다. 예를 들어, 국회의원 선거에서 어느 유권자가 특정 후보자에게 표를 던진 경우 과학자들은 그 투표행위의 원인을 찾는다. 이를 통해 사회계급, 지연, 학연 등의 여러 요소가 작용했다고 결론을 내리는 것이다.

그러나 과학자들이 모든 현상에 대한 원인을 아는 것은 불가능하다. 또한 모든 현상이 한 가지 원인으로만 나타나는 것이 아니고, 여러 가지 원인에 의해서 발생되는 현상임을 인정한다. 따라서 어떠한 특정 현상이 발생할 때 하나의 원인에 의해서 일어날 확률로 표현하기도 한다. 이를 과학에서는 확률적 결정론이라 한다.

셋째, 과학적 연구는 일반적(general)인 것을 추구한다. 일반적이라는 말은 과학이 각각의 현상들을 하나하나 설명하기보다는 일반적인 이해를 추구한다는 것이다. 즉 과학적 연구는 특정 상황이나 특정인에게만 해당되는 개념보다 일반적인 상황과 보편적인 사람들에게 해당하는 결과를 추구한다. 예를 들어, 특정한 모양이나 색을 가진 공이 떨어지는 사실을 증명하기보다는 모든 공이 떨어지는 사실을 설명하려고 노력하며, 국회의원 선거에서 어떤 유권자가 특정 후보에게 얼마나 표를 줄 것인가와 같이 특정한 유권자의 행위를 예측하기보다는 다수의 유권자가 특정 후보에게 표를 주는 일반적 행위에 대한 정보를 제공하려고 한다는 것이다.

넷째, 과학적 연구는 간결(parsimonious)한 것을 추구한다. 이전의 특징에서 살펴보았듯이 과학자들은 현상의 유형별로 공통적인 요소를 찾아내어 일반적으로 이해하는 경향이 있다. 그와 동시에 현상의 유형을 구분하는 데 도움이 되지 않는 요소는 일반화된 이론에서 배제하여 최대한 간결하게 표현하려고 한다.

이는 과학자들이 어떠한 현상의 원인을 가능한 한 적은 설명변수를 가지고 설명하려는 특성이 있음을 의미하는 것이다. 즉 어떤 현상을 이해하는 데 필요한 최소한의 설명변수만을 이용하여 가능한 한 최대의 설명력을 얻으려고 함을 의미한다. 예를 들어, 어떤 평생교육전공 학자는 성인학습자의 참여 성향을 교육참여 횟수와 사회적 지위만을 이용해서 설명하였고, 또 다른 학자는 성별, 가정배경, 교육수준, 교육참여 횟수와 사회적 지위 등의 설명변수를 가지고 설명하여 보다 높은 설명력을 얻었다고 하자. 이때 후자의 학자는 많은 설명변수를 통해 설명력을 높였으나 간결한 결과를 제시하지는 못하였다. 연구자는 이 두 가지 경우처럼 적은 설명변수와 많은 설명변수 중 어느 것을 선택해야 할지를 고민해야 한다. 두 가지 모두를 최대화시킬 수 있는 경우가 가장 이상적이지만 보편적으로 단순성과 설명력은 부적인 상관관계를 가지므로 두 가지 중 어느 쪽을 취해야 보다 합리적인 결과를 도출할 수 있는지에 대한 타협이 신중하게 이루어져야 한다.

다섯째, 과학적 연구는 구체적(specific)이어야 한다. 대부분의 개념들은 다양하게 해석이 가능하므로, 개념이 정확하게 이해될 수 있도록 구체적으로 표현되어야 한다. 예를 들어, 어떤 학생의 영어 실력과 학습 능력 간의 관계를 연구할 경우, 영어 실력과 학습 능력에 대해 사전에 구체적으로 정의 내려야 함을 의미한다. 만약 구체적으로 정의 내리지 않을 경우, 받아들이는 대상에 따라 다르게 생각할 수도 있을 것이다. 영어를 막 시작하는 학생은 영어 실력을 알파벳이나 단어 실력으로 생각할 수도 있고, 유학을 준비하는 학생은 영어회화나 토익(TOEIC)을 연상할 수도 있을 것이다. 이러한 현상은 학습 능력의 개념을 정의할 때도 마찬가지다. 따라서 과학자는 연구를 수행할 때 각 개념을 보다 구체적으로 정의해야 한다. 이는 조작적 정의 과정을 통해 이루어지며 이와 같이 형성된 정의를 조작적 정의라고 한다. 이처럼 조작적 정의는 사회조사를 위해 사물 또는 현상을 객관적이고 경험적으로 기술하기 위해서 행해지는 정의를 의미한다.

여섯째, 과학적 연구는 경험적으로 검증 가능(empirically verifiable)해야 한다. 어떤 현상에 대해 경험적으로 검증이 가능하다는 것은 다른 과학자들도 이 이론의 유용성을 스스로 입증할 수 있어야 한다는 것을 의미한다. 즉 한 연구자에 의해 수행된 과학적 연구는 다른 연구자에 의해서도 동일하게 반복될 수 있어야 하며, 동일한 결과를 획득할 수 있을 때 검증 가능하다고 말할 수 있다.

일곱째, 과학적 연구는 연구과정이 같으면 같은 결론을 얻어야 한다. 결론이 같다는 것은 같은 실험을 행하는 경우, 서로 다른 주관적인 동기가 있더라도 결과가 같게 나타나야 한다는 것을 의미한다. 즉 어떤 연구의 조작화를 정확히 기술한다면, 똑같은 조작화를 통한 다른 연구의 결과도 같게 나타나야 한다는 것이다.

여덟째, 과학적 연구는 수정 가능(open to modification)해야 한다. 과학적 연구가 완전한 진리를 제공하기는 쉽지 않으며, 역사적으로 과거의 수많은 과학적 이론이 부정되었거나 다른 이론으로 대체되어 왔다. 이를 볼 때 현재의 이론들도 대체될 가능성이 있다는 것을 충분히 짐작할 수 있다.

2. 과학적 연구방법

❖ **과학적 연구방법**

- 연역적 방법: 일반적 전제에서 출발해서 특별한 예들에 대한 결론을 도출하는 방식
- 귀납적 방법: 구체적인 관찰로부터 일반적인 원리나 이론을 도출하는 방식

1) 연역적 방법

연역적 방법은 일반적 전제에서 출발해서 특수한 예들에 대한 결론을 도출하는 방식이다. 흔히 연역적 방법의 예로 드는 것이 다음의 내용이다.

대전제: 모든 사람은 죽는다.
소전제: 소크라테스는 사람이다.
결　론: 그러므로 소크라테스는 죽는다.

3단 논법에 의해 추출된 이론을 검증하기 위해서 '소크라테스 사망'을 경험적으로 테스트해야 한다. 이와 같은 연역적인 논리를 분석해 보면, 일반적인 명제에서 출발하여 가설(hypothesis)로 연결시키고 이러한 가설이 경험적 사실과 일치하게 될 때 결론에 도달하는 형식을 이끌게 된다.

예를 들어, 공부시간과 시험성적 사이의 상관관계에 대해서 연역적인 추론과정을 적용해 보자. 먼저 일반적으로 공부하는 시간이 길면 길수록 시험성적이 높을 것이라는 가설을 세울 수 있다. 이러한 가설을 논리적으로 입증하기 위해 영수, 철수, 영희 등을 대상으로 관찰을 실시한다. 관찰 결과, 영수는 3시간, 철수는 5시간, 영희는 10시간을 공부했는데 모두 똑같은 성적을 받았다면, 결론에서 가설을 기각하게 될 것이다. 즉 공부시간

과 성적에는 상관관계가 있으리라는 가설을 설정하고 학생들을 대상으로 관찰했는데, 가설과 관찰된 결과가 일치하지 않으므로 공부를 많이 한다고 반드시 성적이 향상된다고 할 수 없다는 결론을 얻게 된다. 이러한 과정으로 현상에 대한 설명이 이루어지는 것이 연역적 설명이다.

한편, 연역법은 두 가지 단점이 있다. 첫째, 연역법이란 이미 진실이라고 확인되어 널리 알려진 전제 속에 들어 있는 특정 사례가 진실임을 확인 증명하는 추론 방식이기 때문에 이미 알려진 사실을 확인하는 것일 뿐 새로운 지식을 우리에게 알려 주는 것은 아니다. 앞서 살펴본 "소크라테스는 죽는다."라는 결론은 "모든 사람은 죽는다."라는 대전제에서 끌어낸 결론이므로 대전제의 일부일 뿐이지, 새로운 지식이 아니라는 것이다. 둘째, 연역법은 대전제로부터 결론을 도출해 내는 것이기 때문에 대전제가 잘못되었을 경우 여기에서 얻어지는 결론도 잘못된 것일 수 있다. 예를 들어, "모든 꽃은 열매를 맺는다(대전제), 봉선화는 꽃이다(소전제), 그러므로 봉선화도 열매를 맺는다(결론)"를 보면 대전제의 내용이 그릇되어 결론도 옳은 것으로 볼 수 없음을 알 수 있다.

2) 귀납적 방법

귀납적 방법은 구체적인 관찰로부터 시작하여 일반적인 원리나 이론으로 전개되는 논리적 과정이다. 즉 많은 사실들을 관찰하여 보편적인 결론을 도출해 내는 방법이다. 소크라테스의 예를 귀납법에 적용해 보면 다음과 같다.

관　찰: 소크라테스가 죽었다.
　　　　플라톤도 죽었다.
　　　　아리스토텔레스도 죽었다.
유형화: 이들은 사람이다.

결 론: 그러므로 모든 사람은 죽는다.

위의 과정을 보면 먼저 '소크라테스의 죽음'을 발견하고 다른 많은 사람들도 죽는다는 것을 관찰하게 된다. 그리고 이들이 공통적으로 사람이라는 사실을 알게 되고 모든 사람이 죽는다는 임시적인 결론에 이르게 된다. 이처럼 귀납적 방법은 경험적 세계에서 관찰된 사실로 결론을 이끌어 낸다. 귀납적인 추론과정을 통해 공부시간과 시험성적의 관계를 알아보고자 한다면, 먼저 여러 개의 관찰을 통해 공부시간과 성적 간의 관계를 수집한 자료를 정리한 후, 이들 자료의 공통된 유형을 요약해야 한다. 그리고 이 유형을 이용하여 두 변수 간의 관계에 대한 임시적인 결론을 얻게 된다. 즉 관찰, 유형화, 임시결론이라는 단계를 거치는 것이 귀납적 추론과정이다.

한편, 귀납적 방법의 문제점은 부분적인 관찰 사실로부터 얻은 결론을 일반적인 진리나 공통적 규칙으로 삼음으로써 발생하는 논리적인 오류가 있을 수 있다는 것이다. 즉 모든 사례를 완전히 조사, 관찰한 것이 아니기 때문에 아무리 많은 관찰을 실시한다고 해도 예외가 없음을 보장하지 못한다.

3) 연역법과 귀납법의 관계

연역법은 분석의 세계에서 이론을 토대로 설명과 예측을 유도하는 것이라 할 수 있으며, 귀납법은 경험세계의 사실을 바탕으로 이론 정립을 위해 분석의 세계를 지향하는 것이라 할 수 있다.

연역법과 귀납법의 실제적 탐구과정은 다음의 [그림 1-1]과 같이 순환구조를 가지고 있음을 볼 수 있다. 즉 연역법과 귀납법은 대립적인 관계가 아니라 상호 보완적인 관계에 해당되는 과학적 접근방법인 것이다.

이처럼 지식에 대한 이해는 분석적인 연역적 방법과 경험적인 귀납적

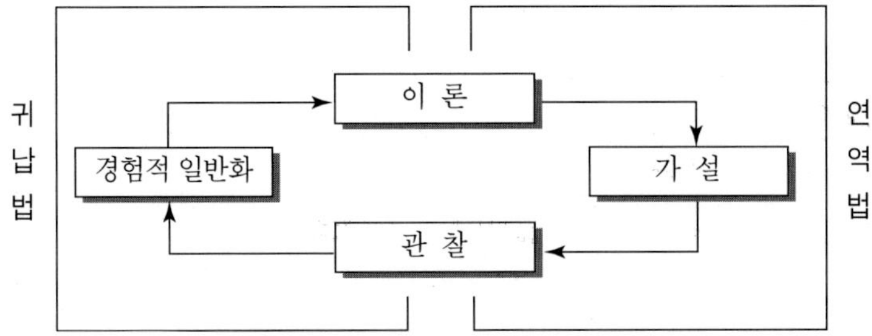

[그림 1-1] 연역법과 귀납법의 순환구조

방법에 의해 이루어진다. 과학에서 필요한 논리는 어느 한쪽을 취하지 않기 위해 논리적 필연성을 갖는다는 의미에서 연역적 추론의 중요성을 인정하며, 내용의 공허성을 피하고 예측적 지식의 가치를 인정함으로써 귀납적 논리의 중요성도 함께 인정해야 할 것이다(채서일, 1999).

3. 과학적 방법의 역할

과학적 방법은 체계적인 규칙과 조사과정으로 형성된 하나의 틀을 제시한다. 어떤 현상이나 사건에 대한 인식체계로서의 과학적 방법은 대화를 가능하게 하고 건설적인 비판과 과학의 진보를 가능하게 하는 역할을 하고 있다. 과학적 방법의 역할을 구체적으로 살펴보면 다음과 같다.

❖ 과학적 방법의 역할

- 공통경험을 통한 대화 가능
- 논리적 타당성 확보
- 객관성 확보

첫째, 과학적 방법은 공통경험을 갖게 함으로써 대화를 가능하게 한다. 과학적 접근방법이 공통경험을 갖게 한다는 것은 진행된 연구과정이 반복 가능하다는 것을 의미한다. 이는 어떤 과학자의 방법을 이해하고 평가할 수 있으며, 오류나 잘못을 수정할 수도 있다. 또한 어떤 도출된 결론에 대해 경험적으로나 논리적으로 옳게 적용되었느냐에 대한 건설적 비평을 할 수도 있다. 이러한 과정을 통해 과학자 간의 공통경험을 갖게 하고 대화를 가능하게 한다.

둘째, 과학적 방법은 논리적 타당성을 가질 수 있게 한다. 경험적 관찰이 과학적 접근의 근본이지만, 그것은 반드시 서로 연관되어야 하며 조직적이고 논리적인 구조 속에서 결합되어야 한다. 즉 과학적 방법은 합리적이고 이성적인 인식의 논리적 기초를 설명해 준다.

셋째, 과학적 방법은 객관성을 가질 수 있게 한다. 진실된 지식은 어떤 객관적 증거와 논리적 타당성이 결합될 때에 가능하다. 앞서 언급한 논리적 타당성을 지나치게 고집한다면 인식이 잘못될 수도 있으며, 객관적으로 입증되지 않은 논리적 타당성을 강조함으로 인해 추론의 내용이 우스꽝스러워질 수도 있다. 즉 과학적 방법은 논리적 타당성뿐 아니라 객관적 사실성을 입증해 주는 방법과 기술을 제공해 주는 역할을 동시에 담당하고 있다.

제4절 과학적 연구의 한계

과학의 접근방법에는 한계가 있으며, 이에 따라 오류가 발생하기도 한다. 이에 본 절에서는 과학적 연구의 한계점을 여러 가지 오류를 통해 밝히려고 한다. 과학적 연구에서 발생할 수 있는 오류는 비공식적 오류와 공식적 오류로 나누어 설명할 수 있다(이원욱, 2000).

1. 비공식적 오류

비공식적 오류는 거짓 전제가 포함되어 있거나 논의가 부적절하거나 순환적인 것일 수 있으며, 다음의 열다섯 가지로 구분하여 설명할 수 있다(이원욱, 2000; McGaw & Watson, 1976).

❖ 비공식적 오류

- 다른 분야의 권위자 이용
- 특정인을 공격하는 논의
- 강제력에 의존
- 동정심에 의존
- 무지에 의존
- 무모한 주장에 의존
- 대중 감정에 의존
- 성급한 결론
- 적용의 오류
- 허위근거의 오류
- 유추의 오류
- 전제의 오류
- 복잡한 문제
- 부적절한 결론
- 모호성

첫째, 다른 분야의 권위자를 이용한 오류이다. 어떤 분야에 대한 권위자는 그 분야를 연구하는 데 중요한 지식의 원천으로 이러한 권위자의 말이나 글을 인용함으로써 결론의 정당화를 이끌어 내기도 한다. 즉 "누구는 무엇을 주장했으므로 무엇은 사실이다."라는 형식이다. 그런데 '누구'에 해당하는 인물이 그 분야의 권위자가 아닐 경우에는 주장의 정당성이 떨어질 수 있다. 그러므로 보고서 작성에 있어서 권위자를 잘 선택하는 것은 중요한 과제이다.

둘째, 특정인을 개인적으로 공격하는 논의이다. 이러한 논의는 특정 사람이 어떤 것을 주장했으므로 그 주장은 거짓이라는 형식을 취한다. 이것은 권위자를 이용하는 것과 비슷하지만 긍정이 아닌 부정적인 형태를 취한다는 측면에서 다르다. 예를 들어, "갑은 교육정책에 관심이 없는 교사이다. 그러한 갑이 현 정부의 교육정책이 매우 중요하다고 한다. 그러므로 현 정부의 교육정책은 중요하지 않다."라고 한다면 갑의 주장을 반증하는 대신 갑을 개인적으로 공격하는 것이 되어 큰 오류를 범하는 것이다. 특정인의 개인적인 사항을 그의 연구와 관련시켜 논박하는 것은 논리적으로 부적절하다.

셋째, 연구자가 결론을 정당화하기 위해 강제력에 의존하는 논의이다. 강제력에 의존하는 것은 어떤 견해가 수용되어야 한다는 전제에서 시작되므로 설득력이 없다. 예를 들어, 박정희 정권 당시 "유신헌법을 지지하지 않는 사람은 우리나라 안보를 위태롭게 하는 사람이다. 그러므로 모두 유신헌법을 지지하자."라는 주장은 강제력에 의존하여 결론에 도달한 것이다.

넷째, 동정심에 호소하는 논의이다. 예를 들어, "만약 교수님이 B학점을 주지 않으면 평생교육사 자격증을 받을 수가 없습니다. 그러므로 제발 B학점을 주십시오."라는 것은 동정심에 의존하는 논의로 설득력이 있지만 결론에 도달하기엔 논리적으로 부적절하다.

다섯째, 무지에 의존하는 논의이다. 무지에 의존하는 논의는 어떤 명제가 거짓으로 판명되지 않았기 때문에 거짓이라고 말하는 것이다. "X는 A가 진실이라고 주장한다. Y는 A가 진실이 아니라고 한다. X는 Y에게 자신의 의견에 대해 반증해 보라고 하지만, Y는 A를 반증할 수 없다. 그러므로 A는 진실이다."라는 형식이다. 예를 들면, 갑은 평생교육사 양성과정이 공무원들에게 평생교육의 중요성을 인식·확장시키는 수단이라고 생각한다. 한편, 을은 평생교육사 양성과정이 학부에서 졸업하는 학생에게 취업의 기회를 막는다고 주장한다. 갑이 을에게 평생교육사 양성과정이 취업의 기회를 막고 있다는 것을 증명하라고 할 때, 을이 이를 증명하지 못했다고 해서 갑의 주장이 옳다는 결론에 도달한다면 무지에 의존하는 오류를 범하는 것이다.

여섯째, 무모한 주장에 의존하는 논의이다. 이는 연구자가 자신의 주장을 뒷받침하기 위해 다른 사람의 주장을 너무 비약시키는 경우이다. 예를 들어, “다윈의 진화론은 우리 친척이 원숭이라는 주장과 같다.”라고 한다면 다윈의 주장을 지나치게 비약시켜 자신의 의견을 주장하는 것이다.

일곱째, 대중 감정에 의존하는 논의이다. 이는 확실한 근거가 없는 논의로 확답을 얻어 내지 못한 바를 대중의 감정에 호소하려고 하는 것으로, “A는 많은 사람들이 선호하고 있는 사실이다. 그러므로 본 연구에서도 A를 적용하는 것이 옳다.”라는 형식을 취한다. 이와 같은 방법은 진실과 대중의 인기를 동일시하는 오류를 범하는 것이다.

여덟째, 성급하게 결론을 내리는 것이다. 몇몇 예외적인 사례나 적은 수를 관찰하여 공통된 특징을 찾고 일반화시키면 성급한 결론에 도달하는 오류를 범하게 된다. 예를 들면, “D대학교를 보면 A교수도 젊고 B교수도 젊다. 그러므로 D대학교는 젊은 교수들로 구성되어 있다.”라고 하는 것은 젊은 일부 교수만을 보고 결론을 내린 것이므로 전체적 경향을 무시하고 성급한 결론에 도달한 것이다. 이 같은 오류를 피하기 위해서 통계적 표본 추출 방법을 이용하는 것이 좋다.

아홉째, 일반화된 사실을 한 사례에 적용하여 발생하는 적용오류로서, 일반적인 법칙을 특수한 환경에 있는 사례에 적용하는 것을 뜻한다. 이는 보편적으로 진실하다고 해서 모든 상황에서 진실하다는 것을 뜻하지 않기 때문이다. 즉 대부분의 사람들이 대학교를 진학한다고 해서 모두가 대학교를 진학하는 것이 아닌 것과 같은 논리이다.

열째, 허위근거의 오류로 어떤 사건을 다른 사건의 원인이라고 잘못 판단하여 발생하는 오류이다. 허위근거의 오류는 “A가 B와 관련이 있으므로 A는 B의 원인이 된다.”라는 형식을 취한다. 예를 들어, “담배의 판매량은 청소년 범죄와 관련이 있으므로, 담배의 판매량은 청소년 범죄의 원인이 된다.”라고 성급하게 결론을 내리는 경우이다. 비록 담배의 판매량이 청소년 범죄율과 관련이 있을지라도 반드시 담배가 청소년 범죄의 원인이라고 할 수는 없다.

열한째, 유추오류로 두 개의 사물이 어떤 면에서 유사하다고 해서 다른 면도 유사하다는 오류를 범하는 것이다. 유추오류는 "X가 a, b, c, d의 특징을 갖고 있고 Y는 a, b, c의 특징을 갖고 있으므로, Y 역시 d의 특징을 갖고 있다."라고 유추하는 것이다. 예를 들어, "인간은 말하고, 쓰고, 읽고, 느끼며, 컴퓨터는 말하고, 쓰고, 읽으므로 컴퓨터 역시 느낄 수 있다."고 하면 유추오류를 범한 것이다.

열두째, 전제오류로 연구자가 주장하려는 바에 대한 전제조건을 증명하려는 결론으로 생각할 때 범하는 것이다. 예를 들면, 만약 "모든 인간이 민주주의 제도를 지향한다면 각자는 민주적인 사상을 갖고 있다."라고 한다면 결론은 전제를 되풀이하는 것밖에 되지 않는다.

열셋째, 복잡한 문제의 오류로 한 질문에 여러 대답을 해야 하는 문제를 제기하여 생기는 오류이다. 예를 들어, "당신은 평생교육사가 왜 필요하며, 무슨 일을 해야 한다고 생각하십니까?"라는 질문은 "당신은 평생교육사가 왜 필요하다고 생각하는가?"와 "평생교육사가 무슨 일을 해야 한다고 생각하는가?"라는 두 개의 물음을 내포하고 있는 것이다. 이런 질문의 경우 어디에 초점을 맞출지 몰라 정확한 대답을 듣기 어렵다.

열넷째, 부적절한 결론의 오류로 어떤 결론에 도달하려는 주장이 엉뚱한 사실을 증명하려고 할 때 쉽게 이러한 오류에 빠진다. 부적절한 결론의 오류는 "X가 사실이므로 Y가 사실이다."라는 형태를 취한다. 예를 들어, "살인은 엄청난 범죄이므로 피고는 유죄이다."라고 한다면 피고에 대한 유죄판결은 감정적 호소이지 법적 근거에 입각한 것이 아니므로 부적절한 결론의 오류에 빠지는 것이다.

열다섯째, 둘 또는 그 이상의 의미를 가진 말을 사용함으로 인해 형성되는 모호성의 오류이다. 이는 분명한 뜻을 이해할 수 없게 하므로 모호성 오류에 빠져 있다고 한다. 예를 들어, "사람들이 부정부패에 흠뻑 빠져 있다."라고 말한다면 독자들은 정치의식, 경제활동, 교육, 사회생활 등 어디에 빠져 있는지 알 수 없다.

2. 공식적 오류

공식적 오류는 논리적인 형태와 구조가 잘못된 것으로서, McGaw와 Watson(1976)은 아래와 같이 4가지를 제시하였다(이원욱, 2000).

❖ **공식적 오류**

- 조건부 논의(conditional argument)
- 연역적 논의(deductive argument)
- 귀납적 논의(inductive argument)
- 인과관계적 논의(causation argument)

첫째, 조건부 진술은 '만약 ~라면 ~이다.'라는 형식의 복합적 진술을 의미한다. 여기서 '만약 ~라면'은 전제(선행조건)에 해당되며, '~이다'는 결과를 나타낸다. 예를 들어, "만약 문항이 쉽게 제작되면 많은 설문지를 수집할 수 있다."라는 진술에서 '만약 문항이 쉽게 제작되면'은 선행조건이 될 것이고, '많은 설문지를 수집할 수 있다.'는 결과를 의미한다. 한편, 조건부 진술은 긍정적 논의와 부정적 논의로 표현된다.

긍정적 조건부 진술에서 선행조건에 대한 논의는 의미가 있지만, 부정적 논의에서는 의미가 없을 수 있다. 이것은 부정적 논의의 형태가 단순히 전제는 사실이지만 결론은 거짓이라는 반대입장만을 취하고 있을 뿐, 다른 의미 있는 정보는 제공하고 있지 않기 때문이다. 긍정적 조건부 진술과 부정적 조건부 진술의 구체적 예를 살펴보면 다음과 같다.

❖ **긍정적 조건부 진술**

만약 ~이면 ~이다.	만약 평생교육 프로그램을 운영하고 있으면 평생교육기관이다.

~은 ~이다.	박물관은 평생교육 프로그램을 운영하고 있다.
그러므로 ~이다.	그러므로 박물관은 평생교육기관이다.

❖ **부정적 조건부 진술**

만약 ~이면 ~이다.	만약 평생교육 프로그램을 운영하고 있으면 평생교육기관이다.
~은 ~이 아니다.	박물관은 평생교육 프로그램을 운영하지 않는다.
그러므로 ~이 아니다.	그러므로 박물관은 평생교육기관이 아니다.

둘째, 앞에서 제시한 바와 같이 연역적 논의는 일반적 전제에서 출발하여 특수한 예들에 대한 결론을 도출하는 방식이므로, 대전제가 올바르지 않으면 결론을 잘못 이끌어 내는 오류를 범할 수 있다.

셋째, 귀납적 논의는 구체적인 관찰로부터 시작하여 일반적인 원리나 이론으로 전개되는 논리과정으로 불충분한 통계적 오류와 편협한 통계오류가 있을 수 있다. 불충분한 통계오류는 일반화된 결론을 얻을 수 있는 충분한 자료가 수집되지 않은 상태에서 귀납적 일반화를 시도하여 발생하는 오류를 말하며, 편협한 통계오류는 비대표적 표본관찰에 입각하여 관찰된 결과를 토대로 귀납적 일반화를 범하는 오류를 말한다.

넷째, 인과관계적 논의는 원인과 결과라는 인관관계를 밝히는 과학적인 접근을 시도하는 것이다. 연구자들은 인과관계의 기준을 말할 때 시간적 선행, 연속적 관계, 비의사성이라는 세 가지로 이야기한다.

❖ **인과관계의 기준**

- 시간적 선행: 원인은 결과가 나타나기 전에 발생되어야 함
- 연속적 관계: 원인과 결과는 지속적으로 관련성이 있어 원인이 발생할 때마다 결과가 나타남
- 비의사성: 결과를 초래하는 원인 외에 또 다른 원인이 없어야 함

비의사성이 인과관계의 기준에서 가장 어려우며 이를 검증하지 못해 오류가 발생하기 쉽다. 이를 제거하기 위해 결과에 영향을 미칠 가능성이 있는 다른 원인을 통제하거나 무작위화하는 방법이 있다. 또한 통계적 분석 방법을 이용하여 다른 원인을 통제할 수 있다.

주요 용어 및 단어

과학	상식	관습적 방법
권위적 방법	신비적 방법	직관적 방법
과학적 방법	연역법	귀납법

제 2 장 사회과학 조사방법의 이해

학습목표

1. 사회과학연구의 특성을 설명한다.
2. 기초연구와 응용연구를 비교한다.
3. 사회과학 조사방법의 의의를 설명한다.
4. 평생교육 조사연구가 필요한 이유를 설명한다.
5. 양적연구와 질적연구의 특성 및 장단점을 비교한다.
6. 횡단적 연구와 종단적 연구의 특성 및 장단점을 비교한다.
7. 실험실연구와 현장연구의 특성 및 장단점을 비교한다.
8. 참여적 연구와 비참여적 연구의 특성 및 장단점을 비교한다.

제1절 사회과학 조사방법론

1. 사회과학의 특성

사회과학은 사물과 자연현상을 연구대상으로 하는 자연과학과 달리 인간과 사회현상을 대상으로 하기 때문에 객관적이고 보편적인 지식을 탐구하고 발견하는 데 여러 가지 어려움이 따른다. 이는 사회과학이 의지를 갖고 있는 인간을 연구대상으로 하므로 자연과학의 연구대상인 자연현상보다 변화가 많고 적용하는 연구방법도 덜 정밀하기 때문이다. 또한 자연현상보다 사회현상은 훨씬 더 복잡할 뿐 아니라, 외부에서 직접 관찰될 수 없는 내면적인 심리, 정신세계와 같은 측면들이 외적으로 나타나는 인간의 행동에 많은 영향을 끼치기 때문이다.

이처럼 사회과학의 연구대상인 사회현상은 인간의 의지와 상황에 따라 다양하게 변할 수 있어 보편화와 일반화에 어려운 점이 많다. 또한 자연과학처럼 연구자 자신이 제3자의 입장에서 연구를 수행하는 것이 아니라, 연구자가 속해 있는 인간과 사회가 연구대상이라는 점 때문에 객관화가 어려울 수 있다. 연구자는 인간과 사회현상을 인식하는 데 있어 자신이 가진 주관과 가치판단을 완전히 배제하기 어렵기 때문에 모든 사람이 동의할 수 있는 객관적 지식을 도출하기 힘들다.

사회과학의 특성 또는 사회과학 연구의 특성을 정리하면 다음과 같다.

❖ 사회과학의 특징

- 사회현상은 수많은 요인들이 상호작용한 결과로 나타나므로 인과관계가 복잡함
- 정신적 · 심리적 측면에 대한 연구는 측정상의 오류가 많음

- 사회현상은 실험실에서 연구하는 것이 어려우므로 가외변인의 통제가 어려움
- 연구를 실행하는 동안 윤리성에 대해 고려해야 함
- 자신이 연구대상임을 인식하게 되면 평소와 다른 행동을 보이기도 함
- 연구의 과정에 연구자의 주관, 가치, 문화적 특성이 개입됨
- 특정 사회현상을 야기하는 원인은 다양하므로 확률적 인과관계로 이해해야 함

1) 인과관계의 복잡성

특정 사회현상은 여러 가지 다양한 원인의 상호작용에 의해서 발생한다. 기압이 낮아지고 구름이 많이 생기면 비가 오는 것처럼 자연현상은 보편적으로 몇 가지 제한된 원인에 의해 결과가 나타나지만, 사회현상은 수많은 요인들이 상호작용한 결과로 나타난다. 예를 들어, 여대생의 전공분야 취업률 저하와 같은 사회문제가 발생하는 것은 적성의 미발견, 전공 능력의 부족과 같은 개인적 요인, 그리고 전공 취업기회의 불평등, 경제활동에서의 성별에 따른 차별, 일부 직종에 대한 여성의 편향적 취업 등과 같은 사회적인 면에 이르기까지 다양한 요인들과 관련되어 있다. 이러한 복잡한 요인들이 여대생의 전공분야 취업률 저하에 얼마만큼 영향을 미치는지, 결정적이고 중요한 원인은 무엇인지, 또한 보다 근본적인 원인이 무엇인지를 밝혀내는 것은 쉬운 일이 아니다.

뿐만 아니라 때로는 '닭이 먼저냐 달걀이 먼저냐'의 논쟁과 같이 어느 것이 원인이고 어느 것이 결과인지가 애매한 경우도 많다. 예를 들어, "비문해자들은 그렇지 않은 사람들에 비해 사회경제적 지위가 낮은 경우가 많다."라고 가정해 보자. 이 사실을 통해 비문해와 사회경제적 지위가 어떤 연관성이 있다는 것을 알 수는 있으나, 어느 것이 원인이고 어느 것이 결과인지는 명확하지 않다. 즉 비문해자이기 때문에 직장을 선택하는 데 한계가 있고, 전문적인 영역보다는 단순노무직에 종사할 수밖에 없어 결

국 사회경제적 지위가 낮아질 수 있다. 그러나 반대로 어렸을 때부터 가정형편이 좋지 않아 기본적인 학교생활을 제대로 하지 못해 비문해자가 된 경우도 있다.

이처럼 사회현상에는 수많은 다양한 요인들이 복잡하게 얽혀 있기 때문에 이를 정리하여 드러난 현상을 명확하고 체계적으로 제시하는 것은 매우 어렵다.

2) 측정에서의 오류

인간을 대상으로 하는 사회과학 연구에서 우리의 일상생활 중 눈으로 볼 수 있고 만질 수 있는 것 등 감각기관을 이용하여 직접 지각할 수 있는 사물이나 현상은 있는 그대로의 사실을 쉽게 인식할 수 있다. 예를 들어, 키나 체중과 같은 인간의 신체적 측면, 겉으로 나타나는 행동, 소득이나 재산 등의 물질적 측면은 비교적 정확하게 측정될 수 있다.

그러나 사회과학에서 더 많은 관심의 대상이 되는 현상들 중 인간과 인간을 둘러싸고 있는 측면은 쉽게 인식하기 어렵다. 예를 들어, 인간의 내적 측면, 즉 지능지수와 같은 두뇌작용, 성격, 가치관이나 자아정체감 같은 정신적·심리적 측면들은 객관적으로 분석할 수 있는 특성이 아니므로 측정상의 오류가 많을 수밖에 없다.

3) 통제와 실험의 어려움

특정 사회현상을 발생시키는 요인에는 여러 가지가 있다. 그 여러 가지 요인 중에서 어느 것이 얼마만큼 영향을 미치는지 정확하게 파악하기 위해서는 통제와 실험이 필요하다. 통제란 특정 사회현상에 영향을 미칠 수 있는 여러 요인들 중 연구의 관심대상이 되는 요인을 제외한 다른 조건들을 동일하게 만들어 주는 것을 의미한다. 자연과학에서는 실험실에서 모든 조건을 연구자가 완전히 조절, 통제하여 인과관계를 실험하는 것이 가능하지만, 사회현상이라는 것은 실험실 안에서 이루어질 수 없는 것이어서 연구의 주된 관심대상 외의 다른 요인들의 통제가 사실상 불가능하다.

4) 연구의 윤리성과 관련된 문제

사회과학에서 실험이 어려운 것은 윤리적인 문제와도 관련되어 있다. 의학이나 심리학과 같은 연구분야의 경우 충분히 실험이 가능한 부분이라도 실험대상인 인간에게 해를 끼칠 수 있는 것이면 윤리적으로 용납되지 않는다.

예를 들어, 흡연이 폐암에 영향을 미치는지를 연구하고자 할 경우, 이 연구문제의 해결을 위해 특정 연구대상에게 흡연을 강요하는 것은 윤리적으로 용납되지 않는다. 이런 경우, 이미 폐암에 걸린 사람을 대상으로 흡연의 영향을 추적할 수밖에 없다. 또한 쥐를 대상으로 유전자조작에 성공했다 하더라도 이를 인간에게 바로 적용시키는 것은 윤리적으로 어긋나는 행동이다.

이처럼 연구의 윤리적 문제는 단지 실험이 가능한지의 여부뿐 아니라 연구 자체의 가능성, 연구문제 및 방법의 선택, 연구결과의 발표 및 활용 등 조사연구의 과정 전반에 걸쳐 고려되어야 할 중요한 요소이다.

5) 연구대상의 반응성 문제

인간의 행동은 그것에 영향을 미치는 원인변수뿐만 아니라 인간을 둘러싸고 있는 다양한 요인들에 의해 변화한다. 즉 사람들은 자신의 행동이 다른 사람에 의해 관찰된다는 사실을 알면 평소와 다르게 반응하며 자신이 실제 생각하고 있는 것과 다른 행동을 할 수 있다는 것이다.

이러한 현상은 조사연구의 대상자가 되었을 경우도 마찬가지이다. 자신이 연구대상자임을 인식하면 그에 대해서 반응하게 된다. 설문지에 응답하면서 사실이 아닌 항목에 표시하기도 하고, 평소의 행동과는 다른 행동을 하기도 하며, 자신의 의지와는 달리 연구자가 원할 것이라 생각하는 방향으로 행동하기도 한다. 이러한 반응성으로 인해 연구대상자들의 실제 상태와 연구에서 관찰되거나 측정된 상태가 달라지는 결과를 초래하는 것이다.

6) 연구자의 주관 개입

자연과학 영역에서는 객관성의 원칙이 비교적 잘 적용되지만, 사회과학에서는 연구자의 주관적 측면이 현상을 이해하는 데 많은 영향을 미친다. 즉 연구자가 연구하려는 상황은 연구자 자신도 포함되어 있는 경우가 대부분이며, 동일한 상황을 분석할 때도 연구자의 가치관이나 선입관에 따라 다른 의미를 부여하기도 한다. 이러한 이유로 연구과정의 차이는 물론 결론의 해석에도 차이를 가져온다.

예를 들어, 사회과학 가운데 특히 평생교육학은 학습자의 평생학습에 대한 욕구를 도우려는 목적이 있기 때문에, 학습의 내용이 무엇이며 특정 발달단계의 특성은 어떠한가에 따라 어떤 평생교육적 도움이 바람직한가를 판단해야 한다. 이 과정에서 연구자의 가치 및 주관이 개입되는 것은 불가피할 수밖에 없다.

7) 확률적 인과관계

자연현상에서 나타나는 인과관계는 얼음에 계속 열이 가해지면 녹아서 물이 되는 것과 같이 거의 결정적인 관계에 가깝다. 그러나 사회현상에서는 어떤 원인이 있다고 해서 반드시 결과가 뒤따르지는 않는다. 인간의 특정 행동을 야기하는 원인은 너무나 많고 다양하기 때문에 그러한 요인들을 모두 알아내는 것은 매우 어렵다. 더욱이 동일한 상황에 처하더라도 그 상황을 받아들이고 반응하는 방식은 인간에 따라 모두 다르다. 따라서 특정 현상에 대해 우리가 이미 알고 있거나 연구하고자 하는 원인도 있지만, 우리가 전혀 모르거나 간과하고 있는 원인들도 있을 수밖에 없다.

이러한 이유 때문에 사회과학에서의 인과관계는 결정적인 것이 아니라 확률적인 것으로 이해해야 한다. 즉 어떠한 원인이 발생하면 특정 사회현상이 반드시 나타난다고 이해하는 것이 아닌, 그러한 원인이 없을 때에 비해 그 사회현상이 일어날 확률이 더 높아진다고 이해하는 것이 바람직하다(김환준, 2004).

2. 사회과학 조사연구의 목적

연구자가 사회과학 조사연구를 수행하는 목적은 다양하지만, 크게 기초연구와 응용연구 두 가지로 구분할 수 있다. 각 연구의 기본적인 의미는 다음과 같다.

❖ 사회과학 조사연구의 목적

- 기초연구(basic research) 또는 순수연구(pure research): 이론을 구성하거나 경험적 자료를 토대로 그 이론을 검증하고자 하는 연구
- 응용연구(applied research): 정책이나 실천 프로그램의 수립과 시행에 도움을 주고자 하는 연구

1) 기초연구

기초연구는 연구결과의 실제적 함의보다는 이론적 관계를 탐구하고자 하므로, 그 결과를 실제 상황에 일반화시키는 것과는 거리가 멀다. 이러한

기초연구는 탐색적 목적을 가진 연구, 현상을 체계적으로 서술하려는 목적의 기술적 조사연구, 어떤 현상이 왜 발생하는가를 탐구하려는 목적의 설명적 조사연구 세 가지로 분류할 수 있다.

(1) 탐색적 조사연구

탐색을 위한 조사는 집단을 구성하고 있는 개체에 대한 사전 정보가 없는 경우나 선행연구가 없을 때 주로 사용하는 방법으로, 모집단의 특성을 추정하기 위한 조사가 아니라 단순히 집단의 특성을 나타낼 수 있는 것이 무엇인가를 파악하는 데 만족하는 조사연구이다. 즉, 탐색적 조사연구는 연구문제를 명확하게 규정하고 연구에 대한 사전 지식이나 경험을 얻기 위해 실행하는 방법으로, 통계적으로 신뢰할 수 있는 결과보다는 지식이 부족한 여건에서 아이디어나 통찰을 얻기 위해 실시되는 것이므로 소규모 표본에 의해 실시된다.

예를 들어, 비문해자에 대한 관심이 고조되었을 때, 비문해자 수가 어느 정도인지, 비문해의 수준은 어느 정도이며, 비문해로 인해 가장 심각한 어려움은 무엇인지 등에 대해 알려진 것이 별로 없었다. 이때 잘 모르고 있는 비문해 분야에 대해 기초 지식을 획득할 목적으로 실시되는 것이 바로 탐색적 조사연구이다.

이처럼 탐색적 조사연구는 특정한 분야에 대한 과학적 탐구의 첫 단계인 동시에 후속연구의 기초가 된다. 즉, 탐색적 연구는 그 분야에서 중요한 개념이 무엇인지를 정립하고 이를 구체적으로 어떻게 측정할 수 있는지에 대한 기초적 정보를 제시해 주며, 과학적 연구의 대상이 될 수 있는 주제나 연구문제를 찾아내고, 후속연구가 어떻게 진행될 수 있을지를 모색한다. 또한 탐색적 조사연구는 관심의 대상이 되는 집단이나 주요 개념에 대해 구체적으로 아는 바가 없이 시작하므로, 필요한 정보는 양적인 것보다는 질적인 자료에 의존하는 경우가 많다. 따라서 모집단을 정확하게 파악하지 못함으로써 과학적 표본추출방법을 사용할 수 없어 연구결과를 일반화하는 데 한계가 있다.

(2) 기술적 조사연구

기술적 조사연구는 현상이나 상태 등을 기술하기 위해 관찰결과를 요약, 정리하여 모집단의 특징적인 모습을 정확하게 묘사하여 실태를 파악하는 데 목적이 있다. 즉 기술적 조사연구는 현상을 관찰하고 이를 서술한다는 점에서는 탐색적 연구와 비슷하지만, 연구를 수행하기 전에 연구대상, 주요 개념과 그 측정방법 등을 면밀하게 하여 모집단을 잘 대표할 수 있는 표본을 선정하고 현상을 정확하게 서술하려는 목적을 갖는다는 측면에서는 다르다. 다시 말해, 기술적 조사연구는 실제 현상 속에서 발생한 사건이나 생성된 자료를 수집하고 통계분석을 적용하여 정보를 도출하는 방법이다.

기술적 조사연구를 수행하기 위해서는 일반적으로 설문조사나 현장관찰을 통해 연구를 진행한다. 예를 들어, 유능한 교사에 관한 연구를 하기 위해 연구자는 이들을 잘 대표할 수 있는 표본을 선정한다. 선정된 교사들의 학급을 유심히 관찰하거나 교사들과의 면담을 녹음하고 이를 분석하여 유능한 교사와 그렇지 않은 교사의 차이를 기술할 수 있으며, 학생들과 교사의 상호작용을 밝혀내기 위해 학급의 비디오 테이프를 면밀히 분석할 수도 있다.

(3) 설명적 조사연구

탐색적 및 기술적 조사연구의 결과로 어떠한 현상에 대해서 지식이 충분히 축적되면, 그다음으로 자연스럽게 제기되는 의문은 "왜 이런 현상이 발생하게 되었는가?" 이다. 설명적 조사연구는 바로 특정 사회현상이 왜 발생하는가에 대한 답을 내리는 것처럼 원인과 결과 간의 관계를 규명하는 데 목적이 있는 연구방법이다. 인과관계를 알게 되면 현상을 설명할 수 있을 뿐만 아니라 문제가 되는 사회현상에 대해 적절한 개입전략을 수립할 수 있고, 미래를 예측, 통제하는 것도 어느 정도 가능해진다. 따라서 설명적 연구는 사회과학적 지식을 축적하는 최종 단계의 연구라고 할 수 있다.

또한 설명적 조사연구는 기존의 이론을 경험적으로 검증하고 이를 수정, 보완, 발전시키는 기능을 수행한다. 인과관계의 규명이라는 연구의 목적상, 설명적 연구는 과학적 표본추출방법에 의해 대표성 있는 표본을 추출하고 관련된 개념들을 정확하게 측정하여 이를 통계적으로 분석하는 양적연구방법을 많이 사용한다.

이상의 기초연구를 분류하여 정리하면 아래의 〈표 2-1〉과 같다(Neuman, 2000).

〈표 2-1〉 사회과학 기초연구

	탐색적 조사연구	기술적 조사연구	설명적 조사연구
목적	• 기본적인 사실, 배경, 관심과 친근해짐 • 조사실행의 현실성 판단 • 미래의 조사자료를 측정하고 찾아낼 기술을 개발함	• 자세하고 고도로 정확한 그림을 제공 • 기존 자료에 배치되는 새로운 자료를 찾아냄 • 상황의 배경이나 맥락을 보고함	• 이론의 예측이나 원리를 시험함 • 이론의 설명을 자세하게 만들거나 더욱 풍부하게 함 • 어떤 설명이 가장 나은 것인가를 결정함
자료수집	• 상황에 대한 일반적인 지적 그림을 만듦 • 미래의 조사를 위해 연구문제를 형성하고 초점을 맞춤 • 새로운 아이디어, 추측 또는 가설을 만듦	• 분류나 유형을 만듦 • 일련의 단계나 절차를 명확히 함 • 인과적 절차나 장치를 기록함	• 새로운 쟁점이나 주제에 대해 이론을 확대·적용함 • 설명이나 예측을 지지하거나 반박함 • 일반 원리와 쟁점 또는 주제를 연결함

2) 응용연구

응용연구는 일반적으로 기초연구에서 나온 이론을 응용하기 위해 실시하는 연구로, 지식의 축적 그 자체보다는 결과의 실용성에 더 많은 초점을 두고 있다. 연구결과를 어떻게 활용하느냐에 따라 응용연구는 다양하게 분류될 수 있는데, 가장 대표적인 것으로 요구조사와 평가 등이 있다. 요구조사란 현실과 이상적 수준과의 차이를 파악하는 것으로, 사회정책이나 프로그램에 대한 필요성을 제시한다. 또한 평가는 수립된 정책이나 프로그램이 현실에 적합한지, 적절히 잘 수행되고 있는지, 문제점은 무엇인지, 수정되고 보완되어야 할 부분은 무엇인지 등을 파악하게 한다.

평생교육 부문에 대한 공적 재정지원이 늘어나면서 요구조사와 프로그램 평가를 위한 응용연구도 점차적으로 중시되고 있다. 이는 일차적으로 재정을 지원하는 측에서 어떤 프로그램이 필요하며, 자신들이 지원한 재정이 낭비되지 않고 효과적으로 사용되는지에 관심을 갖기 때문이다. 프로그램을 실시하는 공공기관의 입장에서도 재정지원을 획득하기 위해, 또한 재정지원자 및 일반 국민에 대해 기관으로서의 책임을 이행하기 위해 요구조사와 프로그램 평가에 더 많은 관심을 갖게 되었다. 이처럼 응용연구는 실용적 속성을 지니고 있어 주로 현장에서 연구가 진행된다.

3. 사회과학 조사방법의 의의

사회과학 조사는 인간의 사회생활과의 연관 속에서 의미를 가질 때 의의를 찾을 수 있다. 치밀한 조사를 위해 막대한 자원을 투자해 시행했다 할지라도 그것이 조사활동 자체로만 그친다면 사회과학 조사의 의의나 가치는 크게 떨어질 것이므로, 조사의 결과를 통해 학문적 기초를 제공함과 동시에 현실세계에의 적용 및 지적 오류를 방지할 수 있어야 한다. 과학적으로 적용된 사회과학 조사방법의 의의는 다음과 같다.

❖ **사회과학 조사방법의 의의**

- 사회현상에 대해 체계적이고 합리적인 지식을 제공하여 학문의 기초 제공
- 연구결과를 현실에 적용하여 새로운 행정이나 연구를 가능하게 함
- 상식이나 허술한 연구방법을 통해 생길 수 있는 지적 오류를 방지함

1) 학문적 기초 제공

사회과학은 그 대상 영역에 따라 다양한 학문으로 구분된다. 하지만 사회과학의 모든 학문은 공통적으로 자신의 전공 영역에 대해 객관적이고 견고한 이론을 구축하고자 한다. 이러한 목적을 달성하기 위한 도구로서 과학적 연구방법을 사용하고 있다.

사회현상을 연구하기 위한 과학적 연구방법 중 사회과학 조사방법은 여러 사회현상을 보다 객관적으로 정확하게 파악하며 사회현상 속에 내재하는 법칙을 규명하기 위한 과학적 방법이라 말할 수 있다. 즉 연구자가 관심을 가지는 다양한 사회현상을 이해하기 위해, 과학적 방법을 적용하여 객관적으로 조사하고 그 결과를 계량적으로 표현하는 연구방법이다.

이처럼 사회과학 조사방법은 사회현상이나 사물에 관한 지식을 체계적이고 합리적으로 제공하여 궁극적으로는 여러 사회현상과 관련된 각 학문의 기초를 제공할 수 있다.

2) 현실세계에의 적용

조사방법론에 관한 지식습득을 통해 각종 사회현상을 이해하고 인간관계나 사물에 대한 지식을 체계적으로 분석하는 능력을 갖게 된다면, 이 결과를 좀 더 실용적이고 응용적인 차원에서 활용할 수 있게 된다. 즉 조사방법론의 다양한 분석기법을 활용하여 미래에 발생할 일들을 예측하거나,

사람들의 선호 경향을 파악하는 등 그 결과를 사회현장에서 다양하게 적용하고 응용할 수 있다.

예를 들어, 평생교육관련 기관에서는 학습자들의 다양한 학습욕구를 알아보기 위해 주로 설문지를 통한 조사를 실시한다. 그 결과를 바탕으로 어떤 프로그램을 실시하면 학습자들의 참여도와 만족도를 높일 수 있을지를 예측하기도 하며, 각 학습자에게 적절한 교육 프로그램을 기획하고 운영하는 데 반영하기도 한다.

이와 같이 사회과학 조사방법을 통해 나온 연구결과는 현실세계를 객관적인 관점에서 이해하게 하며, 그 결과를 현장에 적용하여 새로운 행정이나 연구를 가능하게 한다.

3) 지적 오류의 방지

과학적 연구는 논리적 결론의 도출을 통해 지적 오류를 피할 수 있는 수단을 제공한다. 즉 사회과학 조사방법을 통해 비과학적 접근에 의한 연구에서 발생할 수 있는 지적인 오류를 피하고자 한다(한승준, 2006).

예를 들어, 부모의 학력수준이 자녀의 학력수준을 결정하는지에 대한 검증을 실시한다고 가정해 보자. 자녀의 학력수준이 과연 부모의 학력수준에 따른 결과인지를 과학적으로 검증하기 위해, 먼저 자녀의 학력수준에 영향을 미치는 다양한 원인들에 대한 이론적 · 심층적 조사를 실시할 것이다. 그 조사결과를 바탕으로 부모의 학력수준보다 더 결정적으로 영향을 미치는 다른 원인은 없는지를 조사하며, 부모의 학력수준이 자녀의 학력수준에 영향을 미친다면 어느 정도 미치는지 등에 대한 과학적 분석을 실시한다.

이와 같이 사회과학 조사방법은 다양한 사회현상에 대한 객관적 자료를 바탕으로 하는 과학적인 절차에 의한 연구방법이므로, 상식이나 허술한 연구방법을 통해 생길 수 있는 지적 오류를 방지해 준다.

제2절 평생교육 조사연구

1. 평생교육의 본질

1) 평생교육의 의미

평생교육은 각 국가의 시대적, 사회적 상황에 따라 용어의 사용에 차이가 있는데, 여러 학자를 비롯하여 2007년에 개정된 우리나라 평생교육법에서 제시된 평생교육의 정의를 살펴보면 다음과 같다.

❖ **평생교육의 의미**

- Lengrand: 개인의 출생에서부터 죽을 때까지 전 생애에 걸친 교육의 통합
- Dave: 삶의 질을 향상시키기 위해 평생토록 이루어지는 모든 형태의 형식적 비형식적 학습활동
- 평생교육법: 학교의 정규 교육과정을 제외한 학력보완교육, 성인 기초 · 문해교육, 직업능력 향상교육, 인문교양교육, 문화예술교육, 시민참여교육 등을 포함하는 모든 형태의 조직적인 교육활동

위의 Lengrand(1975), Dave(1976), 평생교육법(교육과학기술부, 2008)의 내용을 살펴보면, 평생교육의 개념을 광의적 의미와 법적 · 제도적 의미로 분류할 수 있음을 알 수 있다.

첫째, 평생교육에 대한 광의적 의미로는 인간의 발달단계와 생활세계의 수직적이고 수평적인 통합으로 보는 시각이다(Dave, 1976; Lengrand, 1975). 광의적인 관점에서 평생교육을 볼 때 우리는 흔히 죽음에서 출생에 이르기까지 과정을 이야기하는데, 그 속에서는 인간의 발달단계인 유아기, 아동기, 청소년기, 청년기, 성인기, 노인기와 생활세계의 각 영역, 즉

가정, 지역사회, 학교, 직장, 사이버 공간 등의 수평적인 부분을 통칭하는 개념으로 인간생활의 모든 실천 영역을 포함하는 것을 알 수 있다.

둘째, 법적 · 제도적 의미는 평생교육법에서 조작적으로 내린 정의를 의미하는 것으로, 평생교육은 학교의 정규 교육과정을 제외한 모든 형태의 조직적인 교육활동을 의미한다. 이를 볼 때 평생교육은 태어나서 죽음에 이르기까지 평생 동안 이루어져야 함을 강조하고 있으며, 다양한 실천 영역에서 이루어지는 개념이라는 것을 알 수 있다.

2) 평생교육의 특성

평생교육은 통합성, 탈정형성, 자발성이라는 3가지 특성으로 설명할 수 있으며, 그 의미는 다음과 같다.

❖ 평생교육의 특성

- 통합성: 수평적 교육과 수직적 교육을 통합한 교육
- 탈정형성: 학습자의 연령, 교육장소, 교육과정, 교수방법 및 평가 등의 제한이 없음
- 자발성: 개인적 필요에 따라 학습자가 자발적으로 교육에 참여

첫째, 평생교육은 통합성을 가지고 있다. 평생교육은 교육에서의 수평적 교육과 수직적 교육 모두를 통합한 교육을 말한다. 여기서 수평적 교육은 학교교육, 가정교육, 사회교육 등을 의미하며, 수직적 교육은 인간발달의 각 단계에서 이루어지는 교육을 의미한다. 따라서 평생교육은 인간의 평생 동안에 걸친 모든 종합적인 교육체제를 의미한다.

둘째, 평생교육은 어떤 형식에 얽매이지 않는 탈정형성을 지닌다. 평생교육은 학습자의 연령이나 교육장소, 교육과정, 교수방법, 평가 등 그 어떤 것에도 제한받지 않는다. 청소년, 근로자, 주부, 노인 등 그 대상이 다

양하며, 교육장소도 도서관, 교회, 공원, 관공서 등 어느 곳이라도 인정된다. 또한 교육내용도 인간의 모든 측면을 다룰 수 있고, 교육장소에 모이거나 원격으로도 교육받을 수 있는 등 교육방법이 다양하다.

셋째, 평생교육은 외부의 강요나 의무에 의한 것이 아니라, 학습자들의 필요와 요구에 따른 자발적 참여로 이루어진다. 즉 학습자는 스스로 유익하고 가치 있다고 판단한 학습에 적극적으로 참여하게 되므로, 학습의 전 과정에서 자율적이고 자기주도적으로 학습하게 된다. 이는 곧 학습자 중심의 학습 분위기를 형성한다.

3) 평생교육의 필요성

평생교육은 지식정보사회의 발전과 함께 학교교육의 한계를 극복하는 대안으로 그 필요성이 대두되기 시작하였다. 평생교육의 필요성에 대해 자세히 살펴보면 다음과 같다.

❖ 평생교육의 필요성

- 학교교육의 위기와 한계에 대한 보완
- 지식의 폭발적인 증가
- 변화하는 직업세계에 대처
- 국제 개방화 시대에 경쟁력을 갖추기 위함
- 증가한 여가시간의 활용

첫째, 학교교육의 한계와 그 대안으로 평생교육이 필요하다. 학교교육 체제는 폭발적으로 증대하고 있는 정보에 대한 교육적 필요를 충족시키지 못하고 있으며, 선발의 기능이 지나치게 강조되어 실생활에 필요한 교육을 진행하지 못하고 있다. 특히 인격을 도야하고 사회적 평등을 실현하는 순기능보다 오히려 사회적 불평등을 심화시키는 역기능적 역할을 하고 있다는 비판이 제기됨으로써 학교교육을 보완하는 제도가 요구된다. 그러므로 교육을 통한 사회적 평등의 실현과 변화하는 사회환경에 적합한 교육기회를 제공하기 위해, 누구나 언제 어디서든 원하는 교육을 받을 수 있는 기회를 주는 평생교육이 필요하다(김진한, 2007).

둘째, 현대사회에서 정보는 폭발적으로 증가하는 반면, 지식의 수명은 점점 단축되고 있다. 새로운 지식과 기술을 계속 흡수하기에 기존의 학교교육은 많은 한계를 가지 고 있다. 따라서 나날이 새로워지고 달라지는 지식과 기술을 계속적으로 습득하기 위해서 평생교육과 같은 교육의 형태가 필요하다.

셋째, 기술의 혁신이 이루어지고 직업사회가 매우 빠르게 변하고 있다. 더욱이 지식기반사회에서는 직업의 수명이 급속히 단축되고 있어서, 직업생활의 과정 중에도 끊임없이 새로운 지식을 학습하면서 직업세계의 변화에 대처하는 평생학습이 요구된다.

넷째, 인터넷을 통한 정보의 교류와 무역개방으로 세계는 하나의 통합된 체제가 되었다. 지식과 정보를 통해 부를 창조하는 국가 간 무한경쟁의 시대에서 경쟁력 확보를 위해서는 학교에서 일정 기간 동안 배우는 지식만으로는 부족하다. 평생학습을 통해 지식과 정보를 습득함으로써 개인과 국가의 경쟁력을 확보하는 것이 필요하다.

다섯째, 여가시간이 증대되고 있다. 과학기술의 발달로 생활수준이 향상되면서 과거에 비해 여가시간이 증대되었다. 따라서 이러한 여가시간을 어떻게 활용할 것인지에 대한 사회적 관심이 증대되고 있다. 평생교육은 이러한 여가선용의 문제를 해결하기 위해 교양교육, 직업교육, 시민교육 등과 같은 다양한 프로그램을 제공하고 있다(김신일, 2000). 이에 따라 평생교육에 대한 필요성은 더욱더 커지고 있다.

2. 평생교육 조사연구의 이해

1) 평생교육 조사연구의 의미

평생교육 조사연구는 평생교육 현장에 대하여 의도적인 목적을 갖고 체계적으로 현장을 이해하고자 하는 실천적 조사활동을 의미한다. 그러므로 평생교육과 관련된 제반 사항이 연구의 대상이 되고, 과학적인 조사방법을 통해 도출된 결과를 현장에서 활용하고자 하는 연구방법이라 할 수 있다.

예를 들어, 평생교육에 참여하는 학습자, 평생교육 프로그램, 평생교육 관련 정책, 평생학습도시, 평생학습이 이루어지는 장소 등과 같이 그 연구 대상은 매우 다양하다. 이러한 다양한 대상을 이해하고 분석하기 위해서 과학적인 조사방법을 적용하는 것이 필요하며, 과학적인 조사방법으로 도출된 결과는 평생교육 현장을 객관적으로 이해하고 평생교육의 보다 바람직한 실천을 위해 현장에서 반영될 수 있어야 한다.

2) 평생교육 조사연구의 의의

다양한 연구기관이나 협회에서 발표되는 많은 조사자료가 상식적으로 옳거나 그르다는 과학적 근거들을 마련해 주지만, 어떤 형태의 조사가 실시되든지 인간의 사회생활과의 연관 속에서 고려할 때 비로소 조사로서 의의를 가진다. 다시 말해서, 체계적인 조사를 위해 아무리 막대한 재원을 투자했을지라도, 그것이 조사활동 자체에만 그치고 그 결과가 묻히거나 현실에 기여하지 않는다면 조사의 가치는 크게 떨어진다. 그러므로 평생교육 조사연구를 통해 도출된 결과가 평생교육 현장을 이해하고 평생교육의 발전을 위해 다시 적용될 때 가치 있는 과정이 될 것이다.

이처럼 평생교육 조사연구는 실제적 유용성을 가짐으로써 그 의의를 찾을 수 있다. 평생교육 조사연구의 의의는 크게 다음의 네 가지를 들 수 있다.

❖ 평생교육 조사연구의 의의

- 평생교육 현장의 상황 및 특수성 이해
- 평생교육 현장의 이해를 토대로 학문적 개념 형성
- 학습자의 요구 분석 및 프로그램의 효과성 분석
- 평생교육 현장의 현상에 대한 통찰

첫째, 평생교육 현장에 대한 관찰, 검증, 분류 및 해석을 통해 평생교육 현장이 당면한 문제들을 분석할 수 있다. 특히 평생교육은 지역 안에서 이루어지므로 지역이 당면한 상황을 이해하고, 지역의 특수성을 고려한 평생교육을 발달시키기 위해 조사연구가 반드시 필요하다.

둘째, 평생교육 조사연구의 결과는 실천 현장에서의 경험적 사실들로부터 학문적 개념들을 형성한다. 즉 논리적이며 체계적인 방법을 통해 새로운 사실을 발견하고 이를 토대로 오래된 사실을 검증하며, 이러한 현상을 가져온 지배적인 원리를 정립함으로써 학문적 개념들을 구성해 나간다.

셋째, 평생교육 조사연구를 통해 학습자 및 지역주민의 요구를 분석할 수 있고, 평생교육 프로그램의 효과성을 파악할 수 있다. 이러한 조사연구를 통한 결과는 평생교육 현장에서 이루어지는 실천에서 보다 나은 방법을 모색하게 한다.

넷째, 평생교육 조사연구를 통해 현장을 이해하고 분석한 평생교육 전문가는 평생교육 실천에 대한 통찰력을 갖게 된다. 평생교육과 관계된 다양한 현상에 대해 깊게 이해하게 되므로, 평생교육 현장에서 발생한 문제의 원인이 무엇이고, 적절한 해결방안은 무엇이며, 문제해결에 관계된 인적·물적 자원을 적절히 활용하기 위한 방안은 어떤 것이 있는지 등 평생교육 현장의 다양한 현상에 대해 통찰할 수 있게 된다.

3. 평생교육 조사방법

평생교육 현장에 대한 조사연구는 결과를 활용하고 실천을 강조하는 연구방법이다. 평생교육 조사방법은 어떤 사실에 초점을 두느냐에 따라 다양하게 구분되는데, 평생교육의 학문적 특성상 실천연구의 중요성이 부각되고 있다. 평생교육 조사방법은 일반적으로 자료의 특성, 시간적 차원, 연구진행 상황, 조사자의 역할 등에 따라 다음과 같이 구분할 수 있다.

❖ 평생교육 조사방법

- 자료의 특성에 따른 분류: 양적연구, 질적연구
- 연구의 시간적 차원에 따른 분류: 횡단적 연구, 종단적 연구
- 연구가 진행되는 상황에 따른 분류: 실험실연구, 현장연구
- 연구조사자의 역할에 따른 분류: 참여적 연구, 비참여적 연구

1) 양적연구와 질적연구

양적연구(quantitative research)와 질적연구(qualitative research)는 연구자료의 특성에 따라 분류된 연구방법이다.

양적연구는 사회현상을 수치화하여 측정하는 연구방법이다. 통계적으로 분석 가능한 수치자료를 산출하므로, 측정기술이나 표집방법, 통계조사 등이 중요하다. 또한 객관적 질자에 의해 연구가 진행되므로 연구결과를 일반화시킬 수 있다.

질적연구는 양적연구와 달리 소수의 연구대상을 집중적으로 깊이 있게 연구하는 방법이다. 즉 수치로 된 자료 대신 연구자의 관심분야나 특정 사회현상에 대한 언어, 동작, 현상, 대화 등의 의미를 심층적으로 해석하고자 한다(Berg, 2001).

일반적으로 양적자료는 기술통계와 추리통계 같은 통계적 처리방법을 사용하여 평가하고, 질적자료는 주제와 범주로 구분하여 주관적으로 평가한다. 따라서 사회현상의 기술이나 이론구조의 발견 등에는 질적연구가 많이 사용되며, 가설검증이나 이론의 입증에는 객관적인 양적연구가 더 많이 사용된다. 두 연구방법을 구체적으로 비교하면 〈표 2-2〉와 같다.

〈표 2-2〉 양적연구와 질적연구의 비교

구분	양적연구	질적연구
개념	객관적인 척도에 의한 측정을 통해 양적인 자료를 수집하고 통계적인 추리과정을 거쳐 변인들 간의 관계를 규명하는 연구방법	연구대상을 수량적으로 파악하기보다는 연구자의 개인적인 관심과 기술을 통한 주관적인 연구방법
실재의 본질	인간의 실재를 형성하는 인간의 특성과 본질이 존재하므로 관계된 변인들에 대한 연구가 가능	객관적 실재라고 일반화시킬 수 있는 인간의 속성과 본성이 없으므로 총체적인 연구가 필요
연구자와 연구대상 간의 관계	연구자와 연구대상 간의 관계가 밀접하게 되면 연구자료가 왜곡될 수 있으므로 거리를 유지	연구자와 연구대상이 서로 밀접한 관계를 유지
일반화	일반화 가능	일반화 불가능
인과관계	행위 현상을 인과관계로 설명 가능	인과관계가 분명하지 않음
가치	객관적 절차 질적연구에 비해 가치중립적임	주관적 절차 가치중립적이지 않음
연구방법	설문조사법, 실험설계법, 관찰법	관찰법, 심층면접법

출처: 성태제(2006).

2) 횡단적 연구와 종단적 연구

횡단적 연구(cross sectional study)와 종단적 연구(longitudinal study)는 연구가 진행된 시간적 차원에 따른 분류다.

횡단적 연구는 동 시간대에 살고 있는 모집단으로부터 추출된 표본을 대상으로 현상을 연구하는 방법이다. 대부분의 조사연구는 이와 같이 연구대상과 관련된 일정 기간의 현상을 파악하는 것이다. 예를 들어, 평생학습기관에 종사하는 평생교육사의 만족도를 조사하거나, 평생교육법 개정에 대한 평생교육 전문가의 의견을 분석하는 연구가 횡단적 연구에 해당된다. 횡단적 연구의 장점은 단기간에 연구가 완료되므로 시간이 적게 소요되며, 모집단을 대표하는 표본의 결과를 얻으므로 일반화가 가능하다. 반면, 종단적 연구에 비해 연구의 깊이가 적을 수 있다는 단점이 있다.

이에 반해 종단적 연구는 연구대상의 특성이 시간의 흐름에 따라 어떻게 변화하는지를 지속적으로 연구하는 것으로, 시간의 경과에 따른 변화를 분석하고자 하는 연구방법이다. 예를 들면, 평생학습의 참여 경험이 이후 삶의 형태에 어떤 변화를 주었는지를 알아보는 연구를 종단적으로 실시할 수 있다. 연구대상으로 선정된 주부들을 대상으로 한 번 조사한 후, 2년, 4년, 6년 후에 그 연구대상을 그대로 추적하여 그들의 삶의 형태를 조사한다. 이 결과를 토대로 평생학습이 삶의 질에 미치는 영향을 심층적으로 연구할 수 있다. 이와 같은 종단적 연구는 횡단적 연구에 비해 깊이 있는 연구결과를 얻을 수 있는 장점이 있는 반면, 많은 시간과 노력을 필요로 하며 연구대상이 연구과정에서 중도 탈락될 경우 결과를 일반화할 수 없다는 단점이 있다.

두 연구방법을 구체적으로 비교하면 〈표 2-3〉과 같다.

〈표 2-3〉 종단적 연구와 횡단적 연구의 비교

	횡단적 연구	종단적 연구
방법	• 각 연령에 따른 대표값을 구해서 변화를 유추함	• 소수의 대상을 일정 기간 지속적으로 관찰하여 변화를 알아봄
특성	• 서로 비슷한 변인을 가진 다수의 표집 • 시간의 흐름에 따른 성장의 특성을 밝혀서 그 일반적 경향을 알 수 있음 • 개선된 최신의 검사도구를 충분히 활용할 수 있어 비교적 선택이 자유로움	• 대표성을 고려해 비교적 소수를 표집 • 성장과 발달의 개인적 변화 파악 가능 • 연구가 일단 시작되면 사용하던 도구를 도중에 바꿀 수 없음

장점	• 종단적 연구보다 경비, 시간, 노력 절약 • 각 연령에 따른 대표값을 구해서 그 값들을 연결해 일반적 성장곡선을 그려 볼 수 있음 • 상황에 따라 다양한 측정도구 선택가능 • 연구대상의 관리와 선정이 비교적 용이	• 소수의 대상을 일정 기간 지속적으로 관찰 기록하므로 대상의 개인 내 변화와 연구목적 이외의 유의미한 자료 획득이 가능 • 발달 초기와 후기의 인과관계를 밝히는 주제에 용이함
단점	• 단지 성장의 일반적 경향만을 알 수 있을 뿐 개인적 변화상을 알 수는 없음 • 표집된 대상의 대표성 확인이 곤란함 • 행동의 초기와 후기의 인과관계에 관한 주제를 다루기가 어려움	• 긴 시간과 많은 노력, 많은 경비 필요 • 표집된 연구대상이 중도 탈락하거나 오랜 시간의 흐름에 따라 비교집단과의 특성이 크게 달라질 수 있음 • 한 대상에게 반복적으로 같은 검사도구를 이용해 측정해야 하므로 신뢰성 약화

3) 실험실연구와 현장연구

실험실연구(laboratory research)와 현장연구(field research)는 연구가 진행되는 각각의 상황에 따라 분류된다.

실험실연구는 독립변인과 종속변인 간의 인과관계를 밝히기 위해서 다른 변인을 철저히 통제할 수 있는 실험실 안에서 조사하는 연구 유형이다. 이는 실험 대상자를 통제된 환경 속에 두고 그들의 언어적, 비언어적 행위를 관찰하는 것이다. 즉 일상적 환경이 아닌 실험실이라는 인위적인 상황에서 실행된다.

이와 달리 현장연구는 실제로 현상이 일어나고 있는 현장에서 연구를 실시하는 방법이다. 예를 들어, 수업 중에 발생하는 교사와 학생의 상호작용의 특성을 조사하거나, 성인학습의 과정에서 보이는 학생의 태도를 관찰하고자 할 때 현장연구가 적용된다. 이와 같은 연구의 경우 실험실연구와는 달리 다른 변인의 효과를 철저히 통제할 수 없다는 단점이 있다.

4) 참여적 연구와 비참여적 연구

참여적 연구(participant research)와 비참여적 연구(nonparticipant research)는 자료수집 과정에서 조사자가 행하는 역할에 따라 분류되는 연구방법이다.

참여적 연구는 관찰하고 있는 상호작용 과정에 조사자가 능동적으로 참여하는 연구이다. 참여관찰 시 조사 대상자들은 참여관찰자가 그들의 행위를 연구하는 조사자라는 사실을 알 수도 있고 모를 수도 있다.

비참여적 연구는 조사자가 조사하고자 하는 상호작용 과정에 어떤 방법으로든 관여하지 않고 외부관찰자가 되어 조사연구를 진행하는 것이다.

참여적 연구와 비참여적 연구는 연구 특성에 따라 실험실 또는 현장상황에서 실행될 수 있지만, 일반적으로 참여관찰은 자연적인 현장에서, 비참여적 관찰은 실험조작을 가한 실험실에서 실행된다.

주요 용어 및 단어

조사연구	기초연구	응용연구
탐색적 조사연구	기술적 조사연구	설명적 조사연구
양적연구	질적연구	횡단적 연구
종단적 연구	실험실연구	현장연구
참여적 연구	비참여적 연구	

제 3 장 사회과학 조사연구의 구성요소

학습목표

1. 개념의 의미와 기능을 설명한다.
2. 정의의 의미와 종류를 설명한다.
3. 가설의 의미와 특징을 설명한다.
4. 가설의 종류를 예를 들어 설명한다.
5. 변수의 개념과 종류를 설명한다.
6. 이론의 개념과 특징을 설명한다.
7. 모형의 의미를 설명한다.

제1절 개념과 정의

1. 개념

1) 개념의 의미

개념(concept)은 사고나 판단의 결과로써 형성된 여러 생각의 공통된 요소를 추상화하여 종합한 보편적인 관념이다(한국교육심리학회, 2000). 즉 개념은 일정하게 관찰된 사실에 대한 추상적인 표현이며, 경험적으로 인지할 수 있는 어떤 대상이나 현상을 대변하는 것으로 현상이나 대상의 공통적, 일반적 성질을 추출한 것이다.

예를 들어, '과일'의 사전적 의미를 살펴보면 나무 따위를 가꾸어 얻는 것으로, 사람이 먹을 수 있는 것이며, 대개 수분이 많고 단맛 또는 신맛이 나는 사과, 배, 귤, 메론, 수박 따위를 지칭한다. 여기서 사과, 배, 귤, 메론, 수박 등은 각각의 모양과 맛이 다르지만 공통적으로 과일이라고 표현할 수 있다. 따라서 과일이라는 개념은 사과, 배, 귤, 메론, 수박 등의 여러 가지를 하나로 묶어서 대표하는 것으로, 대개 수분이 많고 단맛 또는 신맛이 나는, 사람이 먹을 수 있는 열매를 의미한다고 할 수 있다.

2) 개념의 기능과 종류

어떤 현상이나 대상의 공통적 · 일반적 성질을 나타내는 개념의 기능은 다음과 같다(윤성채, 최종후, 1999).

❖ 개념의 기능

- 의사소통과 사상의 기초
- 경험적인 사실에 대한 견해 소개
- 분류와 일반화 기능
- 이론 형성

첫째, 개념은 의사소통과 사상의 기초가 된다. 개념은 실제적으로 경험하는 현상 자체가 아니라 어떤 경험적인 현상에 대한 하나의 상징으로서, 막연한 생각이나 지각으로부터 추상화된 것이다. 따라서 어떤 개념이나 사상에 대해 상호 간의 동의를 얻지 못한다면 의사소통이 불가능하다.

둘째, 개념은 경험적인 사실에 대해서 그것을 바라볼 수 있는 견해를 소개해 주는 기능을 한다. 개인은 자기 나름대로의 특수한 견해를 가질 수 있는데, 이 경우 과학적인 개념화를 통해서 이전에 지각하지 못했던 것을 인식할 수 있게 해 준다. 즉 사물에 대해 일정한 질서와 일관성을 가진 상태에서 그 사물에 대해 인식할 수 있게 하므로, 그것이 무엇을 의미하며 어떤 방향으로 나아갈 것인지를 말해 준다.

셋째, 개념은 분류와 일반화의 기능을 한다. 모든 현상은 각각의 구체적인 사건에서 독특한 것이 있지만 구체적인 일반화를 위해서는 어떤 독특성과 예외성을 무시하는 것이 필요하다. 이에 어떤 현상을 개념화할 때도 일반화가 필요하며, 연구자들은 경험과 관찰을 개념적인 견해에서 분류한 후 순서에 따라 일반화를 시도하게 된다.

넷째, 개념은 이론을 형성하는 기능을 한다. 개념은 이론의 형태와 내용을 규정하고 있기 때문에 어떤 이론을 형성함에 있어서 가장 절대적인 요소다.

개념의 종류는 크게 기술적 용어와 구조적 용어로 나누어진다(이원욱, 1999). 기술적 용어는 사물, 사태, 생각 등을 명시적으로 가리키는 것이며,

구조적 용어는 이러한 기술적 용어를 연결시켜 주거나 무엇을 지적하는 것을 말한다.

또한 기술적 용어는 일반 용어와 고유 용어로 구분되는데, 일반 용어는 일반적인 속성이나 성격을 나타내는 것이며, 고유 용어는 개별적 대상이나 사태를 말하는 것이다.

3) 개념의 조건

하나의 개념을 구성하려면 다음과 같이 개념의 명확성과 통일성, 그 개념을 포함하는 범위의 적절성 및 개념의 체계성이 필요하다.

❖ 개념의 조건

- 명확성: 명백하고 한정적으로 표현함
- 통일성: 누구나 동일하게 사용해야 함
- 적절성: 개념의 범위가 적절해야 함
- 체계성: 이론이나 명제와의 관계 속에서 의미가 주어져야 함

첫째, 개념의 명확성은 어떤 개념이라도 그것이 나타내는 사실 또는 현상이 명백하고 한정적이어야 함을 말한다. 만약 개념의 경계가 막연해서 개개 사실의 특징을 나타낼 수 없다면 개념이라 할 수 없다.

둘째, 개념의 통일성은 하나의 사실이나 현상에 대해서 구성원 누구에게나 동일하게 사용되어야 함을 말한다.

셋째, 개념의 적절성은 그것을 포함하는 개념의 범위가 적절해야 함을 의미한다. 즉 개념 범위가 너무 넓으면 실제의 사실이나 현상에서 멀어져 측정의 문제가 발생할 수 있고, 개념 범위가 너무 좁으면 사실이나 현상을 보다 직접적으로 설명할 수 있으나 일반화 정도가 낮기 때문에 이론 형성에 제한을 받아 사실을 설명하는 데 빈약한 개념이 된다.

넷째, 개념의 체계성은 이론이나 명제와의 관계 속에서 그 의미가 주어질 수 있어야 함을 의미한다. 만약 개념이 이론이나 명제와 분리되어 있어 아무런 관련성이 없다면, 이는 개념으로서 의미가 없다고 말할 수 있다.

2. 정의

1) 정의의 의미

정확한 의사소통을 가능하게 하기 위해서 개념은 그 자체가 명료하고, 정확하며, 사용자 상호 간에 합의된 것이어야 한다. 이에 대해 정의는 개념이 가진 의미를 모호하지 않게 명확히 규정하는 것이며, 개념의 뜻을 결정하는 것을 의미한다. 정의의 뜻을 명확하게 규정하고 결정하기 위해서는 다음과 같은 사항을 고려해야 한다.

❖ 정의의 의미

- 개념의 특성이나 성질을 분명히 표현
- 간단 · 명료해야 함
- 특성이나 성질을 포함
- 순환성이 있으면 안 됨
- 긍정적인 표현

첫째, 정의는 개념의 특성이나 성질을 분명하게 나타낼 수 있어야 한다.

둘째, 정의는 모호하거나 비유적인 말을 포함해서는 안 되며, 되도록 간단 · 명료해야 한다. 예를 들어, 흰색을 '눈과 같은 것'이라고 설명한다면 이는 부적합한 정의가 된다.

셋째, 정의는 특성이나 성질을 모두 포함할 수 있어야 한다. 그렇다고 해서 정의가 정의될 개념의 뜻보다 너무 많거나 적은 내용을 가져서도 안 된다.

넷째, 정의는 순환성이 있어서는 안 된다. 즉 정의하고자 하는 낱말 안에 정의가 사용되지 않아야 한다. 예를 들어, '여성'을 정의하면서 '여성적 특질을 가지고 있는 사람'으로 정의해서는 안 된다는 것이다.

다섯째, 정의는 가능하면 긍정적 개념이나 용어를 사용해야 한다.

2) 정의의 종류

정의는 크게 개념적 정의(conceptual definition)와 조작적 정의(operational definition)로 구분할 수 있다.

❖ 정의의 종류

- 개념적 정의: 어떤 용어가 가진 가장 일반적인 속성을 사전적으로 규정
- 조작적 정의: 어떤 용어를 실증적인 관찰에 의해 측정할 수 있도록 구체화

개념적 정의는 연구에서 사용되는 주요 용어들을 개념적으로 정의하는 것으로서, 어떤 용어가 가진 가장 일반적인 속성을 사전적으로 규정하는 작업이다. 그러므로 개념적 정의의 내용은 추상적이고 보편적이다. 즉, 개념적 정의는 어떤 개념을 설명할 때 다른 개념을 사용하여 설명하고 여러 가지 방법을 이용해서 다른 개념들과 연결시킴으로써 이루어진다. 그러나 이때 경험적으로 관찰 가능한 것이 아니라면 이를 어떻게 검증할 것인지에 대한 문제가 발생한다. 이러한 이론적, 개념적 수준의 정의를 경험적, 구체적 수준에서 표현한 것이 조작적 정의이다.

조작적 정의는 추상적인 개념이나 용어를 현실세계에 적용 가능하도록 적합하게 조작하여 실증적인 관찰에 의해 측정할 수 있도록 구체화한 것

이다. 연구자는 조작적 정의과정을 통해 이론적 개념을 측정 가능하고 조작 가능한 형태로 변환시킨다. 예를 들면, 지능에 대한 개념적 정의는 '추상적인 사고 능력, 문제해결 능력 등의 개념' 이라고 표현할 수 있으며, 지능에 대한 조작적 정의는 '지능검사에 의해 점수로 나타내는 것' 이라고 말할 수 있다.

개념적 정의와 조작적 정의의 관계를 그림으로 표현하면 [그림 3-1]과 같다.

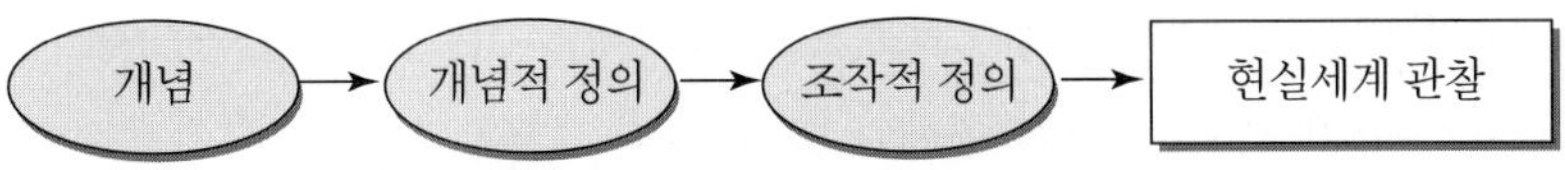

[그림 3-1] 개념적 정의와 조작적 정의

제2절 가설과 변수

1. 가설의 의미

가설(hypothesis)이란 연구대상인 모집단의 특성에 대한 잠정적인 진술로서 아직은 검증되지 않은 상태다. 만약 경험적 증거에 의해 타당하게 지지되면 원리나 이론이라고 불린다. 그러므로 가설은 연구문제에 의해 제안된 아직 검증되지 않은 잠정적인 해답이라고 할 수 있으며(한국교육심리학회, 2000), 다음과 같은 특징을 가진다.

첫째, 가설은 두 가지 혹은 그 이상의 변수들 간의 관계를 서술한다. 즉 가설은 독립변수와 종속변수의 관계로 표현되며, "변수 A와 B는 관련이 있다." 혹은 "A가 높을수록 B도 높다." 등으로 표현된다.

❖ **가설의 특징**

- 변수들 간의 관계를 서술함
- 명백하고 구체적으로 표현함
- 실증적으로 검증 가능해야 함
- 확률적 속성을 가짐
- 가치중립적 속성임
- 이용 가능한 기술 및 이론적 체계를 가짐

둘째, 가설은 명백하고 구체적으로 표현해야 한다. 가설은 변수들에 대한 구체적인 정의를 통해 명백해질 수 있다. 한편, 가설을 경험적으로 검증하기 위해서는 변수들에 대한 개념적 정의와 조작적 정의가 이루어져야 한다. 변수들에 대한 개념적 정의를 내리는 과정에서 추상적인 개념들은 구체화되고, 조작적 정의를 내리는 과정에서 변수들은 측정과 계량화가 가능한 상태로 변화된다.

셋째, 가설은 서술된 관계를 실증적으로 검증할 수 있어야 한다. 가설은 짐작이나 추측에 근거를 두기 때문에, 가설 자체는 사실일 수도 있고, 사실이 아닐 수도 있다. 그러나 가설은 경험적으로 입증될 수 있어야 한다. 즉 가설에 포함되어 있는 변수들은 조작적으로 정의할 수 있어야 하며, 이들은 직접 관찰되거나 측정될 수 있어야 한다.

넷째, 가설은 확률적 속성을 지닌다. 가설은 참일 수도 있고, 거짓일 수도 있다. 가설을 설정할 때는 그 결과가 항상 참이거나 거짓일 수밖에 없는 것을 설정해서는 안 된다.

다섯째, 가설은 가치중립적이다. 가치중립적이라는 것은 주관적인 가치가 배제되어야 함을 말한다. 과학적인 접근이 되기 위해서는 연구자의 주관적인 편견이 배제되어야 하기 때문이다.

여섯째, 가설은 이용 가능한 기술과 이론적 체계를 가지고 있다. 아무리 좋은 연구문제가 선정되었더라도 가설을 검증하는 단계에서 이용되는 기술의 현실성이 없다면 선정된 문제는 의미가 없다. 그러므로 가설검증에 이용되는 기술이 실현 가능해야만 선정된 연구를 진행할 수 있다.

2. 가설의 기능 및 종류

1) 가설의 기능

가설의 기능은 다음과 같이 이론의 검증과 형성, 현상의 기술 및 현실 개선 등으로 설명될 수 있다(윤성채, 최종후, 1999).

❖ 가설의 기능

- 이론의 검증 및 형성
- 현상의 기술
- 현실 개선

첫째, 가설은 이론을 검증하고 형성한다. 사회현상은 그와 관련된 이론에 의해서 설명되는데, 이 경우 사회현상에 적용된 이론은 가설 검증을 통해서 증명될 수 있으며, 가설이 경험적으로 검증됨으로써 이론의 현실 적용성을 검증받고 이론을 형성하게 된다.

둘째, 가설은 현상을 기술하는 기능을 가진다. 어떤 현상을 가설에 의해서 기술함으로써 그 현상에 대한 진실된 사실성 여부를 검증하게 된다.

셋째, 가설은 현실 개선의 기능을 가진다. 사회과학의 궁극적인 목적은 주어진 문제를 바람직한 방향으로 해결해 나가는 것이다. 따라서 가설이 검증되어 수용될 경우 그 가설을 통해 문제를 해결함으로써 현상을 개선해 나가는 기능을 갖게 된다.

2) 가설의 종류

가설은 분류기준에 따라 여러 가지 유형으로 나눌 수 있다. 다음과 같이 연구자가 주장하려는 의도에 따라 영가설과 대립가설로 구분하며, 서술 여부에 따라 서술적 가설과 통계적 가설로 구분한다. 또한 부등호의 존재 유무에 따라 등가설과 부등가설로 구분한다.

❖ 가설의 종류

- 연구자의 의도에 따른 분류: 영가설(귀무가설), 대립가설(연구가설)
- 서술 여부에 따른 분류: 서술적 가설, 통계적 가설
- 부등호 존재 유무에 따른 분류: 등가설, 부등가설

(1) 영가설과 대립가설

가설을 잠정적 진술이라고 정의한다면, 이때 두 개의 사실을 영가설(null hypothesis)과 대립가설(alternative hypothesis)로 설정한다. 즉 영가설은 연구자가 부정하고자 하는 사실로서 '~효과가 없다' '~차이가 없다' 등의 형태로 표현되며, 귀무가설이라고도 한다. 일반적으로 영가설은 H_0로 표기한다. 대립가설은 연구자가 연구에서 주장하고자 하는 가설이며, 영가설이 부정되었을 때 진리로 남는 잠정적 진술로서 연구가설이라고도 한다. 일반적으로 H_A 혹은 H_1로 표기한다.

민약 정부 차원에서 막대한 자금을 들여 영어마을을 만드는 것이 교육적인 효과가 있을 것인지, 없을 것인지를 조사한다면 영가설과 대립가설은 다음과 같이 표현할 수 있다.

❖ **영가설**

H_0: 영어마을을 설치하는 것은 교육적으로 효과가 없다.

❖ **대립가설**

H_A: 영어마을을 설치하는 것은 교육적으로 효과가 있다.

(2) 서술적 가설과 통계적 가설

서술 여부에 따른 분류로 서술적 가설과 통계적 가설이 있다. 서술적 가설은 연구자가 검증하고자 하는 영가설이나 대립가설 모두를 언어로 표현하는 것을 말하며, 통계적 가설은 영가설이나 대립가설 모두를 어떤 기호나 수로 표현하는 것을 말한다. 영어마을을 만드는 것에 관한 연구의 경우 서술적 가설과 통계적 가설은 다음과 같이 표현할 수 있다.

❖ **서술적 가설**

H_0: 영어마을을 설치하는 것은 교육적으로 효과가 없다.
H_A: 영어마을을 설치하는 것은 교육적으로 효과가 있다.

❖ **통계적 가설**

H_0: $\mu_{\text{설치 전}} = \mu_{\text{설치 후}}$

H_A: $\mu_{\text{설치 전}} \neq \mu_{\text{설치 후}}$

(3) 등가설과 부등가설

영가설과 대립가설에 부등호가 없으면 등가설(non-directional hypothesis)이며, 부등호가 있으면 부등가설(directional hypothesis)이라고 한다. 등가설, 부등가설에 의한 검증은 이론적 혹은 경험적 배경에 의해 결정된다. 앞의 사례와 같이 영어마을 설치가 미치는 교육효과 연구에 대한 영가설과 대립가설은 부등호가 없으므로 등가설이다.

만약 영어마을 설치가 미치는 교육효과와 관련된 기존의 연구로 인해 교육효과 여부를 사전에 알고 있었다면, 영가설과 대립가설은 다음과 같이 부등가설의 형태로 표현할 수 있다. 이때 주의할 점은 등호를 항상 영가설에 붙여야 한다는 것이다.

❖ **부등가설**

H_0: $\mu_{설치 전} \geq \mu_{설치 후}$
H_A: $\mu_{설치 전} < \mu_{설치 후}$

3. 변수의 의미와 종류

❖ **변수의 개념**

- 변수: 다양한 값을 갖는 사건, 사물, 현상을 나타내는 개념

❖ **변수의 종류**

- 독립변수: 영향을 주는 변수
- 종속변수: 영향을 받는 변수
- 매개변수: 연구에서 통제되어야 할 변수

변수(variable)는 속성에 따라 여러 수준으로 분류할 수 있거나 다양한 값을 취할 수 있는 사건, 사물, 현상을 나타내는 개념이며, 변인이라고도 한다(한국교육심리학회, 2000).

변수는 분류기준에 따라 다양하게 구분할 수 있으나 가장 일반적인 것은 변수 간의 기능적 관계를 중심으로 독립변수(independent variable), 종속

변수(dependent variable), 매개변수(intervening variable)로 나눌 수 있다.

독립변수는 다른 변수에 영향을 주는 변수이고, 어떤 변수에 대한 원인이 되는 변수를 의미해서 원인적 변수(causal variable) 혹은 가설적 변수(hypothetical variable)라고도 한다. 종속변수는 다른 변수에 영향을 받는 변수이며, 독립변수에 의해 영향을 받아 변화된 효과를 나타내는 변수로 결과변수 혹은 효과변수(effect variable)라고도 한다. 또한 매개변수는 종속변수에 영향을 미치는 독립변수 이외의 제3의 변수로서 연구에서 통제되어야 할 변수를 말한다.

예를 들어, '원격교육을 활용한 교수법이 성인교육에 미치는 영향에 대한 연구'를 한다면, 독립변수는 원격교육을 활용한 교수법이고, 종속변수는 성인교육에 미치는 영향이 된다. 만약 원격교육을 활용한 교수법이 성인교육에 교육적 효과가 있다는 결과가 나왔다고 하자. 그러나 성인교육에 교육적 효과를 미치는 요인이 원격교육을 활용한 교수방법 외에 다른 변수, 즉 학습동기나 개인의 성격과 같은 개인적 성향에 의해서도 향상될 수 있다면, 학습동기나 개인의 성격은 매개변수가 된다.

❖ 독립변수, 종속변수, 매개변수의 예

원격교육을 활용한 교수법이	성인교육에 미치는 영향
독립변수	종속변수

학습동기, 성격
매개변수

제3절 이론과 모형

1. 이론

이론(theory)은 현상에 대한 설명과 예측을 목적으로 변수들의 관계를 밝힘으로써 그 현상에 대한 체계적인 견해를 제공하는 상호 관련된 일련의 구성, 정의 및 명제다(Kerlinger, 1989). 이론은 논리적으로 연결된 일련의 명제로서 법칙적인 일반성을 띠면서 체계적으로 연관된 일련의 진술이다. 또한 이론은 경험적 검증이 가능하고, 변수 간의 관계를 검증해 놓은 것이며, 두 개 이상의 법칙이 서로 연역적인 관계를 지닌 체제다(한국교육심리학회, 2000). 이와 같이 이론은 학자마다 다양하게 정의되고 있으나, 일반적으로 다음과 같은 특징을 가진다.

❖ 이론의 특징

- 연관성 또는 관련성을 가짐
- 잠정적
- 검증된 관계
- 설명과 예측이 목적

첫째, 이론은 연관성 또는 관련성을 가진다. 즉 어떤 사실에 대한 진술, 명제, 가설 간에 하나의 개념만으로 이론을 형성할 수 있는 것이 아니라 개념 간의 연관성을 통해서 이론이 형성된다.

둘째, 이론은 잠정적이다. 이론은 어떤 진술, 명제, 가설, 개념 간의 관계가 불변하는 것이 아니라 시대와 상황에 따라 변화될 수도 있고, 어떤 개념의 의미가 변화되어 개념 간의 관계성에 대한 의미도 변화될 수 있다.

셋째, 이론은 검증된 관계를 말한다. 즉 경험적으로 증명, 재증명, 반증될 수 있으며 적용될 수도 있어야 한다는 뜻이다. 만약 이론이 부적절하거나 반증되면 그 이론에 대한 재정립이 필요하게 된다. 이는 이론의 가변성을 암시해 주는 것으로, 이러한 과정을 통해 발전된 이론이나 새로운 이론이 나타나게 된다.

넷째, 이론은 설명과 예측을 목적으로 한다. 과학은 관찰할 수 있는 현상을 기술하고, 설명하고, 예측하는 것을 목적으로 한다. 더불어 이론도 과학과 마찬가지로 설명하고 예측하는 것을 목적으로 한다.

2. 모형

모형(또는 모델)은 하나의 현실 또는 실재의 표상으로서, 어떤 현상을 연구할 때 사용하는 이론적인 구조라고 할 수 있다. 모든 실재의 요소가 모형 속에 다 포함되는 것은 아니지만, 연구자가 연구하고자 하는 것을 좀 더 이해하기 좋게 만든 상징들의 체계라고 할 수 있다.

모형에 대한 설명은 다양하지만 여기서는 프로그램 평가 모형 중에서 의사결정 모형의 종류인 Stufflebeam의 CIPP 평가 모형(CIPP evaluation model)을 사용한 초등학교 방과후 학교 평가도구를 개발하는 예를 중심으로 설명해 보고자 한다(윤명희, 임현성, 2008).

상황평가(context evaluation: C)는 프로그램 목표를 결정하는 합리적 기초나 이유를 제공하는 것으로, 무엇이 문제인가, 무엇이 충족되어야 할 필요가 있는가를 밝혀서 앞으로 프로그램에서 관심의 초점이 되어야 할 것을 확인하는 것이다. 방과후 학교 프로그램에 대한 요구 및 관련자들의 인식, 프로그램의 목표 설정 과정 등이 주된 평가항목이 된다.

투입평가(input evaluation: I)는 프로그램의 목적을 달성하기 위해 전략과 자료가 필요한지를 결정하는 데 필요한 정보를 제공하는 것이며, 투입할 수 있는 자원, 시설, 매체의 사용 등이 여기에서 이루어진다. 방과후 학교 프로그램의 예산, 인적 · 물적 자원, 프로그램 및 학습자료 제공 등이 해당된다.

과정평가(process evaluation: P)는 프로그램의 실행과정에 프로그램의 운영방법과 절차를 수정 보완하는 데 필요한 정보를 수집하여 제공함으로써 프로그램의 운영상황을 검토하는 데 도움을 주는 내용으로 구성된다. 방과후 학교 프로그램의 주된 활동과 인적 자원 관리 등이 주된 내용이 된다.

산출평가(product evaluation: P)는 프로그램이 종료된 후에 프로그램의 효과를 측정하는 평가로서 변화된 사항을 종합적으로 확인하여 프로그램의 질과 사용자의 요구에 비추어 프로그램의 성과를 정확하게 판단하는 내용으로 구성된다. 방과후 학교 프로그램의 평가 및 활용, 프로그램 만족도, 성과 등이 주된 내용이 된다.

이와 같이 모형은 적합한 단계를 통해 연구자가 원하는 결과를 도출할 수 있는 것으로 상징적이고 일반적인 요소와 단계로 구성된 체계라고 할 수 있다.

주요 용어 및 단어

개념	정의	가설
영가설	대립가설	서술적 가설
통계적 가설	등가설	부등가설
독립변수	종속변수	매개변수
이론	모형	CIPP 평가 모형

P·A·R·T 2

자료의 수집절차

제4장 연구문제 제기
제5장 사회조사 연구설계
제6장 자료수집 방법의 이해
제7장 설문지 작성법

제 4 장

연구문제 제기

학습목표

1. 연구문제를 인식하고 구성한다.
2. 연구문제를 합리적으로 검증함으로써 연구문제를 선정한다.
3. 연구문제의 유형에 따라 적절하게 연구문제를 진술한다.

제1절 연구문제의 인식 및 구성

1. 연구문제의 인식

과학적 연구는 연구문제 및 주제를 선정하는 것으로부터 시작된다. 연구문제 선정은 연구의 방향을 제시하는 과정이므로 매우 중요한 작업이라 할 수 있다. 이러한 연구문제의 선정은 연구문제의 인식이라는 기초작업이 선행되어야 한다. 일반적으로 연구문제의 인식은 기존 지식체계에 대한 문제 제기, 사회적 요청, 개인적 취향과 경험 등에 의해 발생한다(오혜경, 1998; 이원욱, 1999).

❖ **연구문제의 인식**

- 기존 지식체계에 대한 문제 제기
- 사회적 요청
- 개인적 취향과 경험

1) 기존 지식체계에 대한 문제 제기

기존 지식체계란 이미 존재해 있는 연구결과에 대해 학습이나 실천을 통해 얻은 명확한 인식 및 이해를 말한다. 이러한 기존 지식체계에 대한 문제 제기는 이론 자체의 모순성, 이론 간의 모순성, 이론과 관찰 간의 모순성 등을 통해 이루어진다.

첫째, 이론 자체의 모순성은 기존 지식체계 자체에 대한 의문으로 기존 지식체계나 현재 사실에 대한 의문점에서부터 시작한다. 즉 기존 지식체계를 접함으로써 우리는 현상 및 이론에 대해 이해하게 되는데, 그러한 과정에서 모순성을 발견하고 의문을 제시할 수 있다. 제시된 의문은 곧 연구문제로 발전하며 연구문제의 해결을 통해 이론을 재형성할 수 있다.

둘째, 기존 지식체계에 존재하는 이론 간의 모순성을 찾아내어 연구문제를 제기할 수 있다. 즉 학자들 간에 대립된 이론을 주장하는 경우가 있는데, 이때 서로 다른 이론적 주장에서 어떤 이론이 옳은가에 대한 의문이 제기될 수 있고, 이를 토대로 연구를 수행하고 이론을 재구성할 수 있다.

셋째, 이론과 관찰 간의 모순성을 통하여 문제점을 제기할 수 있다. 즉 전통적인 기존 이론의 내용이 현재의 관찰이나 경험을 통해서 잘못되었다는 사실을 알게 되었을 때 이에 대한 문제를 제기할 수 있다. 기존 지식체계의 일부인 이론과 관찰 사이의 모순성을 찾아 새로운 문제를 제기할 수 있는 것이다.

2) 사회적 요청

연구자는 한 사회의 구성원이므로 학문적 요청뿐 아니라 사회적, 전통적, 문화적 규범 등과 관련된 문제에서도 영향을 받는다. 그러므로 연구자는 사회적 규범이나 가치에 대한 것을 무시할 수 없으며, 지역 내의 문제에서 벗어날 수 없다. 즉 연구자는 사회적으로 해결을 요하는 문제에 대한 해답을 찾기 위해 노력해야 한다.

구체적으로 사회적 요청은 일정한 지역 내에서 해결하지 못하는 문제를 제기하는 것을 말한다. 예를 들면, 우리나라는 입시위주의 교육으로 인한 교육문제가 심각하게 제기되고 있다. 이러한 현상이 일어난 원인은 무엇이고 문제점은 무엇이며 어떻게 해결할 것인가? 정부가 정책적 측면에서 교육의 수월성을 높이기 위한 정책을 펼 것인가, 아니면 교육의 형평성을 높이기 위한 정책을 펼 것인가 등등 사회적 요청으로 제기된 문제는 아주 많다. 이러한 사회적 요청으로 제기되는 문제 하나하나가 연구자에게는 해결해야 할 연구문제로 인식될 수 있다.

3) 개인적 취향과 경험

앞서 제안한 이론이나 관찰, 사회적 요청에 의한 문제 제기의 경우는 체계적으로 문제를 찾아내는 노력에서 시작된다. 반면, 개인적인 취향과 경험에 의해 연구문제가 도출되는 경우, 우연히 문제를 착상할 수 있다. 물론 개인적 취향과 경험에서 시작된 모든 연구문제가 우연히 발생하는 것은 아니며, 이 또한 기초적인 지식을 전제로 하고 있다. 즉 연구자의 과학적 사회화 과정에서 얻은 기초적인 지식이나 어떠한 경험이 우연히 사실과 일치해서 얻은 소산이라는 것이다. 말하자면 한 연구자의 취향이나 경험이 타인에게는 아무런 의미가 없는 사실이나 사건들이지만, 개인 연구자에게는 의미 있는 것이므로 기초적인 지식을 전제로 하여 학술적으로 의미가 있도록 가치를 부여해서 문제를 제기하기도 한다. 이와 같이 연구문제가 연구자의 개인적인 탐구의욕에서 비롯된 경우는 상이한 관점이나 반대되는 설명이 가능한지 여부를 미리 타진해 보는 태도가 반드시 필요하다.

2. 연구문제의 구성

앞서 살펴본 바와 같이 연구문제는 기존 지식체계나 사회적 요청, 개인적 취향과 경험으로 인해 제기될 수 있지만, 단순히 문제만 제기한다고 해서 연구가 이루어지는 것은 아니다. 문제의 인식을 통해 문제가 제기되었다면 우리는 연구문제를 구성하는 작업을 실시해야 한다.

연구문제의 구성은 문제의 개념화, 구체화 및 구성화의 세 가지 양상으로 나누어 살펴볼 수 있다(윤성채, 최종후, 1999). 이 세 가지 양상은 단절된

과정이 아니라 연속적 · 순차적으로 이루어지는 과정이다. 즉 문제의 개념화가 이루어지지 않은 상태에서 문제를 구체화하고 구성화하는 데는 한계가 있다.

❖ 연구문제의 구성

- 문제의 개념화: 문제를 기본적 · 일반적인 것으로 개념화해서, 문제상황을 분류화하는 작업
- 문제의 구체화: 분석이 가능하도록 연구문제를 구체적인 분야와 관련시키는 작업
- 문제의 구성화: 연구문제를 공식적인 문제로 확정하여 구성하는 작업

첫째, 문제의 개념화는 문제를 기본적이고 일반적인 것으로 개념화해서 문제상황을 분류화하는 작업을 말한다. 예를 들면, 제기된 연구문제가 교육, 정치, 경제, 사회분야 등과 같은 큰 범주 중 어디에 속하는가를 결정하는 것이다.

둘째, 문제의 구체화는 분석이 가능하도록 연구문제를 구체적인 분야와 관련시키는 작업이다. 앞서 제시한 예에서 본 것처럼 교육, 정치, 경제, 사회분야 등과 같은 큰 범주 중 연구자가 제기한 연구문제가 평생교육의 범주에 해당한다면, 그 문제를 분석할 때 평생교육의 이념과 특징 또는 평생교육 프로그램 개발 등과 관련시켜 다루게 될 것이다.

셋째, 문제의 구성화는 구체적으로 인지된 연구문제를 공식적인 문제로 확정하여 구성하는 작업이다. 즉 실질적인 문제가 개념화되고 나면 연구자는 보다 구체적으로 그것을 공식적인 문제로 확정할 수 있으며, 이를 통해 비로소 연구문제를 구성할 수 있게 된다.

제 2 절 연구문제의 선정

앞의 절에서 제안한 바와 같이 연구문제는 연구자가 문제상황을 인식하고 이를 구체적으로 구성함으로써 이루어진다. 그러나 이러한 절차로 제안된 연구문제 모두가 각각의 연구문제로서 타당한 것은 아니다. 즉 연구문제로서 합리적인지를 검증해야 하는데, 본 절에서는 이에 대하여 구체적으로 살펴보고자 한다.

❖ 연구문제 선정 시 고려해야 할 사항

- 명확히 진술함
- 독창적인 주제를 선정함
- 검증 가능한 것이어야 함
- 윤리적 · 도덕적으로 연구 가능해야 함
- 학술적 가치가 있어야 함

1. 명확성

연구문제는 명확해야 한다. 명확하다는 것은 연구문제에 대한 이론적 배경과 연구문제를 분명히 밝힐 수 있어야 함을 의미한다. 만약 연구문제를 분명히 밝히지 못하면 많은 불편과 새로운 난제를 낳게 된다. 어떠한 측면에서 문제를 해결해야 할지가 애매모호할 수 있으며, 연구의 방향이 기대한 것과 달리 다른 방향으로 흘러갈 수도 있다. 즉 연구문제는 명확하게 표현되어야 하며, 연구자가 의도하는 바를 독자가 정확하게 이해할 수 있도록 설정해야 한다.

예를 들어, "교육의 분권화는 학습자들에게 도움을 주는가?" 라는 연구문제를 생각해 보자. 이는 단순한 표현으로 괜찮은 듯 보이지만 많은 의문이 생기는 문제다. 우선, 교육의 분권화는 무엇에 대한 분권화인지가 불명확하다. 교육정책에 대한 분권화인지, 중앙정부 차원의 분권화인지, 아니면 지방정부 차원의 분권화인지 등과 같이 많은 의문이 제기된다. 따라서 이를 "교육에 대한 정부정책의 분권화가 소외계층 학습자들에게 긍정적인 영향을 미치는가?" 라고 재진술한다면 보다 명확한 연구문제가 될 것이다.

2. 독창성

연구문제는 독창적인 것으로 선정해야 한다. 이는 기존에 연구되지 않았던 새로운 것을 연구문제로 선정해야 한다는 의미로서, 연구문제를 선정함에 있어서 모방과 같이 타인의 조사결과를 이용하는 것을 제외한다는 뜻이다. 자신이 선정하고자 하는 연구문제가 독창적인 주제인지를 알아보기 위해서는 참고도서 목록이나 관련된 서적 및 논문에 자신의 연구문제와 동일한 것이 있는지를 찾아보는 작업을 해야 한다.

연구문제를 독창적으로 선정하기 위해서 윤성채, 최종후(1999)는 다음과 같은 조건을 고려해야 한다고 밝혔다.

첫째, 대부분의 사람이 진행하지 않은 독창적인 문제로 구성해야 한다. 이전에 수행되었던 연구문제를 재검토하거나 다른 상황에 적용했을 때 새로운 결과를 얻고자 수행하는 연구가 아니라면 일반적으로 새로운 분야를 연구의 대상으로 해야 한다.

둘째, 연구문제를 해결하기 위해서는 분석방법이 비전통적이고 새로운 것이어야 한다. 전통적 분석방법은 과학화의 전(前)단계에 사용된 방법으로 비교적 현실 적용성을 지향한다. 그러한 방법의 종류로는 관습, 권위,

직관에 의한 방법(임승철, 2001)이 있으며 처방적이고 규범적인 특성을 지닌다. 이와 같은 방법을 지양하고 검증을 통한 과학적인 방법으로 연구문제를 해결해야 한다.

셋째, 연구문제에 대한 분석결과가 독창적인 것이어야 한다.

3. 검증 가능성

검증 가능성이란 문제에 대한 해답을 얻는 것이 가능해야 한다는 것이다(오혜경, 1998). 즉 연구문제의 사실 여부를 검증함으로써 판단할 수 있어야 한다. 예를 들어, "현재 경제적 위기는 근본적으로 인류의 욕망에서부터 시작한다."와 같은 명제의 사실 여부는 어떠한 기준에서도 판단하기가 힘들다. 이와 같은 명제는 내포되어 있는 여러 개념들과 그러한 개념들의 연결이 모호해서 과학적으로 어떠한 의미를 전달하기 어렵다. 또한 명제가 실증적으로 시험하기 어려워 문제에 대한 자료수집, 기술의 적용, 이론의 적용이 거의 불가능하다. 그리고 과학적인 접근이 어려우므로 과학적인 문제라 할 수 없다.

그러므로 연구문제 선정 시 실증적으로 검증 가능한, 즉 과학적인 접근이 가능한 명제를 선정하는 것이 중요하다. 하지만 염두에 두어야 할 것은 반드시 과학적인 문제만을 연구문제로 선정해야 하는 것은 아니라는 점이다. 많은 신학적, 윤리적, 도덕적 문제 등은 비과학적인 문제지만, 생활과 직결되는 것으로 연구의 가치가 충분히 있기 때문이다.

4. 윤리성

연구문제의 선정 시에는 과학적 연구의 범위를 어디까지 확대할 수 있느냐를 고려해야 한다. 이는 과학과 윤리 및 철학이 관련된 문제다. 이것은 과학 자체의 문제가 아닌 관련된 인접분야의 문제와도 연결되는데, 특히 연구대상이 인간과 연결된 문제일 때 더욱더 그러하다. 최근의 복제에 대한 찬반논란이 적절한 예가 될 것이다. 영국에서 논란이 된 양의 복제문제에 대해 인간의 근본질서를 파괴하는 행위로 엄격하게 그 연구를 규제해야 한다는 입장과, 과학의 발전을 위해 연구의 범위를 제한해서는 안 된다는 입장이 있다.

이처럼 연구문제 선정 시 윤리적인 문제와 도덕적인 문제가 야기될 수 있음을 기억해야 한다. 이에 최소한 고려해야 할 윤리적 기준을 살펴보면 다음과 같다(윤성채, 최종후, 1999).

첫째, 연구문제는 인간의 근본질서를 해칠 수 있는 영역이 선정되어서는 안 된다. 기존의 사람들이 가치 있는 것으로 인식하고 있는 사회윤리 도덕의 기준을 뛰어넘고 인간의 근본질서를 파괴하는 연구문제의 선정을 제한해야 한다는 의미다.

둘째, 특정 개인이나 집단을 파괴하거나 해치기 위한 연구문제의 선정은 지양되어야 한다. 사회과학의 연구는 근본적으로 인간과 사회의 가치와 삶의 질을 높이기 위한 것이므로, 인간의 존엄성과 삶의 질을 낮추고 인간성을 파괴하는 영역의 문제 선정은 피해야 한다.

5. 학술적 가치

과학자는 과학적 지식의 증진에 기여할 수 있는 문제를 선택해야 한다(오혜경, 1998). 이는 과학자가 문제를 선정할 때 앞서 제시한 명확성, 창의성, 검증 가능성, 윤리성 등을 고려해서 문제를 선정하는 것도 중요하지만, 이러한 사항에만 집착한 나머지 학문분야 전체적인 맥락에서의 위치나 의의를 등한시할 우려가 있음을 강조하는 것이다. 즉 연구문제의 선정

시 학술적 가치도 고려해야 한다는 것이다.

학술적으로 가치가 크다는 말은 두 가지의 뜻을 가진다. 하나는 연구문제를 조사하기 위한 방법적인 면이 쉽지 않은 경우고, 또 하나는 그 문제에 대한 조사결과가 함축성(implication)이 큰 경우를 의미한다. 이는 연구문제의 설명수준이 높아서 학술적으로나 실생활에 다양하고 광범위하게 적용 가능하다는 것을 의미한다.

제 3 절 연구문제의 진술

1. 연구문제의 형태

연구문제의 진술은 연구문제의 형태와 관련되어 있다. 형태란 어떠한 구조나 전체를 이루고 있는 구성체가 일정하게 갖추고 있는 모양을 뜻하는 것으로, 연구문제의 진술이 어떠한 형태로 이루어졌는지를 의미한다. 연구문제는 다음과 같이 경험적, 해석적, 규범적 문제 형태로 진술될 수 있다(이원욱, 1999).

❖ 연구문제의 형태

- 경험적 문제: 연구문제가 실존현실에 달려 있는 문제로 진술되는 것
- 해석적 문제: 문제에 대한 해답이 문장 내에 의문사항으로 진술되는 것
- 규범적 문제: 문제의 해답이 가치판단과 관련되어 진술되는 것

첫째, 경험적 문제는 연구문제에 대한 해답이 실존현실에 달려 있는 문제로 진술되는 것이다. 예를 들면, "평생교육 학습자는 모두 열의가 있는

가?"와 같은 진술이다. 이 문제들에 대한 해답은 실제적인 현실세계에 따라 진실일 수도 있고 거짓일 수도 있다. 만약 연구자가 평생교육 학습자가 열의가 있는지 아닌지를 조사하려고 한다면 평생교육 참여와 열의와의 관계를 현실세계에서 찾아보려고 할 것이다. 많은 사회과학자가 경험적인 문제에 관심이 있으며 문제에 대한 증명방법 또한 실존현실과 관련시키려고 노력하고 있다.

둘째, 해석적 문제는 문제에 대한 해답이 그 답을 표명하는 문장 내에 있는 말의 의미에 달려 있는 의문사항으로 진술된 것을 말한다. 예를 들면, "모든 평생학습 참여자는 평생교육을 받고 있는가?"와 같은 진술이다. 평생학습 참여자는 평생학습에 참여하고 있는 사람을 말한다. 즉 진술문이 단순히 문장의 주어를 재언급하는 것에 불과하며, 실제상황에 적용해 볼 필요없이 용어의 의미에 의존하게 되는 해석적 진술의 형태다.

셋째, 규범적 문제는 그 해답이 가치판단과 관련되어 있는 진술을 말한다. 가치판단이란 판단하는 사람의 가치관이 개입되어 있는 판단을 말한다. "장애인에 대한 평생교육 지원은 비장애인에 대한 지원보다 우선되어야 한다." 등과 같이 평가적 형태나 규범적인 형태를 취하는 진술 형태이다.

2. 연구문제의 종류

연구를 위한 문제들의 경우 대부분 실증적이므로 분석목적과 복잡성에 따라 분류할 수 있으며, 이에 따라 연구문제에 대한 기술이 달라진다(이원욱, 1999).

❖ **연구문제의 종류**

• 분석목적에 따른 분류
① 기술적 문제: 변수의 정도 차이 속성에 대한 것을 있는 그대로 정리 · 요약하는 문제
② 설명적 문제: 변수의 속성이 어떤 특수한 상태에 놓여 있는가에 대한 문제
③ 예측적 문제: 연구의 산출 또는 결과에 초점을 둔 문제

• 복잡성에 따른 분류
① 일변수 문제: 연구문제에서 하나의 변수를 다룰 때 쓰이는 것
② 다변수 문제: 연구문제에서 두 개 이상의 변수의 속성 관계 등을 취급할 때 쓰이는 것

먼저 연구문제는 분석목적에 따라 기술적 문제, 설명적 문제, 예측적 문제로 나눌 수 있다. 기술적이라는 것은 변수의 정도 차이 속성에 대한 것을 있는 그대로 정리 · 요약하는 것으로, 묘사와 같은 의미를 지닌다. 예를 들어, "현 정부의 교육정책에 대한 특징은 무엇인가?" 와 같은 형태가 기술적 문제에 해당된다. 설명적이라는 것은 이유와 원인 등을 밝히는 것으로, 변수의 속성이 어떤 특수한 상태에 놓여 있는가에 관한 문제다. 예를 들어, "3불 정책 폐지론이 왜 나타나는가?" 와 같이 단순한 기술에서 그치는 것이 아니라 현상에 대한 원인을 구체적으로 분석하고 설명하고자 하는 문제가 이에 해당한다. 예측적이라는 것은 장래의 상태에 관한 문제에 관심을 가지는 것으로, 연구의 산출 또는 결과에 초점을 둔다. "한국의 평생교육정책은 계속될 것인가?" 와 같은 문제를 예로 들 수 있다.

또한 연구문제는 복잡성에 따라 일변수 문제와 다변수 문제로 분류할 수 있다. 일변수 문제는 연구문제에서 하나의 변수를 다룰 때 쓰이는 것이며, 다변수 문제는 두 개 이상의 변수의 속성, 관계 등을 취급할 때 쓰인다.

지금까지 분석목적과 복잡성에 따라 문제의 유형을 살펴보았는데, 이 두 가지의 특성을 동시에 고려하여 일변수 기술적 문제, 다변수 기술적 문

제, 일변수 설명적 문제, 다변수 설명적 문제, 일변수 예측적 문제, 다변수 예측적 문제로 분류할 수 있다(〈표 4-1〉 참조).

●●● **〈표 4-1〉 연구문제의 진술**

구분	일변수 문제	다변수 문제
기술적 문제	• 한 변수에 대한 것을 상세히 기술 예) 한국의 교육과정은 어떻게 변화되었는가?	• 두 변수 이상의 속성 및 관계 등을 상세히 기술 예) 정부의 복지정책과 경제정책과의 관련성은 어떠한가?
설명적 문제	• 한 변수의 속성이 왜 그러한 상태에 놓여 있는가를 설명 예) 3불 정책 폐지론이 왜 나타나는가?	• 두 변수 이상의 속성 및 관계가 왜 그러한지를 설명 예) 왜 정부의 복지정책과 경제정책이 연관되어 있는가?
예측적 문제	• 한 변수의 속성이 장래에 어떻게 나타날지 예측 예) 정부의 평생교육정책은 계속될 것인가?	• 두 변수 이상의 속성 및 관계가 장래에 어떻게 나타날지 예측 예) 정부의 복지정책과 경제정책의 상관성은 계속될 것인가?

이와 같이 문제진술의 형태를 살펴봄으로써 연구문제를 진술하는 방법뿐만 아니라 문제형성과 분석방법을 결정할 수 있을 것이다.

주요 용어 및 단어

연구문제	문제의 개념화	문제의 구체화
문제의 구성화	명확성	독창성
검증 가능성	윤리성	학술적 가치
연구문제의 형태	경험적 문제	해석적 문제
규범적 문제	연구문제의 종류	기술적 문제
설명적 문제	예측적 문제	일변수 문제
다변수 문제		

제 5 장 사회조사 연구설계

학습목표

1. 사회조사 연구설계의 구성요소를 설명한다.
2. 내적타당도의 의미와 저해요인을 설명한다.
3. 외적타당도의 의미와 저해요인을 설명한다.
4. 내적타당도와 외적타당도의 관계를 설명한다.

제1절 연구설계의 이해

연구설계란 어떤 연구문제에 대한 해답을 이끌어 내기 위해 필요한 모든 전략과 전술을 의미한다. 즉 연구목적을 명확히 하고, 연구목적이나 상황에 가장 적합한 연구방법을 선택하며, 예산이나 시간들의 상황을 고려해 효율적으로 조사를 진행하는 것이다. 이는 연구의 전반적인 과정, 관심을 갖고 있는 변수의 선정과 조작화, 표본의 선정, 자료의 수집 및 분석에 이르기까지 모든 활동과 수단을 계획하고 결정하는 과정을 포함한다.

실제로 연구의 질적 수준은 연구설계 단계에서 대부분 결정된다고 볼 수 있을 만큼 연구의 과정에서 연구설계는 중요한 역할을 한다. 질적 수준이 높은 연구는 연구문제가 명확하고 타당해야 하며, 적합한 표본추출이 이루어지고, 적절한 분석절차와 방법이 적용되어야 한다. 또한 연구를 계획하는 것부터 결과해석에 이르기까지 일관성을 가져야 한다. 이러한 것들을 충족시킬 수 있도록 설계된 조사연구를 통해 제대로 된 연구결과를 얻을 수 있게 될 것이다.

제2절 사회조사 연구설계의 구성요소

자연과학과 달리 사회현상을 대상으로 한 사회조사연구에는 종속변수에 영향을 미치는 독립변수가 많다. 따라서 연구를 진행하기에 앞서 철저한 연구설계를 통해 독립변수 외의 다른 변수를 통제할 수 있도록 노력해야 한다.

사회조사를 위한 연구설계는 연구를 수행하는 데 있어 설계도면의 역할을 수행한다. 즉 조사연구가 계획적이고, 체계적이며, 질서 있게 수행되도록 지침을 마련해 준다는 측면에서 매우 중요한 역할을 한다. 특히 조사설계는 조사문제와 관련된 가설을 통일성 있고, 논리적이며, 경험적으로 검증할 수 있는 절차와 방법을 제시함으로써 조사문제와 관련된 이론을 형성하는 데 중요한 역할을 수행한다.

따라서 사회조사 연구설계에서는 연구의 과정 중에 필요한 제반 계획이 최대한 구체적이고 종합적으로 이루어져야 한다. 사회조사 연구설계 시 고려해야 할 요소를 살펴보면 다음과 같다.

❖ 사회조사 연구설계의 구성요소

- 연구문제의 진술: 연구주제 선정 및 수행하고자 하는 연구문제 진술
- 가설 설정: 연구문제에 대해 예상하는 해답 설정
- 개념과 변수의 정의: 연구문제 및 가설에 등장하는 개념과 변수를 명확히 정의
- 조사연구방법의 결정: 자료수집방법에 대한 결정
- 표본설계: 모집단을 대표할 수 있는 표본의 크기 및 표집방법에 대한 계획 수립
- 자료분석의 계획: 분석할 자료 및 통계방법 결정
- 조사일정의 수립

1. 연구문제의 진술

사회조사 연구설계 시 첫 번째 과정은 어떤 연구를 진행할 것인지를 명확히 제시하는 것이다. 즉 연구의 주제를 선정하고, 연구를 위한 문제를 선정하는 것이 가장 먼저 선행되어야 한다. 이때 연구문제는 명확하고 구체적으로 진술되어야 하며, 사용된 용어는 명확히 정의 내릴 수 있어야 한다. 또한 현실적으로 해결 가능한 것을 연구문제로 선정해야 한다.

2. 가설 설정

연구문제를 정한 후에는 그와 관련된 가설을 설정해야 한다. 가설은 연구목적에 적합한 변수들을 선택하고, 변수 간의 관계를 설정해 연구문제에 대한 가능한 해답을 구할 수 있도록 한다. 좋은 가설이란 변수들 간의 관계를 명확히 서술해야 하며, 가설 속에 포함되어 있는 모든 변수들이 경험적 연구의 대상이 될 수 있어야 한다.

그러나 모든 과학적 탐구가 반드시 가설을 필요로 하는 것은 아니다. 연구의 목적이 탐색적이거나 연구대상에 대한 기술에 불과하다면 굳이 가설을 설정할 필요가 없다. 다만, 연구대상에 대한 인과적 논술이 필요한 경우에는 가설을 설정해야 한다(한승준, 2006).

3. 개념과 변수의 정의

가설을 세우고 나면 연구문제 진술이나 가설에 나오는 주요 개념들을 명확히 정의 내려야 한다. 개념의 정의는 일상적으로 사용되는 개념과 연구에서 사용되는 개념이 다를 수 있으므로 조작적으로 정의 내리는 경우가 많다.

조작적 정의란 추상적 개념을 직접 관찰하고 측정 가능하도록 경험적 · 구체적으로 서술한 것을 말한다. 예를 들어, '영재'라는 용어는 일반 사람들이 흔히 사용하는 말이지만, 사람마다 각기 다르게 이해하고 있다. 어떤 사람은 지적 능력이 뛰어난 사람을 영재라고 하며, 어떤 사람은 창의력이 높은 사람을 영재라 하기도 한다. 이와 같은 추상적 개념은 연구설계 시 관찰과 측정이 가능하도록 명확히 정의를 내리는 과정이 필요하다. 이러한 필요성에 따라 영재에 대한 조작적 정의를 '상위 3% 이내의 지적 능력, 과제 집착력, 창의성을 모두 갖춘 사람'으로 진술하기도 한다.

개념의 정의와 더불어 연구에 사용되는 변수도 정의해야 한다. 이는 자료수집 이후의 통계분석방법에도 영향을 미치게 되므로, 어떤 변수이며 몇 개의 변수인지 등을 명확히 정의 내려야 할 것이다.

4. 조사연구방법의 결정

조사연구방법이란 관찰, 면접, 설문, 실험 등과 같이 자료를 수집하는 방법에 대해 결정을 내리는 것을 의미한다. 자료수집의 방법을 결정하기 위해서는 연구의 범위, 기대하는 자료의 질적 수준, 조사대상 집단의 성격이나 규모, 조사의 비용이나 시간, 조사의 용이성 등을 종합적으로 고려할 필요가 있다(한승준, 2006). 예를 들어, 사람을 대상으로 조사하는 경우 관찰, 면접, 설문, 실험 등과 같은 조사방법 중 무엇을 결정할 것인지 정해야 하며, 문헌을 통한 연구라면 사례조사나 내용분석 같은 방법 중에서 무엇을 사용할 것인지 결정해야 한다.

일반적으로 사회조사를 위한 연구방법은 양적연구와 질적연구로 구분되며, 다음과 같은 특성을 지니고 있다.

❖ 사회조사 연구방법

- 양적연구: 보다 통제된 상황에서 양적자료에 의존한 연구
  예) 조사연구, 실험연구, 관찰연구 등
- 질적연구: 자연적 상황에서 질적자료에 의존한 연구
  예) 문화기술적 연구, 사례연구, 역사연구 등

1) 양적연구

(1) 조사연구

조사연구는 통제되지 않은 자연적 상황에서 질문을 통하여 현상을 파악하는 연구로서, 현재의 실체를 알아보려는 목적에서 사용된다. 예를 들어, 새로운 교육 프로그램이 고안되었을 때 이 프로그램에 대한 의견조사를 하거나, 프로그램에 참여한 후 만족의 정도를 알아보기 위해 학습자를 대상으로 의견조사를 하는 경우가 이에 해당된다.

한편, 조사연구는 일반적으로 설문지법과 면접법으로 구분된다.

설문지법은 미리 고안된 설문지를 연구대상자가 직접 기록하여 제출한 것을 분석하는 방법으로, 직접전달 설문지법, 간접전달 설문지법, 우편에 의한 설문지법 및 전자설문조사법 등으로 분류할 수 있다. 예를 들어, 교사를 대상으로 조사연구를 실시할 때, 연구자가 직접 교사에게 설문지를 전달하여 회수하는 것은 직접전달 설문지법이며, 학교나 학교장을 통해 설문지를 배부하고 회수하는 것은 간접전달 설문지법이다. 또한 우편으로 교사 각자에게 설문지를 우송하고 회수하는 것은 우편에 의한 설문지법에 해당한다. 최근 인터넷 매체의 활성화로 인해 웹상에서 설문지를 작성하도록 하는 전자설문조사법도 많이 이용되고 있다.

면접법은 질문지를 사용하지 않고 연구대상에게 직접 질문을 제시하여 얻은 응답을 분석하는 연구방법으로, 개인면접, 집단면접, 전화면접 등이 있다(성태제, 2006). 개인면접은 연구자와 연구대상자가 일대일로 만나 질문을 주고받는 형태로 이루어지며, 집단면접은 연구자와 연구대상자가 일대 다수로 만나 면접이 이루어지는 것이다. 또한 전화면접은 전화라는 매체를 이용하여 연구자와 연구대상자의 면접이 이루어지는 것으로, 간단한 느낌이나 의견을 조사할 때 자주 이용되고 있다.

(2) 실험연구

실험연구는 엄격히 통제된 상황에서 처치를 가한 후 그 결과를 분석하는 연구방법으로, 연구의 체계성과 엄격성에 따라 순수실험설계와 유사실험설계로 구분된다.

순수실험설계(true experimental design)는 실험실에서 이루어지는 연구와 같이 철저하게 통제된 상태에서 무작위로 연구대상을 선정한 후, 처치나 자극을 주고 나타나는 현상에 대한 효과를 분석하는 것이다. 순수실험설계의 장단점은 다음과 같다.

❖ 순수실험설계의 장점

- 실험집단, 실험변수 노출 시기, 측정 시기 모두 무작위화 가능
- 1개 이상 독립변수의 강도 조절 조작 가능
- 변수의 명확한 조작화와 그 강도의 정밀한 변화 가능
- 재현 가능성이 높음
- 명확한 인과관계 검증이 가능함
- 매개변수의 철저한 통제로 내적타당성이 높음

❖ 순수실험설계의 단점

- 인위성과 부자연성이 높음
- 적은 수의 표본으로 실험하므로 일반화 가능성이 제한됨
- 별도의 실험장소와 설비를 갖추기 위한 비용이 많이 듦
- 독립변수의 강도가 실제 현실세계에서만큼 크게 작용하지 못함
- 매개변수의 철저한 통제와 실험상황의 부자연성으로 외적타당성이 낮음

유사실험설계(quasi-experimental design)는 실험실 상황이 아닌 실제 상황에서 독립변수를 조작하여 연구하는 설계로서 통제가 느슨하고 처치변수를 철저하게 조절하지 않는 편이다. 현장실험설계(field experimental design)라고도 하며, 순수실험설계의 대안으로 활용되는 경우가 많다. 유

사실험설계의 장단점을 살펴보면 다음과 같다.

❖ **유사실험설계의 장점**

- 실제 상황에서 이루어지므로 외적타당성이 높음
- 매우 복잡한 사회적 요인들이 작용하는 경우에 사용할 수 있음
- 이론의 검증이나 실제적 문제해결을 위한 연구에 적합함

❖ **유사실험설계의 단점**

- 실제 현장에서 이루어지므로 독립변수의 조작화가 어려운 경우가 있음
- 다른 변수(매개변수)들에 의해서 독립변수의 효과가 오염될 수 있음
- 실험 이외에 실험에 영향을 미치는 요소에 대한 지식이 있어야 함
- 현장에서 실험이 불가능한 경우가 있음
- 연구의 정밀도와 통제력이 약하여 인과관계의 명확한 규명이 어려움

(3) 관찰연구

관찰연구는 실제 현상을 직접 관찰하여 진행하는 연구로서 조사연구나 실험연구에 비해 간편하기 때문에 많이 이용되고 있다. 연구를 수행하기 이전에 연구문제나 가설을 설정하고 관찰내용을 수량화하여 분석하면 양적연구에 해당되며, 사전에 어떤 가설도 세우지 않은 상태에서 관찰을 한 후 그 내용 자체를 결과로 산출한다면 이는 질적연구가 된다. 관찰연구는 통제 여부에 따라 통제적 관찰과 비통제적 관찰로, 관찰의 조직성 여부에 따라 자연관찰과 조직적 관찰로 구분되며, 연구자의 참여 여부에 따라 참여관찰과 비참여관찰로 구분된다.

이러한 관찰연구는 행동으로 나타나는 것을 관찰하므로 응답과정에서 발생하는 오류를 최소화할 수 있으며, 언어나 문자의 제약으로 측정하기 어려운 사실이나 연구대상자의 무의식적 행동과 같은 부분도 측정할 수 있다는 장점이 있다. 반면, 관찰자의 주관이 개입될 수 있고 연구대상자가 관찰당하고 있다는 사실을 인식함으로써 평소와는 다른 모습을 보일 수

있어 현장을 제대로 관찰할 수 없다는 단점도 있다(한승준, 2006).

2) 질적연구

(1) 문화기술적 연구

질적연구의 대표적인 방법으로는 인류학적 연구방법에 기초한 문화기술적 연구(ethnographic research)가 있다. 연구의 현장에서 일어나는 모든 현상을 종합적으로 분석하고자 하는 연구방법으로, 총체적 접근방법을 사용한다. 즉 제한된 어떤 연구방법을 사용하기보다 현장을 이해하는 데 활용될 수 있는 모든 가능한 연구방법을 동원한다. 예를 들어, '실업계 고등학교의 진학반 학생들의 학교생활'이라는 주제로 문화기술적 연구를 수행한다면, 연구자는 어떤 연구결과를 특별히 기대하지 않고, 실업계 고등학교나 학급의 자연적인 상태를 유지하면서 있는 그대로의 현상을 다양한 연구방법을 적용하여 이해하고 분석한다.

문화기술적 연구의 주제는 광범위하며, 양적연구를 통해서 발견하기 어려운 사실들을 발견할 수 있다. 그러나 연구자의 주관이 개입되고 과학성이 떨어진다는 비판도 많이 받고 있다.

(2) 사례연구

사례연구는 특정 조사 대상을 조사목적과 관련된 가능한 모든 각도에서 종합적으로 연구하여 문제를 전체적으로 파악하고 전체와의 관련성을 도출하려는 연구방법이다(이준형, 2004). 예를 들어, 개인의 편지나 일기 등과 같은 생활사적 자료를 연구·검토하여 간접적으로 조사하거나 임상에 대한 실례를 연구하는 것, 그리고 특정 사회집단의 형성과정과 특징 등을 면밀히 파악하는 것 등을 들 수 있다. 문화기술적 연구는 연구대상자가 있는 상황 속에서 같이 생활하거나 관찰하면서 모든 현상을 종합적으로 이해하려는 반면, 사례연구는 특정 대상을 조사하기 위해 그 대상이 있는 상황뿐 아니라 대상과 관계된 다양한 자료를 이용하여 이해한다.

이와 같은 사례연구는 특정 현상에 대한 집중적 연구이므로 특수성을 명확히 파악할 수 있으나 대표성이 불분명해 조사결과의 일반화 가능성이 낮으며, 연구자의 가치나 주관 등이 개입되기 쉬운 단점이 있다.

5. 표본설계

연구문제를 해결하기 위해 연구의 대상이 되는 모집단(population)을 결정하고, 이를 잘 대표할 수 있는 표본(sample)의 크기 및 표집방법을 결정해야 한다. 실제로 모집단으로부터 표본의 표집이 제대로 이루어진다면, 표본으로부터 얻은 정보를 모집단 내의 모든 사람이 가지는 특성으로 일반화할 수 있다. 따라서 모집단의 특성을 가장 잘 대표하고, 주요 변수의 동질성을 유지할 수 있도록 표본 선정의 기준이 엄격하게 마련되어야 한다. 특히 실험연구에서는 표본 수가 적으면 적을수록 동질성은 더욱 철저히 지켜져야 한다.

6. 자료분석의 계획

자료분석의 계획은 연구방법에 따라 분석할 자료를 결정하거나 어떤 통계방법으로 분석할 것인지를 결정하는 단계다. 조사연구방법과 연구목적 그리고 연구대상에 따라 자료분석의 방법이 달라진다. 예를 들어, 질적 연구방법으로 설계된 연구에서는 내용분석의 방법을 적용하는 것이 적절한 반면, 양적연구에서는 상관분석이나 회귀분석을 적용하는 것이 적절할 수 있다.

자료분석방법을 계획하는 과정은 질문지를 작성하거나 자료수집의 이

전 단계에서 결정되면 보다 효과적이다. 왜냐하면, 어떤 형태의 자료가 분석에 사용될 것인지를 미리 알면 측정할 자료의 형태를 보다 명확히 알 수 있기 때문이다.

7. 조사일정의 수립

조사연구설계에는 조사설계의 전반적인 내용이 체계적으로 나타나야 할 뿐 아니라 수행 가능한 연구 일정이 구체적으로 수립되어 있어야 한다. 이는 조사일정을 구체적으로 수립하면 전체적인 연구가 체계적으로 차질 없이 진행될 수 있기 때문이다.

제 3 절 사회조사 연구설계의 타당도

연구의 타당성은 내적타당도와 외적타당도에 의해 평가된다. 내적타당도는 연구결과가 독립변수에 의해 나타난 결과인지 아닌지를 확신할 수 있는 정도를 의미한다. 따라서 독립변수 이외의 제3의 변수가 연구에서 적절히 통제되어 인과성을 명확히 확인할 수 있다면 내적타당도가 높다고 할 수 있다. 한편, 외적타당도는 연구결과에 대한 일반화의 정도를 의미한다. 즉 연구가 진행된 장면이나 상황의 변화와 관계없이 연구결과가 동일하다면 외적타당도가 높다고 할 수 있다.

1. 내적타당도

1) 내적타당도의 의미

내적타당도(internal validity)란 연구하는 동안 종속변수(결과)에 영향을 주는 독립변수(원인) 이외의 다른 변수의 통제가 이루어졌는가를 말한다(한국교육학회 교육평가연구회, 1995). 종속변수의 변화가 순수하게 독립변수의 영향에 의해 일어난 것이라면, 그 연구는 내적타당도가 높다고 할 수 있다. 그러므로 내적타당도를 높이려면 제3의 변수를 철저히 통제하여 순수하게 독립변수에 의한 효과만을 도출할 수 있는 실험설계가 이루어져야 한다.

2) 내적타당도 저해요인

내적타당도를 저해하는 요인은 다음과 같다.

❖ 내적타당도 저해요인

- 우발적 사건: 독립변수 외의 어떤 특정변수가 종속변수에 영향을 미침
- 성숙: 시간의 경과에 따른 연구대상자의 변화가 연구에 영향을 미침
- 대상자 탈락: 연구과정 중 연구대상자를 잃어버려 연구결과에 영향을 미침
- 시험효과: 먼저 시행한 검사가 이후 시행하는 검사에 영향을 미침
- 측정도구: 측정도구가 달라짐으로 인해 연구에 영향을 미침
- 통계적 회귀: 극단적인 점수가 평균치로 회귀하여 연구결과에 영향을 미침
- 확산 또는 모방효과: 실험집단과 통제집단의 상호작용 및 모방이 연구에 영향을 미침

(1) 우발적 사건

독립변수 이외의 어떤 특정변수가 독립변수와 함께 종속변수에 작용하

여 연구결과에 영향을 미치는 경우가 있다. 이러한 경우를 우발적 사건(history)이라고 한다. 이럴 때, 제3의 변수에 의한 영향이 마치 독립변수의 영향인 것으로 착각하기도 한다. 예를 들어, 체중을 감소시키는 약의 효과를 보기 위한 연구를 진행하는 경우, 연구진행 과정 중 피험자가 스트레스를 많이 받아 체중이 줄어들 수도 있다. 이러한 상황은 순수하게 약의 효과라고 할 수 없기 때문에 내적타당도가 낮은 경우라고 볼 수 있다.

(2) 성숙

성숙(maturation)은 연구를 위한 처치와는 무관하게 시간의 경과에 따라 나타나는 연구대상자의 생리적, 심리적, 지적 변화로 인해 연구결과가 달라지는 것이다. 이러한 현상은 장기간의 연구를 진행하거나 피험자의 내부에 급격한 변화가 일어날 가능성이 높은 시기에 연구를 수행할 때 특히 문제가 된다. 예를 들어, 유아를 대상으로 한 어휘력 향상 프로그램의 효과성을 연구할 때, 그 결과가 순수하게 어휘력 향상 프로그램에 기인한 것인지 자연적인 성숙에 의해 어휘력이 향상된 것인지 명확하게 분석하기 어렵다.

(3) 대상자 탈락

대상자 탈락(experimental mortality)이란 연구의 과정에서 어떤 사정에 의해 연구대상자를 잃어버리는 것으로, 피험자가 연구에 참여하다가 도중에 탈락하는 것이다. 2회 이상의 반복측정을 통해 자료를 수집하거나, 사전검사와 사후검사 같이 간격을 두고 여러 번 측정할 때, 처음 대상자 중에서 많은 수가 탈락하는 것이 문제가 된다. 예를 들어, 100명의 대상자를 통해 연구를 진행하다가 20명이 도중에 탈락하는 것은 연구결과의 타당성에 영향을 미치게 된다. 이것은 단순히 표본 수가 감소한 것으로 인한 문제라기보다, 남아 있는 실험대상과 처음의 실험대상이 서로 다른 특징을 가질 수 있는데 이를 배제하고 사전검사와 사후검사의 결과를 비교하는 것은 문제가 있다.

(4) 시험효과

시험효과(testing)란 두 번 이상의 검사를 실시하는 조사연구에서 흔히 나타나는 현상으로, 검사를 실시하는 자체만으로 후에 실시되는 검사결과에 영향을 미칠 수 있다는 것이다. 예를 들어, 특정 프로그램의 효과를 알아보기 위해 동일한 검사를 두 번 실시했을 경우, 연구대상자들의 검사에 대한 기억 또는 연습으로 인해 두 번째 검사점수가 첫 번째 검사점수에 비해 높아질 수 있다. 따라서 순수한 프로그램의 효과를 검증하기가 쉽지 않다.

(5) 측정도구

두 번 이상의 검사를 실시하는 조사연구 진행 시, 처음에 사용된 측정도구(instrumentation)와 이후에 사용된 측정도구가 달라서 연구에 영향을 미치는 것을 의미한다. 간혹 이전에 제시한 시험효과를 줄이기 위해 첫 번째와 두 번째 측정도구를 다른 종류로 선택하기도 하는데, 이럴 경우 두 검사 간의 결과 차이가 측정도구에 의한 것인지 프로그램의 효과 때문인지를 구분하기 어렵게 된다.

(6) 통계적 회귀

여러 번 검사를 실시하면 검사결과는 평균치로 수렴하려는 경향이 있다. 통계적 회귀(statistical regression)는 극단적인 점수를 지닌 대상자를 선정했을 때 나타나는 현상으로, 사전검사에서 극단적인 점수를 얻은 경우에 사후검사에서 독립변수의 효과와 관계없이 평균값으로 수렴하려는 경향을 보이는 것이다. 예를 들어, 사전검사의 결과가 평균보다 지나치게 낮거나 높은 점수를 보인 피험자는 프로그램의 효과와 관계없이 사후검사 점수가 상승하거나 하강할 수 있다는 것이다.

(7) 확산 또는 모방효과

확산 또는 모방효과(diffusion or imitation effect of treatment)란 실험연구에서 볼 수 있는 현상으로, 실험집단과 통제집단 간의 상호작용이나 모방으로 인해 의도했던 차이가 뚜렷하게 나타나지 않는 것을 의미한다. 이는 실험집단과 통제집단이 적절하게 통제되지 않았을 때 나타나는 문제로서, 실험집단과 통제집단의 연구대상자들이 물리적으로 근접해 있거나 심리적으로 경쟁적인 관계에 있을 때 발생하기 쉽다.

2. 외적타당도

1) 외적타당도의 의미

외적타당도(external validity)란 연구결과의 일반화 가능성 정도를 말한다. 즉 얻어진 연구결과를 현재의 연구조건과 다른 대상이나 상황에 어느 정도 일반화시킬 수 있는가를 나타낸다. 현실과 유사한 연구일수록 외적타당도가 높아진다(한국교육학회 교육평가연구회, 1995).

외적타당도와 유사한 개념으로 생태학적 타당도(ecological validity)가 있다. 이는 표본자료에서 발견된 사실들이 다른 일반적인 환경들에도 적용될 수 있는지의 여부를 검토하는 것이다. 이러한 현상은 실험연구의 과정에서 실험집단과 통제집단에 속한 연구대상자들이 처치변수의 투입과 상관없이 스스로 어떠한 의미를 부여하여 종속변수의 변화를 발생시킬 수 있음을 내포하고 있다.

외적타당도 및 생태학적 타당도와 관계된 것으로는 실험집단에 나타나는 호손 효과(Hawthorne effect), 통제집단에 나타나는 존 헨리 효과(John Henry effect) 및 연구자 효과 등이 있다. 이러한 효과들은 연구대상자들이 갖는 심리적 반응의 문제가 실험결과에 영향을 주는 것을 의미한다. 그러나 이러한 반응들은 자연스러운 상태에서의 반응이 아니므로 연구결과를 일반화하는 데 문제를 야기할 수 있다. 이처럼 외적타당도와 밀접한 관련이 있는 요소를 정리하면 다음과 같다.

❖ 외적타당도와 관련 있는 요소

- 호손 효과: 연구대상자가 스스로 연구의 대상임을 인식함으로써 평상시와 다른 부자연스러운 반응을 보임
- 존 헨리 효과: 통제집단 연구대상자가 실험집단보다 더 나은 결과를 얻으려고 스스로 노력함
- 연구자 효과: 연구자가 연구와 관련 있는 말이나 행동을 함

(1) 호손 효과

연구대상자는 자신이 조사연구의 대상이 되고 있음을 인식하면 평상시와 다른 부자연스러운 반응을 보이는데, 이러한 과정에서 연구결과에 영향을 미치게 되는 것을 호손 효과라고 한다. 호손이라는 미국 서부지역의 전기회사에서 실시한 '작업환경의 변화가 생산성에 미치는 영향에 대한 연구'에서 호손 효과라는 용어가 유래되었다. 작업환경 변화에 따른 생산성 차이를 비교하기 위해 실험집단에는 작업장의 조명도를 밝게 하고, 통제집단에는 종전의 작업환경을 유지하는 실험을 한 결과, 실험집단의 생산성이 높게 나타났으며, 이후 다른 작업환경에서 실험집단과 통제집단의 생산성 차이를 비교했을 때도 실험집단의 생산성이 더 높은 것으로 나타났다. 따라서 이 연구에서는 작업환경이 바뀌면 실험집단에 속한 종업원들이 연구목적에 대해 인식하게 되므로 통제집단에 비해 생산성이 향상된다는 결과를 보고하였다(성태제, 시기자, 2006).

(2) 존 헨리 효과

존 헨리 효과(John Henry effect)는 호손 효과와 반대되는 것으로 통제집

단에 있는 연구대상자들이 실험집단에 있는 연구대상자들보다 더 나은 결과가 나타나도록 노력함으로써 연구결과에 영향을 미치는 것을 의미한다. 통제집단에 속한 대상자들이 연구결과에 따라 어떤 불이익을 받게 된다는 것을 알게 되면, 실험집단에 속한 연구대상자들보다 더 많은 노력을 하게 되므로 기대와 다른 결과가 나타나기도 한다. 이러한 과정에 의해 나타난 결과는 처치변수의 효과라기보다 통제집단에 있는 연구대상자들의 노력에 기인한 것으로 연구의 외적타당도에 영향을 미친다.

(3) 연구자 효과

연구자 효과란 연구자가 연구결과에 영향을 미치는 말이나 행동을 하여 연구대상이 평상시와 다르게 행동하게 하는 것을 말한다. 연구자 효과를 배제하기 위해서는 실험을 담당하는 사람이나 실험대상자 모두에게 연구목적에 대해 알리지 않고 연구를 진행시키는 방법이 필요하다.

2) 외적타당도 저해요인

이상에서 살펴본 바와 같이 외적타당도는 연구결과의 일반화 가능성을 의미하는 것으로 표집, 연구장면 등을 고려하여 연구결과를 어느 정도 넓게 일반화시킬 수 있는지를 의미하는 것이다. 예를 들어, 10명의 소규모 집단 학습을 통해 얻은 결과를 50명 단위의 강의식 수업에 일반화시킬 수는 없다.

외적타당도를 약화시키는 요인들을 소개하면 다음과 같다(정재삼, 2004).

❖ 외적타당도 저해요인

- 선발과 처치의 상호작용: 연구대상자의 특성에 따라 실험변수의 영향이 다르게 나타나는 경우
- 검사 경험의 반응적 효과: 사전검사의 경험이 연구주제에 대한 관심을 갖게

해 사후검사 결과에 영향을 미침
- 실험처치의 반응적 효과: 연구대상자가 연구에 참여하고 있다는 것을 스스로 인식하여 평소와 달리 행동함
- 처치 간 간섭: 처치의 순서가 영향을 미침

(1) 선발과 처치의 상호작용

연구대상자의 특성에 따라 실험변수의 영향이 다르게 작용하는 경우가 있다. 예를 들어, 어떤 교육 프로그램은 기초실력이 낮은 학생들에게는 유리하지만, 기초실력이 높은 학생들에게는 효과가 없는 경우가 있다. 이런 경우 선발과 처치의 상호작용 때문에 모든 학생들에게 일률적으로 적용하기 어렵다. 즉 일반화에 제약이 있으며, 외적타당도가 낮은 경우라고 할 수 있다.

(2) 검사 경험의 반응적 효과

사전검사를 받은 경험이 연구결과를 일반화하는 데 영향을 미치기도 한다. 이를 검사 경험의 반응적 효과라고 한다. 예를 들어, 사전검사와 사후검사를 실시하는 연구에 참여하는 연구대상자는 사전검사를 받은 후 평소에는 별로 관심을 기울이지 않던 문제나 사건에 관심을 갖게 되어 사후검사의 점수가 향상되었을 가능성이 있다. 이러한 경우 연구결과를 일반화하는 데 제한이 있을 수밖에 없다.

(3) 실험처치의 반응적 효과

실험처치의 반응적 효과란 연구대상자가 연구에 참여하고 있다는 것을 의식하여 평소와 다르게 반응하고 노력함으로써 의외로 결과가 높아지거나 낮아지는 현상을 의미한다. 예를 들어, 어떤 교육 프로그램의 효과성을 분석하려는 연구를 실시할 때, 연구대상자들이 의식적으로 평소와는 달리

행동하기도 한다. 이러한 현상이 연구결과에 영향을 미쳤을 경우 일반화에 제약을 두어야 한다.

(4) 처치 간 간섭

동일한 연구대상자에게 두 가지 이상의 처치를 반복적으로 실시할 경우, 제일 먼저 받은 A처치가 B처치에, B처치는 C처치에 작용하여 처치 순서가 연구결과에 영향을 주는 것을 처치 간 간섭이라고 한다. 이 경우 연구결과를 똑같은 순서대로 처치를 받은 집단에게만 일반화해야 연구의 결과가 왜곡되지 않는다.

3. 내적타당도와 외적타당도의 관계

엄격히 통제된 실험실에서 이루어진 연구를 생각해 보면, 실험실이라는 특수한 상황 때문에 독립변수 이외의 제3의 변수를 엄격히 통제할 수 있다. 따라서 연구결과가 독립변수에 의한 것이라 확신할 수 있으며, 내적타당도가 높은 연구라고 할 수 있다. 그러나 그 결과를 일상생활에 적용하고자 할 때는 문제가 발생한다. 왜냐하면, 일상적인 환경은 실험실 상황과는 달리 제3의 변수를 엄격히 통제하기 어렵기 때문이다. 반면, 엄격히 통제된 실험실과 많은 가외변수가 존재하는 실제 상황은 차이가 많으므로, 실험실에서 얻은 결과를 현실에 적용하는 데 한계가 있을 수밖에 없다. 따라서 실험실에서 이루어진 연구는 내적타당도는 높지만 외적타당도는 낮다고 할 수 있다.

이와 같이 내적타당도와 외적타당도는 둘 중 어느 하나가 높으면 나머지 하나가 낮아지는 경향이 있다. 가능하면 두 가지 모두를 높일 수 있는 방안을 고려해야 하지만, 연구자가 자신의 연구를 위해 이를 유도하거나 조작해서는 안 된다. 연구자는 연구의 내적타당도와 외적타당도가 적정 수준을 유지할 수 있도록 연구의 진행과정과 보고서의 작성에 이르는 전반적인 부분에서 연구자의 윤리를 준수해야 한다.

주요 용어 및 단어

양적연구	질적연구	조사연구
실험연구	순수실험설계	유사실험설계
관찰연구	문화기술적 연구	사례연구
내적타당도	외적타당도	시험효과
통계적 회귀	호손 효과	존 헨리 효과
연구자 효과		

제 6 장 자료수집 방법의 이해

학습목표

1. 자료수집의 의미를 설명한다.
2. 자료수집의 선택기준을 설명한다.
3. 설문지법의 의미와 장단점을 설명한다.
4. 설문지법의 종류와 예를 설명한다.
5. 관찰법의 의미와 장단점을 설명한다.
6. 관찰법의 종류와 예를 설명한다.
7. 면접법의 의미와 장단점을 설명한다.
8. 면접법의 종류와 예를 설명한다.
9. 사례연구, 현장연구, 문화기술적 연구, 실천연구의 차이점을 비교한다.

제1절 자료수집의 의미

1. 자료수집의 의미와 유형

자료수집(data collection)은 연구목적을 달성하기 위해 연구문제를 분석하는 데 필요한 자료를 수집하는 활동이나 이를 지원하는 모든 과정을 말한다. 이때 자료(data)란 연구에 직접 또는 간접으로 이용되는 일체의 정보를 말하며 문서, 관찰자료, 면접에 의한 자료 등 여러 가지가 있다.

연구자가 아무리 훌륭한 가설을 수립하고, 가설에 적합한 연구방법을 사용한다 하더라도 분석에 활용되는 자료가 연구목적에 적합하지 않을 경우에는 제대로 된 연구결과를 얻을 수 없으므로 자료수집은 매우 중요한 과정이다.

연구자가 필요로 하는 자료는 성격에 따라 다음과 같이 1차 자료(primary data)와 2차 자료(secondary data)로 나눌 수 있다.

❖ **자료의 유형**

- 1차 자료: 연구목적을 달성하기 위해 직접 수집하는 자료
- 2차 자료: 1차 자료 외에 조사 목적에 도움을 줄 수 있는 모든 자료

1차 자료는 연구자가 현재 수행 중인 조사연구의 목적을 달성하기 위해 조사설계를 통해 직접 수집하는 자료를 말한다. 그러므로 1차 자료는 조사목적에 따른 자료의 정확도, 타당도, 신뢰도 등을 확보할 수 있는 장점이 있지만, 자료수집의 비용과 인력, 시간이 많이 드는 단점이 있다.

2차 자료는 직접 수집한 자료 이외에 조사 목적에 도움을 줄 수 있는 기

존의 모든 자료를 말한다. 그러므로 2차 자료는 자료수집이 쉽고, 비용이 저렴하며, 계속적인 자료수집이 가능하다는 장점이 있지만, 수집된 자료가 연구목적에 적합하지 않는 경우가 발생할 수 있는 단점이 있다.

1차 자료와 2차 자료를 비교 · 정리하면 〈표 6-1〉과 같다.

〈표 6-1〉 1차 자료와 2차 자료의 비교

구 분	1차 자료	2차 자료
수집목적	당면한 조사문제 해결	다른 조사문제의 해결
수집과정	고관여	저관여
수집비용	고비용	저비용
수집기간	장기	단기

출처: 채서일(2007).

2. 자료수집 방법의 선택기준

연구자가 자료를 수집하는 방법은 매우 다양하다. 그러므로 연구목적에 적합한 자료를 수집하기 위해서 연구자는 다음의 사항을 고려해야 한다(채서일, 1999).

❖ 자료수집 방법의 선택기준

- 다양성
- 신속도
- 비용
- 객관성
- 정확성

첫째, 자료수집의 다양성이란 연구자가 연구목적을 위해 필요한 자료의 유형이 많은 정도를 말한다. 예를 들어, 연구자가 자료를 수집하는 경우 인구통계자료 한 가지만을 가지고 분석하는 것보다는 인구통계자료, 사회경제자료, 보고서 등 여러 종류의 자료를 가지고 분석하는 것이 자료수집의 다양성이 높다고 할 수 있다. 자료수집 방법 중에서 면접법이 자료수집의 다양성 면에서 가장 효과적이다.

둘째, 신속도란 자료를 수집하는 데 걸리는 시간의 정도를 말한다. 원하는 자료를 신속하게 수집할 수 있다면 연구자에게 많은 도움이 될 것이다. 일반적으로 자료를 신속하게 수집하기 위해서는 비용이 많이 들지만, 이는 상황에 따라 다르므로 신속도와 함께 비용을 고려해야 한다. 한편, 자료수집 방법 중에서 관찰법은 관찰하려는 행동을 기다려야 하므로 신속도가 가장 떨어진다.

셋째, 비용은 자료 한 단위당 수집하는 데 소요되는 경비를 말한다. 원하는 자료를 신속하게 수집하기 위해서는 일반적으로 많은 비용이 들게 되므로 비용과 신속도는 어느 정도 상반되는 개념이다. 자료수집 방법은 도구에 따라 차이가 많기는 하지만 일반적으로 관찰법이나 면접법이 비용이 가장 많이 든다.

넷째, 객관성은 연구자나 시간, 상황에 따라 수집한 자료가 달라져서는 안 된다는 것을 의미한다. 즉 연구자가 바뀌거나 시간, 상황이 바뀌어도 동일한 자료가 수집될 때 객관성이 높다고 할 수 있다.

다섯째, 정확성은 연구목적에 적합하고 정확하게 자료가 수집되어야 한다는 것이다. 일반적으로 연구에서 자료수집의 전달 능력, 자료의 특성, 응답자의 태도 등에 따라 자료의 질적 수준에 차이가 발생할 수 있으므로 정확하게 자료를 수집할 수 있어야 한다. 특히 자료수집의 객관성과 정확성은 연구의 타당도와 신뢰도에 영향을 많이 미친다.

제2절 자료수집 방법

자료를 수집하는 방법에는 설문지법(questionnaire), 관찰법(observation), 면접법(interview), 사례연구(case study) 등 여러 가지가 있다. 자료수집 방법은 비용, 자원의 형태, 모집단의 범위, 응답률, 질문의 형태, 조사절차의 용이성, 오차율 등에서 차이가 있으므로, 연구자는 연구목적과 중요도, 응답의 민감성, 시간, 비용, 조사인력 등을 고려하여 적합한 자료수집 방법을 결정해야 한다. 자료수집 방법을 간단히 살펴보면 〈표 6-2〉와 같다.

●●● 〈표 6-2〉 자료수집 방법의 비교

자료수집 방법	정 의	장 점	단 점
설문지법	조사하고자 하는 질문지의 조사항목에 따라 응답자가 직접 기록하는 방법	대규모 모집단에 대한 풍부한 자료수집 및 자료의 정확성	획득된 정보의 피상성 및 시간과 비용문제
관찰법	연구대상을 목격하는 대로 그에 대한 정보를 기록하는 방법	자연스러운 행동관찰	계량화의 한계 및 통제의 어려움
면접법	면접자와 응답자 간 면대면의 언어적 상호작용을 통해 자료를 수집하는 방법	높은 응답률	인력, 시간, 비용이 많이 듦
사례연구	특정의 사람, 집단 또는 조직에 대한 심층적 기술	특정 사례에 대한 종합적 고찰	대표성의 부족

1. 설문지법

1) 설문지법의 의의

설문지법(questionnaire)은 질문지법이라고도 하며, 연구자가 조사하고자 하는 설문지의 조사항목에 따라 응답자가 직접 기록하도록 하는 방법으로 자료수집 방법 중 가장 널리 사용되고 있다.

설문지법은 설문지라는 형태에 조사 목적에 적합한 질문을 구조화하여 제시함으로써 타당하고 신뢰할 수 있는 측정을 하기 위한 것으로서, 사전에 필요한 정보의 종류와 측정방법, 분석방법 등을 고려하여 사용해야 한다. 설문지의 내용은 응답자의 인적 사항 및 생활배경을 파악하기 위한 내용과 연구주제에 대한 응답자의 의견, 판단, 태도, 가치관, 만족도 등과 같은 심층적인 심리상태나 심리적 작용과 관련된 내용으로 구성되어 있다.

2) 설문지법의 장단점

(1) 설문지법의 장점

첫째, 시간과 비용이 가장 적게 드는 방법이다.

둘째, 익명성이 보장되어 솔직한 응답이 가능하다.

셋째, 큰 표본에도 용이하게 적용할 수 있다.

넷째, 응답자가 충분한 시간을 갖고 심리적 부담감이 적은 상태에서 응답에 신중을 기할 수 있다.

다섯째, 연구자에 대한 응답자의 편견이 개입되지 않아 연구에 영향을 적게 미친다.

(2) 설문지법의 단점

첫째, 무응답률이 높다.

둘째, 응답자의 독해 능력이나 언어 능력에 따른 제약이 많다.

셋째, 대신 응답하는 것이 가능하므로 응답해야 할 사람이 응답했는지에 대한 확인이 어렵다.

넷째, 애매하게 응답한 부분에 대한 보충설명이 어렵다.

다섯째, 우편이나 전자메일 발송을 통한 설문지의 경우 회수율이 저조하다.

3) 질문의 형태

설문지를 사용하여 자료를 수집하고자 할 경우, 설문자료 수집방법이 설문지의 질문형태, 문항의 양과 구성요소에 의해 영향을 받게 되므로, 필요한 정보의 유형을 결정한 다음에는 질문의 형태를 고려해야 한다. 질문의 형태는 크게 개방형 질문과 폐쇄형 질문으로 나눌 수 있다.

(1) 개방형 질문

개방형 질문(open-ended question)은 사전에 응답 범주를 지정하지 않고 응답자 자신의 의견을 자유롭게 쓰도록 하는 것이다. 이는 일반적으로 표본 수나 조사항목 수가 적은 조사나 탐색조사에 적합하다.

개방형 질문의 장점은 연구자가 응답의 범위를 설정하기 어려울 때 탐색조사를 통해 응답범위를 결정하는 데 도움이 되며, 상세한 부분까지 응답이 가능하여 응답자가 미처 생각하지 못한 새롭고 다양한 응답을 이끌어 낼 수 있다.

한편, 개방형 질문의 단점은 응답의 부호화가 어려워 통계적 분석이 번거로우며, 무응답률이 높다는 것이다. 또한 응답의 표현상 차이로 상이한 해석이 가능하고, 표현 능력이 부족한 응답자에게는 어려울 수 있다.

(2) 폐쇄형 질문

폐쇄형 질문(closed-ended question)은 응답할 항목을 연구자가 미리 제시해 놓고 응답자가 보기 중에서 선택하도록 하는 것이다.

폐쇄형 질문의 장점은 신속한 응답이 가능하며, 연구자의 편견이 개입되는 것을 방지할 수 있고, 채점과 부호화가 간편하여 분석이 편리하다는 점이다.

폐쇄형 질문의 단점은 연구자가 모든 응답항목을 제시할 수 없어 응답자의 견해가 정확하게 반영되지 못할 수도 있으며, 응답항목이 많으면 끝까지 항목을 읽어 보지 않고 응답할 가능성이 있다.

4) 설문지법의 실시방법

설문지를 제작한 후 자료를 수집하는 방법으로는 우편조사법, 집단조사법, 전자설문조사법 등이 있다.

(1) 우편조사법

우편조사법(mailed questionnaire)은 설문지를 피조사자에게 우편으로 발송하여 기록하게 한 후 우편으로 회수하는 방법이다. 우편조사법은 설문지와 함께 설문의 목적과 배경을 설명한 안내문, 설문지 반환용 우편봉투를 동봉하여 조사해야 한다.

우편조사법의 장점은 지리적으로 광범위하게 분포된 조사대상에게 사용할 수 있기 때문에 조사비용과 노력이 절약된다. 또한 면접자의 태도 및 편견이 개입되지 않고 익명성이 보장되므로, 비교적 사적인 내용의 질문이 포함될 수 있다는 점이다.

반면, 우편조사법은 회수율이 낮고 회수하는 데 시간이 많이 걸리며, 응답자 주변 환경의 통제가 어려워 타인의 의견이 반영될 수 있고 대리 응답할 가능성이 있다는 단점이 있다.

(2) 집단조사법

집단조사법(group questionnaire)은 일정한 장소에 응답자들을 모아 놓고 설문지를 배포하여 조사하는 방법으로, 주로 조직에 있는 대상으로부터 자료를 얻을 때 사용하는 방법이다.

집단조사법은 비용과 시간을 절약할 수 있고, 설문지의 회수율을 높일 수 있으며, 응답자들과의 직접 대화가 가능하여 설문지에 대한 해석적 오류를 줄일 수 있다는 장점이 있다.

집단조사법의 단점은 설문지에 답변할 때 타인으로부터 영향을 받을 가능성이 있고, 민감한 질문의 경우 타인을 의식해서 중립적인 답을 할 가능성이 있다. 그러므로 집단의 분위기에 영향을 받을 수 있는 민감한 질문이나 생각이 필요한 질문에는 이 방법이 적당하지 않다.

(3) 전자설문조사법

전자설문조사법(electronic survey)은 컴퓨터와 정보통신망의 발달로 인해 빠르게 확대 · 실시되고 있는 방법으로, 전자메일(e-mail)을 이용한 방법과 웹(world wide web)을 이용한 방법이 있다.

전자메일을 이용한 설문조사는 내용 면에서는 우편조사와 동일하지만 설문지의 제시, 발송, 수신 등이 컴퓨터망을 통해 이루어진다는 점에서 차이가 있다. 즉 컴퓨터가 네트워크에 연결되어 있고 설문대상자들의 이메일 주소를 확보하고 있다면, 설문지를 메일의 본문에 포함시키거나 파일로 첨부하여 실시할 수 있다.

전자메일을 이용한 설문조사는 비용이 적게 들고 많은 사람들에게 신속하게 전달할 수 있으며 응답자들이 편한 시간대에 선택하여 응답하므로 응답의 질을 높일 수 있다는 장점이 있다. 그러나 전자메일을 사용하는 대상이 아직까지는 제한적이어서 전자메일 사용자 집단이 모집단이 아닌 경우에는 모집단의 대표성에 문제가 초래될 수 있다. 또한 응답자들이 전자메일이나 문서편집기 사용법을 알고 있어야 이 방식을 활용하는 것이 가능하고, 회수 후 별도로 자료입력 과정을 거치는 것이 단점이다.

웹을 이용한 설문조사는 응답자들이 지정된 웹 사이트에서 설문문항을 읽고 직접 클릭하는 방식으로 응답이 이루어진다. 전자우편을 이용한 설문조사는 메일을 통해 설문지를 다운로드 받은 후 이를 문서편집기를 통해 확인할 수 있는 데 반해, 웹을 이용한 설문조사는 읽고 바로 응답할 수 있으므로 응답하기 편할 뿐만 아니라 응답과 동시에 자료가 컴퓨터에 저장되므로 자료의 정리, 입력에 드는 비용을 줄일 수 있다. 또한 응답을 하지 않거나 하나를 선택하는 문항에 복수로 응답했을 경우 이를 알려 주는 기능을 프로그램화할 수 있어서 자료의 신뢰성을 높일 수 있다. 또한 필요 시 그래프, 그림, 동영상 등을 자유롭게 활용하여 설문지에 대한 응답자의 호감도를 증진시킬 수도 있다.

그러나 전자설문조사는 인터넷에 접속한 사람이라도 자신에게 필요한 정보 이외에는 관심을 가지지 않는 경향이 있으므로 응답률이 매우 낮은 편이며, 인터넷상에서 개인정보 보호장치가 미흡한 경우 응답자의 사생활이 침해받을 수 있으므로 이 점에 유의해야 한다(김영종, 2007).

2. 관찰법

1) 관찰법의 의의

관찰(observation)은 인간의 감각기관을 사용하여 사람이나 사물에 대한 지식이나 정보를 얻어 내는 것을 말한다. 즉 관찰법은 일정한 시간에 걸쳐서 연구대상을 지켜보고 들으면서 관찰을 받는 대상에게는 영향을 미치지 않도록 결과를 기록하는 방법이다. 관찰법은 관찰계획을 사전에 면밀하게 수립하는 것이 매우 중요하므로 다음 사항을 고려해야 한다(손충기, 2000).

첫째, 관찰대상을 결정하고, 이 대상에 필요한 어떤 특별한 조건을 선택하고 배치한다.

둘째, 관찰 기간, 관찰 간격 또는 횟수를 결정한다.

셋째, 관찰자의 위치와 피험자에게 미칠 영향을 고려한다.

넷째, 관찰하려는 활동이나 행동단위를 정의하고, 관찰범위를 결정한다.

다섯째, 관찰의 기록형식과 해석을 정확하게 한다.

2) 관찰법의 장단점

(1) 관찰법의 장점

첫째, 겉으로 나타나는 행동을 관찰하므로 연구대상의 태도나 선호에 따라 연구결과가 좌우되지는 않는다. 간혹 설문지법에서는 응답자의 태도나 선호에 따라 결과가 좌우되는 경우가 있지만 관찰법은 응답과정에서 발생하는 오류를 최소화할 수 있다.

둘째, 언어나 문자의 제약으로 측정하기 어려운 사실도 조사할 수 있어서, 유아, 동물 등 자기의 행위나 감정을 표현하지 못하는 경우나 표현능력이 부족한 대상에게도 적용할 수 있는 방법이다.

셋째, 연구대상의 무의식적인 행동과 같이 응답자가 사전에 인식하지 못하는 문제도 측정이 가능하다.

넷째, 연구대상이 조사에 응하지 않을 때도 활용이 가능하다.

(2) 관찰법의 단점

첫째, 겉으로 드러난 현재 상태만을 관찰할 수 있고, 내면적인 특성이나 과거 사실에 대한 자료를 수집할 수 없다.

둘째, 관찰 시점에서 관찰자의 주관이 개입할 여지가 있다.

셋째, 관찰이 불가능한 행동이 있다. 예를 들면, 연구대상의 사적인 행동이나 관찰되기를 원치 않는 행동 등은 관찰하기가 어렵다.

넷째, 연구대상이 관찰당하고 있다는 것을 알고 있을 경우 평소와 다른 행동을 보일 수 있으므로 정확한 자료를 수집하기 어렵다.

다섯째, 행동 양식은 태도나 신념에 비해서 쉽게 변할 수 있는 것이므로 관찰 결과가 일시적인 것이 될 수 있어서 일반화하기에는 제약이 따른다.

여섯째, 조사자가 항상 현장에 있어야 하므로 시간적, 공간적 제약이 따른다.

3) 관찰법의 종류

관찰법은 분류기준에 따라 다음과 같이 나눌 수 있다.

❖ 관찰법의 종류

- 통제 여부에 따른 분류: 비통제적 관찰, 통제적 관찰
- 구조화 정도에 따른 분류: 구조적 관찰, 비구조적 관찰
- 관찰자의 참여 여부에 따른 분류: 참여관찰, 비참여관찰

관찰하려는 상황을 인위적으로 통제하느냐의 여부에 따라 통제적 관찰과 비통제적 관찰로, 관찰을 어느 정도 구조화하느냐에 따라 구조적 관찰과 비구조적 관찰로, 또한 관찰자의 참여 여부에 따라 참여관찰과 비참여관찰로 분류할 수 있다.

(1) 비통제적 관찰과 통제적 관찰

관찰하려는 상황을 인위적으로 통제하느냐의 여부에 따라 비통제적 관찰과 통제적 관찰로 나눌 수 있다. 비통제적 관찰은 일상생활을 하는 데 있어서 자연 발생적인 모습을 있는 그대로 관찰하는 방법으로, 비조직적 관찰 또는 자연적 관찰이라고도 부른다. 특별한 조작이나 제한을 두지 않고 언제 어디서든 행동을 수시로 관찰할 수 있다는 장점은 있으나, 관찰하려

는 행동을 고루 표집할 수 없기 때문에 관찰이 체계적이지 않고 반복하여 관찰할 수 없어서 일회성으로 한정된다는 단점이 있다.

통제적 관찰은 관찰하려는 장면이나 조건을 연구목적에 따라 조직적으로 설정하거나 통제해 놓고, 이러한 조건하에서 나타나는 행동을 관찰하는 방법이다. 인위적인 조건, 즉 독립변수를 통제할 수 있기 때문에 종속변수인 피험자의 행동을 분석하기 쉽다. 그러므로 이 방법은 비통제적인 관찰에서의 일회성을 보완하여 행동에 대한 원인을 파악할 수 있고, 비통제적 관찰에 비해 관찰 결과를 정리 · 요약하는 것이 쉽다는 장점이 있다. 다만 실험조건의 인위성으로 인해 실제 생활장면에 대한 적용에는 한계가 있으므로 일반화할 때는 주의가 필요하다.

(2) 구조적 관찰과 비구조적 관찰

관찰방법의 구조화 및 체계화 정도에 따라 구조적 관찰과 비구조적 관찰로 분류할 수 있다. 구조적 관찰은 관찰내용과 방법, 시기, 시간을 사전에 결정해 놓고 관찰하는 방법이며, 비구조적 관찰은 관찰대상, 방법, 관찰시간, 내용이 분명히 규정되지 않은 상태에서 관찰하는 방법이다.

(3) 참여관찰과 비참여관찰

참여관찰이란 관찰자가 관찰대상자들의 생활공간에 직접 들어가 그 현상을 관찰하면서 기술하는 방법이다. 즉 관찰대상자나 그들의 행동에 대해서 아무런 통제를 가하지 않고 관찰자가 공동 생활자의 입장에 서서 그들의 자연스러운 행동을 관찰하는 것이다. 참여관찰의 경우 관찰대상자가 의식하지 못한 상태에서 관찰하는 것이 제일 좋지만, 이것이 불가능할 때는 미리 관찰자임을 알릴 필요가 있다. 관찰자가 정서적으로 개입되는 정도에 따라서 관찰의 객관성을 잃을 우려가 있으므로 유의해야 한다.

비참여관찰은 관찰대상자의 활동에는 전혀 참여하지 않고 제3자로서 객관적인 관찰만 하는 방법이다. 관찰자는 참여관찰보다 객관성을 확보할 가능성이 크지만, 관찰대상자는 관찰당하고 있다는 것을 의식하게 되어 행동이 경직되거나 평소와는 다른 행동을 할 가능성이 높으므로 이를 주의해야 한다. 대부분의 연구에서는 참여관찰보다 비참여관찰이 많이 수행되고 있다.

4) 관찰 기록의 방법

관찰을 기록하는 방법에는 일화기록법, 시간표집법, 행동요약법, 전기적 관찰법 등이 있다.

(1) 일화기록법

일화기록법은 개인이나 집단의 특성을 이해하기 위해 그 개인이 나타낸 행동이나 사건과 관련된 상황을 상세히 기록하는 방법이다. 일반적으로 비통제적 관찰을 실시할 때 이 방법을 많이 사용하는데, 일화기록법은 구체적인 행동사례를 가능한 한 자세히 기록하여 개인이나 집단의 의식, 태도, 적응 등을 이해하는 방법이다. 예를 들면, 수업시간에 눈에 띄는 학습자의 행동 일부나 전부를 보고 일기를 작성하듯 기록하는 것이다.

(2) 시간표집법

시간표집법은 시간을 표집해서 관찰하는 방법으로 특정한 행동특성(공격적 행동, 반항적 행동, 친구와의 대화 등)에 있어서 1분, 5분, 10분 등으로 시간을 나누어 관찰사항을 정리하며 반복하여 기록하는 것이다. 그러므로 시간표집법은 거듭해서 자주 일어날 가능성이 있는 행동을 대상으로 하며, 비교적 짧고 일정한 시간 사이의 발생 정도를 양적으로 측정하는 데 가장 적절한 방법이다. 예를 들면, 수업시작 10분, 수업의 중간 휴식시간 10분 등으로 나누어 친구들과의 대화를 기록하는 것이다. 서술적인 관찰에 비해 시간과 노력이 덜 들고 효율적으로 관찰할 수 있으나, 자료가 단편적이어서 행동과 행동 사이의 상호관계를 파악하기 어렵다는 단점이 있다.

(3) 행동요약법

행동요약법은 관찰하려는 행동특성을 신체적 · 지적 · 정서적 · 사회적 영역으로 나누어 각 영역의 한 부분에 국한시키거나 전체적으로 관찰하는 것이다. 이에 특정한 목적을 가지고 행동을 관찰하려 할 때 사용하기 편하다. 하지만 행동이 나타날 때까지 기다려야 하므로 시간이 오래 걸리는 단점이 있다. 예를 들면, 성인들의 학습으로 인한 변화를 관찰하기 위해서 개강부터 종강까지 조직적으로 관찰하여 얻은 자료를 특성에 적합하게 재구성하는 것이다.

(4) 전기적 관찰법

전기적 관찰법은 관찰하려는 개인 또는 소수의 행동특성을 장기간에 걸쳐 계속적으로 관찰하는 방법이다. 그러므로 이 방법은 시간적인 흐름에 따라 개인의 전체적인 특성, 변화 및 추세를 세밀하게 연구할 수 있다. 예를 들면, 초등학생 어휘 수의 증가율을 관찰하기 위해 초등학교 입학에서부터 졸업 때까지 초등학생을 관찰하는 방법이다.

3. 면접법

1) 면접법의 의의

면접법(interview)은 면접자와 피면접자 간 면대면(face to face)의 언어적 상호작용을 통해 자료를 수집하는 방법이다. 그러므로 면접법은 피면접자의 지식이나 교육수준과 관계없이 사용이 가능하며, 개별적 상황에 맞게 조사할 수 있다는 것이 특징이다.

한편, 면접법에서의 면접자는 단순히 질문을 전달하는 것이 아니라 응답자로 하여금 성실한 답변을 유도하기 위해 노력해야 하며, 면접내용을 보완하고 정리해야 한다. 이는 면접자가 어떤 역할을 수행했느냐에 따라 자료수집 결과에 영향을 미치기 때문이다. 그러므로 면접에서 면접자의 역할은 매우 중요하며, 연구자는 좋은 자료수집을 위해 적합한 면접자를 선발하고 사전교육을 철저히 실시해야 한다.

2) 면접법의 장단점

(1) 면접법의 장점

첫째, 면접자가 응답자를 직접 만나므로 응답의 회수율을 높일 수 있다.

둘째, 응답자 상황에 따라 조절이 가능하므로 계속적인 자료수집이 가능하다.

셋째, 면접자가 직접 만나므로 제3자의 개입을 방지할 수 있다.

넷째, 질문을 반복하거나 쉬운 말로 다시 물어보는 것이 가능하므로, 타당도 높은 자료를 수집할 수 있다.

다섯째, 응답자의 상황에 따라 개인적인 내용이나 민감한 질문도 가능하며, 순간적으로 자연스럽게 나온 응답도 얻을 수 있다.

여섯째, 무응답을 줄일 수 있다.

(2) 면접법의 단점

첫째, 면접원이 많이 필요하며 이들에 대한 훈련이 필요하므로 인력, 시간, 비용이 많이 소요된다.

둘째, 면접원이 상상해서 기입하는 경우에 면접자의 편견이 개입되기 쉽다.

셋째, 연구자가 직접 면접하지 않는 경우 면접자들을 감독 통제하기 어렵다.

넷째, 응답자에게 익명성을 이해시키기 어려워 진실한 응답을 얻기 어려울 수 있다.

다섯째, 즉각적인 응답의 부담감 때문에 숙고하지 않고 응답할 가능성이 있다.

3) 면접법의 종류

(1) 대인면접법

연구자 또는 면접자가 응답자와 면대면으로 만나서 면접 설문지에 따라 질문을 하고 응답을 기록하여 자료를 수집하는 방법이다. 면접은 연구자가 알고자 하는 특정한 주제에 대한 자료를 수집하기 위해 응답자를 대상으로 하는 상호작용을 의미하므로 면접자의 역할이 매우 중요하다.

대인면접법의 장점은 면접자가 직접 기록하므로 응답률이 높고, 응답자가 질문내용을 이해하지 못할 경우 반복하여 설명이 가능하다는 점이다. 또한 면접 설문지에 포함된 내용 외에 연구에 필요한 기타 관련 정보를 수집할 수 있다.

하지만 시간과 비용이 많이 소요되고, 면접자의 옷차림, 성별, 태도 등이 응답자에게 영향을 미치므로 자료수집에 오차가 발생할 수 있다. 또한 특수한 집단의 사람을 면접하기가 어렵고, 익명성이 보장되지 않아 민감한 질문에 부적합하며, 면접자의 임의 해석으로 자료가 수집되면 이를 확인하기 어렵다는 단점이 있다.

(2) 전화면접법

전화면접법은 긴급하게 조사를 실시해야 하거나 질문내용이 짧을 경우 전화를 이용해 질문하고 면접원이 그 내용을 기록하는 방법이다. 전화면접법은 대인면접법과 유사하지만 양식의 융통성이 적으며, 개별 응답자로부터 얻어 낼 수 있는 자료의 양이 상대적으로 제한적이다.

전화면접법의 장점은 조사방법이 간단하고 신속해서 조사비용을 절감할 수 있다는 점이다. 또한 특수한 사람에게도 접근하기 쉬우며, 직접 대면하지 않으므로 대인면접법보다는 익명성이 보장되며, 면접자의 외모나 태도에서 오는 편견을 줄일 수 있다.

그러나 전화면접법은 시간적 제약으로 인해 간단한 질문만 해야 하고, 응답자를 시간대에 따라 선택해야 한다는 단점이 있다. 또한 그림이나 도표를 사용할 수 없으며, 언어표현력이 부족한 사람에게는 실시하기 어렵다.

4. 기타 조사법

1) 사례연구

사례연구(case study)는 개인, 단일집단 또는 조직에 대한 심층적인 연구로서 특정 사례에 대한 통합적인 고찰이 가능하며 자료가 연속적, 종합적으로 수집될 수 있다. 그러므로 사례연구는 개별 상황에 대한 특수성을 명확하게 조사할 수 있다는 장점은 있으나, 사례선정 시 타당성을 고려하기 어렵고 개별 사례에 대한 연구이므로 이를 일반화하기 어려운 단점이 있다.

사례연구의 종류로는 개인에 대한 사례연구와 집단에 대한 사례연구가 있다. 또한 개인에 대한 사례연구는 생활사적 연구와 임상적 연구로 나눌 수 있다. 생활사적 연구는 문화적 배경 및 사회환경이 개인의 인격형성이나 의사결정에 미치는 영향을 파악하는 데 목적을 두는 것이고, 임상적 연구는 개인의 사적 생활 또는 사적 경험에 대해 조사원이 면접, 관찰 등의 방법으로 직접 조사하는 것이다.

집단에 대한 사례연구는 지역, 문화, 종교집단 등 특정 사회집단의 형성과정과 특징을 면밀히 파악하기 위한 것이다.

2) 현장연구

현장연구(field research)는 실제 사회구조 속에서 사회과학적 변수들 간의 관계나 상호작용을 발견하는 것을 목적으로 한다.

현장연구의 장점은 실제적인 자료를 수집·관찰할 수 있으며, 현장 상황구조에 대한 정확한 이해를 바탕으로 하므로 자료의 왜곡을 줄일 수 있다. 하지만 소수의 사례에 국한되기 때문에 대표성이 약하고 장기간의 시간이 요구되므로 비용이 많이 드는 단점이 있다.

현장연구는 탐색적 연구와 가설검증연구가 있다. 탐색적 연구는 관계에 대한 탐색을 하는 것으로, 현지 상황 속에서 의미 있는 변수를 찾아내고 변수 간의 관계를 찾아 체계적이고 엄격한 가설의 검증을 위한 토대를 마련하는 것이다.

가설검증연구는 귀납적 분석방법으로 이론의 검증과 확인을 위한 것이다. 즉 설명하고자 하는 현상을 개략적으로 규정한 후, 그 현상에 대한 가설적 설명과 사실과의 관계 여부를 결정하는 것으로 보편적 관계를 정립할 때까지 계속한다.

3) 문화기술적 연구

문화기술적 연구(ethnographic research)는 특정 집단 구성원들의 생활양식과 문화에 대한 폭넓은 자료를 찾아내기 위하여 연구자가 현지에 머물면서 참여자의 관점에서 상황을 파악하는 연구방법으로 문화기술지(ethnography)라고도 한다. 즉 연구자가 직접 현장 구성원들의 삶 속에서 현장 구성원의 행위나 말, 상징뿐만 아니라, 연구자가 참여하면서 경험하고 느낀 것과 현장 구성원과의 대화까지도 자료로 사용하여 특정 집단에 대한 총체적 관점에서 기술하고 해석한다.

문화기술지는 특정 집단에 대한 분석을 통해 다른 사회와 문화와의 공통점과 차이점을 규명할 수 있는 장점은 있으나, 방법의 특수성 때문에 대규모 사회 단위를 연구하는 데 어려움이 있고, 규칙이나 규범과 같이 직접 관찰할 수 없는 것에 대해서 사용할 수 없다는 한계가 있다. 또한 질적 판단 또는 해석에 상당한 시간과 노력이 필요하며 전체적인 윤곽을 잡기 위한 과정에 초점을 두는 연구방법이다.

4) 실천연구

최근 평생교육 분야에서 활발히 사용되고 있는 연구방법으로 실천연구가 있다. 이는 평생교육을 담당하는 전문가는 실천가이면서 동시에 연구자이어야 함을 강조하는 것이다. 실천연구는 현장의 문제에 대한 연구를 행함과 동시에 이를 현장에서 직접 실천함으로써 문제를 해결하고자 하는 것으로, 이와 동시에 당면한 문제를 포함하는 문제상황을 체계적이고 심화적으로 이해하고자 할 때 활용될 수 있는 연구방법이다.

실천연구에 대한 정의는 다양하게 제시되고 있는데, 크게 세 가지로 분류하여 정리하면 다음과 같다.

첫째, 실천연구는 현장에서 일상적인 실천에 임하고 있는 실천가에 의해 행해지는 체계적인 연구로서 집단적, 협력적, 자기반성적, 비판적인 성격의 탐구방법이다(McCutcheon & Jurg, 1990).

둘째, 실천연구는 현장에 있는 실천가가 행하는 일종의 자기반성적 탐구로서 사회적 · 교육적 실천의 합리성과 타당성을 높일 뿐 아니라, 실천이 이루어지고 있는 상황에 대한 이해를 높이는 것을 목적으로 하는 연구이다. 한편, 연구는 실천가들 간의 협력적 차원에서 이루어질 수도 있고, 개인적 수준에서 혹은 다른 연구자와 연계하여 이루어질 수 있으나, 실천연구가 가장 효과적으로 이루어지는 경우는 실천가들의 공동과제로 이루어지는 때다(Kemmis & McTaggert, 1990).

셋째, 실천연구는 문제상황에 봉착하고 있는 사람들의 실제적 관심을 즉각적으로 푸는 데 도움을 주고, 윤리적 차원에서 상호 존중받는 사람들과의 협력적 관계를 통해 사회과학의 목표를 달성하는 데도 도움을 준다(McKernan, 1991; Rapoport, 1970).

이와 같이 실천연구는 현장중심의 자기반성적인 실천적 탐구로서 학교교육과 평생교육 분야에서 적극 활용되고 있다. 특히 전문성 개발, 효과적인 학교 만들기, 즐거운 교실 만들기, 지도력 개발 및 조직 개발 등의 분야에서 활발히 활용되고 있다(김경희, 2005).

주요 용어 및 단어

설문지법	개방형 질문	폐쇄형 질문
집단조사법	관찰법	통제적 관찰
비통제적 관찰	참여관찰	비참여관찰
일화기록법	시간표집법	행동요약법
전기적 관찰법	대인면접법	사례연구
현장연구	문화기술적 연구	실천연구

제 7 장 설문지 작성법

학습목표

1. 설문지의 구성요소를 설명한다.
2. 설문지를 구성하기 위한 체계적인 절차를 설명한다.
3. 설문조사에 필요한 정보를 결정한다.
4. 설문지 작성을 위한 자료수집 방법을 결정한다.
5. 설문지 작성을 위한 적합한 질문내용을 결정한다.
6. 설문지 작성을 위한 개별항목 결정 시 고려해야 할 사항을 설명한다.
7. 질문내용에 따른 질문형태를 결정한다.
8. 설문지의 질문내용 배치 및 외형을 결정한다.
9. 예비조사를 통해 설문지를 완성한다.

제1절 설문지의 구성요소

설문지는 조사 목적에 맞는 유용한 자료를 수집하는 도구다. 설문지를 통해 얻은 자료를 분석하여 조사의 결론에 도달하게 되므로 평생교육 조사연구 과정에서는 중요한 부분을 차지한다. 이에 설문지를 작성할 때는 철저한 사전준비가 필요하다. 즉 필요한 정보의 종류와 질문내용, 측정방법과 분석방법까지 사전에 고려하여 작성해야 한다. 이는 일단 설문지가 작성되어 조사가 시작된 후에는 잘못된 부분을 발견하더라도 교정이 어려운데, 그 이유는 만약 그 잘못이 조사결과에 치명적인 영향을 미친다고 판단되어 교정해야 할 경우 설문지 작성을 처음부터 다시 시작할 수밖에 없기 때문이다. 그러므로 설문지의 작성은 상당한 시간과 노력을 기울여 신중하게 작성되어야 한다.

일반적으로 설문지는 응답상의 오류를 방지하고 필요한 정보를 포괄적으로 획득하기 위해 다음의 〈표 7-1〉과 같이 다섯 가지 요소로 구성되어야 한다(채서일, 1999).

〈표 7-1〉 설문지의 구성요소

구성요소	세부내용
응답자에 대한 협조요청	조사자나 조사기관의 소개, 조사의 취지, 비밀보장을 확신시켜 주는 내용으로 구성함
식별자료	응답자의 이름, 조사를 실시한 조사자의 이름, 면접일시 등
지시사항	설문지 전체와 관련된 지시문, 일부 문항에 대한 구체적 지시문으로 구성함
개별 문항	연구목적에 필요한 문항으로 구성함
인구통계학적 변인	응답자의 성별, 학력, 연령 등

첫째, 응답자에 대한 협조요청이다. 이는 응답률을 높이기 위한 구성요소에 해당된다. 일반적으로 응답자에 대한 협조요청은 조사자나 조사기관의 소개, 조사의 취지를 설명하고, 개인적인 응답항목에 대한 비밀보장을 확신시켜 주는 내용으로 이루어진다. 직접 면담을 실시할 때는 이 내용을 구두로 직접 전달하기도 한다.

둘째, 식별자료(identification data)가 필요하다. 이는 각 설문지를 구분하기 위한 것으로 일련번호나 추후 확인조사를 위한 응답자의 이름, 조사를 실시한 면접자의 이름과 면접일시를 기록할 수 있도록 구성된 부분이다.

셋째, 설문지 표기에 대한 지시사항이다. 이는 응답자가 각 항목마다 응답을 잘할 수 있도록 응답방법이나 응답의 순서 등을 상세하게 기술하는 부분이다. 지시사항은 설문지 전체와 관련된 전반적 지시문(general instruction)과 일부 문항에 대한 구체적 지시문(specific instruction)이 있다. 전반적 지시문은 설문 전반에 걸쳐 준수해야 할 사항을 제시한 것으로 설문의 맨 앞에 기술한다. 예를 들어, 다지선다형일 경우에는 선택표시 기호와 방법, 자유응답형일 때는 단어 수 등을 제한하는 것과 같은 응답요령과 주의사항에 대해 간단히 설명한 것이다. 구체적 지시문은 문항별로 응답요령을 제시한 지시문이다. 다수의 응답, 최적응답, 순위응답 등에 대한 구체적 지시사항을 간단히 설명한다.

넷째, 연구목적에 필요한 자료를 수집하기 위한 개별 문항이다. 이는 설문지 작성에서 가장 중요한 부분으로 필요한 정보를 수집하기 위해 다수의 문항을 통해 질문하는 부분이다.

다섯째, 응답자 분류를 위한 자료로 성별, 학력, 연령 등과 같은 응답자의 인구통계학적 변인과 관련된 부분이다. 이는 응답자의 특성을 파악하기 위한 부분으로, 응답자의 사생활을 침해하지 않는 범위에서 꼭 필요한 항목만을 질문해야 한다.

제 2 절 설문지 작성과정 및 작성법

설문지를 작성할 때 필요한 구성요소만이 잘 포함된다고 해서 좋은 설문지를 만들 수 있는 것은 아니며, 필요한 구성요소가 체계적인 절차에 따라 이루어질 때 좋은 설문지를 만들 수 있다. 그러므로 설문지를 작성할 때에는 설문지 작성에 필요한 절차와 작성법에 따라 설문지를 만드는 것이 중요하다.

다음의 [그림 7-1]은 설문지 작성과정을 설명한 것이다. 첫째, 설문조사를 통해 얻어야 할 정보를 결정하는 과정이 필요하며, 둘째, 어떠한 방법을 통해 자료수집을 할 것인지 자료수집 방법을 결정한다. 셋째, 질문을 어떠한 내용으로 만들어야 할지를 결정하며, 넷째, 확정된 조사내용을 토

단계	과 정	내 용
1	필요한 정보의 결정	설문조사를 통해 얻어야 할 정보를 결정
2	자료수집 방법의 결정	우편조사법, 전화조사법, 인터넷조사법, 집단조사법
3	질문내용의 결정	질문을 어떤 내용으로 만들어야 할지를 결정
4	개별 항목의 내용 결정	확정된 조사내용을 토대로 구체적인 내용 결정
5	질문형태의 결정	각 항목별 질문의 형태 결정
6	개별 항목의 작성	각 질문항목의 완성
7	질문의 순서 결정	정확한 자료를 얻을 수 있게 순서 결정
8	설문지의 외형 결정	설문지의 물리적인 외형 결정
9	설문지의 예비조사	가상적인 응답자들을 대상으로 사전조사 실시
10	설문지의 완성	모든 단계를 거친 후 설문지 완성

[그림 7-1] 설문지 작성과정

대로 개별 항목의 내용을 결정한다. 다섯째, 각 항목별 질문의 형태를 결정하며, 여섯째, 각 질문항목을 완성하고, 일곱째, 정확한 자료를 얻을 수 있도록 질문의 순서를 결정한다. 여덟째, 설문지의 물리적인 외형이 결정되고 나면 다음으로 가상적인 응답자를 대상으로 예비조사를 실시하며 마지막으로 설문지를 완성한다. 이에 대한 구체적인 사항은 다음과 같다.

1. 필요한 정보의 결정

설문조사를 통해 조사자가 가장 먼저 결정해야 할 사항은 설문조사를 통해 얻어야 할 정보의 종류를 결정하는 것이다(채서일, 1999). 이는 선정된 조사문제 또는 조사가설을 꼼꼼히 살펴봄으로써 가능하다.

필요한 정보의 종류를 결정할 때 조사자가 유의해야 할 사항은 최대한 세부적인 정보로 분류해야 한다는 것이다. 예를 들어, 인구통계학적 변인들에 대한 정보를 얻을 때 성별, 나이, 학력 등이 필요한지, 학력의 경우 초등학교, 중학교, 고등학교, 대학교 이상으로 표현을 할 것인지, 대학교 3년, 중학교 중퇴 등으로 교육받은 기간까지 자세히 알아야 하는지 등을 결정해야 한다. 즉 필요한 정보의 종류를 결정할 뿐 아니라 그 정보를 얼마나 자세히 측정할 것인지까지 결정해야 한다.

2. 자료수집 방법의 결정

설문지 작성의 두 번째 단계는 자료수집 방법을 결정하는 것이다. 어떠한 방법으로 자료를 수집하는가에 따라 정보의 내용, 양, 질문방식이 달라질 수 있기 때문이다(〈표 7-2〉 참조).

흔히 사용되는 조사방법에는 우편조사법, 전화조사법, 인터넷조사법,

〈표 7-2〉 자료수집 방법

구분	내용
우편조사법	설문지를 피조사자에게 우송하여 기록하게 한 후 우편으로 회수하는 방법
전화조사법	전화를 이용해 질문하고 면접원이 그 내용을 기록하는 방법
인터넷조사법	인터넷 사용자들을 대상으로 설문조사를 진행하는 방법
집단조사법	일정한 장소에 응답자들을 모아 놓고 설문지를 배포하여 조사하는 방법

집단조사법 등이 있다. 우편조사법은 설문지를 피조사자에게 우송하여 기록하게 한 후 우편으로 회수하는 방법이며, 전화조사법은 긴급하게 조사를 실시하거나 질문내용이 짧을 때 전화를 이용해 질문하고 면접원이 그 내용을 기록하는 방식이다. 인터넷조사법은 인터넷 사용자들을 대상으로 설문조사를 진행하는 방법으로 파일 형태의 e-mail을 발송해 응답 후 회송하는 방법과 응답자가 홈페이지를 방문해 응답을 남기도록 하는 홈페이지 활용방법이 있다. 또한 집단조사법은 일정한 장소에 응답자들을 모아 놓고 설문지를 배포하여 조사하는 방법으로, 주로 집단이나 조직에 속한 대상으로부터 자료를 얻을 때 사용하는 방법이다.

각 조사방법에 대한 보다 자세한 내용은 이 책 '제6장 자료수집 방법의 이해'를 참조하기 바란다.

3. 질문내용의 결정

설문지 작성의 세 번째 단계는 질문내용을 결정하는 것으로, 설문지를 어떤 내용으로 만들어야 할지를 판단하는 과정이라 할 수 있다. 이를 위해서는 사실을 알아내기 위한 질문, 사실에 대한 믿음을 확인하는 질문, 감정이나 느낌에 대한 질문, 행위의 표준에 대한 질문, 현재 또는 과거의 행위에 대한 질문, 믿음 · 행동 · 방침에 대한 의식적 이유를 묻는 질문 등과 같이 질문내용의 종류를 미리 이해하고 있는 것이 필요하다(최성재, 2005)(〈표 7-3〉 참조).

〈표 7-3〉 질문내용의 종류

종류	내용
사실을 알기 위한 질문	개인의 연령, 교육 등과 같이 객관적인 사실에 대해 알고자 하는 문항
믿음을 확인하는 질문	사람들이 사실이라고 믿는 정도에 대해 알고자 하는 문항
감정 · 느낌에 대한 질문	특정 사실에 대한 정서적 반응을 알기 위한 문항
행위 표준에 대한 질문	다양한 사회적 상황에서 어떤 행위가 적절한가에 대한 문항
현재 · 과거에 대한 질문	미래행위를 예측하는 데 가치 있는 정보를 얻기 위한 문항
의식적 이유를 묻는 질문	'왜?'라는 질문을 통해 이유를 알아내는 데 관심을 가지는 문항

첫째, 사실을 알아내기 위한 질문은 단순히 객관적인 사실을 수집하기 위한 경우다. 질문의 형태는 개인의 연령, 교육, 종교, 수입, 직업, 결혼관계 등에 대한 질문, 응답자가 잘 알고 있는 사람(가족, 친구, 동료 등)의 성격에 대한 질문이나 응답자가 알고 있는 사건, 환경, 상황, 정책 등에 대한 질문이 이에 해당된다.

둘째, 사실에 대한 믿음을 확인하는 질문은 사람들이 사실이라고 믿는 정도에 대해 알고자 하는 문항이다. 예를 들어, "평생교육은 지식기반사회에서 꼭 필요한 교육인가?"라는 질문에 대해 본인이 믿는 정도를 응답하게 함으로써 특정 사실에 대한 사람들의 믿음을 확인할 수 있다.

셋째, 감정이나 느낌에 대한 질문은 특정 사실에 대한 정서적 반응(공포, 불신, 혐오 등)을 알기 위한 경우에 사용할 수 있는 문항이다. 사람의 행동을 이해하는 데 있어서 그 사람의 감정을 아는 것이 그 사람의 믿음을 아는 것만큼 중요하다. 예를 들어, 불신 정도를 알기 위한 문항으로 "내가 작성한 보고서에 대해 교수가 까다롭게 지적하는 것은 나를 믿지 못하기 때문이라고 생각한다."라는 질문을 척도형 문항으로 만들어 응답하게 할 수 있을 것이다.

넷째, 행위의 표준에 대한 질문은 다양한 사회적 상황에서 어떤 행위가 적절한 것인가에 대한 정보를 얻고자 할 때 사용된다. 즉 일반적 관행에 따르는 것과 현실적인 상황을 고려하여 실제로 어떤 행위를 하는가에 대한 정보를 얻고자 하는 것이다. 예를 들어, 본인이 학교의 과중한 과제로 상당히 힘든 상태라고 가정한 후 "지하철의 노약자석에 자리가 비었다면, 당신은 어떻게 하겠는가?"라는 질문이 있다고 하자. 그러면 일반적 관행으로 볼 때 노약자석은 자리를 비워 두는 게 보통이지만, 본인이 너무 힘든 상황이라는 현실적 상황을 고려할 때 "노약자석에라도 앉겠다."라는 응답을 할 수 있을 것이다. 이를 통해 개인들이 어떠한 행위를 선택하는지에 대해서 알 수 있다.

다섯째, 현재 또는 과거의 행위에 대한 질문은 개인의 미래행위를 예측하는 데 가치 있는 정보를 얻을 수 있다. 그 사람이 과거에 그런 상황에서 어떻게 행동했느냐는 미래에 같은 상황이 생겼을 때 그 사람이 어떻게 할 것인가를 예측할 수 있는 지표가 되기 때문이다. 예를 들어, 대학생의 진로준비 정도에 대한 정보를 얻기 위해 "진로상담을 받은 적이 있습니까?" "관련된 책을 구입해서 읽고 있습니까?"와 같이 현재와 과거의 행위를 묻는다면 미래행위에 대한 예측을 이끌어 낼 수 있다.

여섯째, 믿음 · 행동 · 방침에 대한 의식적인 이유를 묻는 질문으로 조사자는 "왜?"라는 질문을 통해 이유를 알아내는 데 관심을 가진다. 이는 여러 가지 질문에 대해 충분한 답을 얻으려면 조사하려는 요인들, 즉 믿음 · 감정 · 행동 · 방침 등에 영향을 미치는 다양한 요인들을 고려해야 하기 때문이다. 예를 들어, "집단활동에서 개인적인 행동은 자제해야 하는지에 대한 질문에 대해 '예'라고 응답한 이유는 무엇입니까?"라는 질문을 했을 때, 집단활동에서는 어떠한 행동 또는 방침이 있어야 한다고 생각하는지를 알고자 하는 것이다.

4. 개별 항목의 내용 결정

개별 항목의 내용을 결정하기 위해서 각 질문들을 설문지에 포함시킬 것인지, 또 이러한 질문을 했을 때 과연 응답자들로부터 자료를 얻을 수 있는지를 살펴보는 과정이다. 이 과정을 통해 설문지에 필요없는 질문이 포함되는 것을 차단할 수 있다. 따라서 개별 항목의 내용을 결정할 때는 꼭 필요한 내용인가, 필요한 정보를 알고 있는가, 정보를 제공할 수 있는가, 한 문항으로 충분한가 등을 충분히 고려해야 한다(김범종, 2005; 채서일, 1999).

❖ 개별 항목의 내용 결정 시 고려사항

- 꼭 필요한 내용만을 질문으로 결정해야 함
- 응답자가 알고 있는 정보를 질문해야 함
- 응답자가 제공해 줄 수 있는 정보를 질문해야 함
- 한 문항으로 표현하기에 충분한지에 대해서 살펴보아야 함

첫째, 꼭 필요한 내용만을 항목으로 결정해야 한다. 불필요한 내용은 시간과 경비의 낭비를 가져오고, 응답자에게 부담을 주어 중요한 내용에 대한 응답의 신뢰도를 떨어뜨릴 수 있다. 따라서 가능한 대로 꼭 필요한 내용만을 선별하여 설문 문항을 구성해야 한다.

둘째, 응답자가 알고 있는 정보를 항목으로 결정해야 한다. 예를 들어, 대학생을 대상으로 한 설문에서 "당신은 하루에 몇 번씩 진로에 대해 생각을 하는가?" 라는 문항이 있을 경우, 연구자는 대학생 본인이 직접 행하는 것이므로 잘 알고 있을 것이라 생각하지만 이를 정확하게 기억하는 경우는 흔치 않다. 이와 같이 응답자가 응답할 수 있는 정보를 갖고 있지 못하

거나 정보나 경험이 있어도 기억이 잘 나지 않는 경우, 무응답 또는 불명확한 응답을 할 우려가 높으므로 이를 지양해야 한다.

셋째, 응답자가 제공해 줄 수 있는 정보를 항목으로 결정해야 한다. 응답자가 질문에 대한 정보를 갖고 있더라도 이를 모두 설문지에 기록할 수 있는 것은 아니다. 즉 질문에 대한 정보를 곧바로 제공해 줄 수 있는 문항이어야 하므로 응답자가 응답하기를 꺼리는 항목은 포함시키지 않아야 한다. 예를 들어, "당신이 지난 일 년 동안 신용카드를 이용해 구매한 상품의 총금액은 얼마입니까?"라는 질문이 있을 경우, 영수증을 확인하여 전체 금액을 확인할 수는 있지만, 즉시 기입할 수 있는 사람은 많지 않다. 또한 이러한 질문의 경우 자신의 신용카드 이용정보 제공을 꺼리는 경우가 많으므로 연구에 있어 반드시 필요한 문항이 아닐 경우엔 삭제하는 것이 좋다.

넷째, 한 문항으로 표현하기에 충분한지 살펴보아야 한다. 하나의 질문에 두 개 이상의 개념이 포함되어 있거나 하나의 질문으로 기대하는 정보를 측정하지 못할 경우가 있는데, 이때는 문항수를 늘려야 한다.

예를 들어, "당신은 문화센터의 운영방법이 적절하다고 생각하십니까?"라는 질문보다는 이를 세분하여 "당신은 문화센터의 수강생 모집방법이 적절하다고 생각하십니까?" "당신은 문화센터의 수업운영 방법이 적절하다고 생각하십니까?" 등으로 구분하여 제시한다면 보다 명확한 정보를 획득할 수 있을 것이다.

다섯째, 응답자가 응답을 하는 데 노력이 많이 들지는 않은지 살펴보아야 한다. 응답자가 정보를 가지고 있더라도 응답을 하기 위해서 시간적, 정신적으로 많은 노력이 필요하다면 응답을 회피하거나 엉터리로 답할 가능성이 높다. 그러므로 응답자가 응답하는 데 부담이 되지 않도록 해야 한다.

여섯째, 응답자가 정확히 응답을 할 수 있을지 살펴보아야 한다. 정보를 제공하는 데 위에 제시된 사항과 관련된 문제들은 없지만 응답을 할 수 없는 경우가 있다. 응답자가 글을 읽을 수 없거나 시력이 좋지 않을 경우 등 응답자의 특성을 고려해야 한다.

5. 질문형태의 결정

필요한 질문내용을 결정한 다음에는 각 항목별 응답의 형태를 결정해야 한다. 응답의 형태는 〈표 7-4〉와 같이 크게 서답형과 선택형으로 나눌 수 있다.

〈표 7-4〉 질문의 형태

구분	종류
서답형	자유응답형
선택형	양자택일형, 다지선다형, 평정척도형

서답형 문항은 답이 문항 내에 주어진 것이 아니라 직접 기입하는 형태로서, 자유응답형이 여기에 해당된다. 한편, 선택형 문항은 문항 내에 제시된 답지 중에서 적절한 것을 선택하는 문항형태를 의미하며, 다양한 형태가 존재하지만 양자택일형, 다지선다형, 평정척도형 등이 많이 쓰인다.

1) 자유응답형

자유응답형은 응답자가 자유롭게 응답할 수 있도록 응답의 형태에 전혀 제약을 가하지 않는 문항이다.

- 당신이 평생학습에 참여하는 이유는 무엇입니까? (   )
- 평생학습이 왜 중요하다고 생각하십니까? (   )

이러한 자유응답형은 다른 형태의 응답에 비해 응답자가 자유롭게 답할 수 있도록 해 줌으로써 응답자의 의견을 존중하는 느낌을 주며, 가능한 응답자의 모든 의견을 얻어 낼 수 있어서 연구자가 미처 생각하지 못했던 정보나 문제점을 발견할 수 있다. 따라서 탐색조사 시 유용하게 이용될 수 있다. 하지만 응답자 입장에서는 부담을 느껴 응답하지 않을 가능성이 높고, 다양한 응답을 분류하여 코딩할 때는 몇 개의 항목으로 분류하기 어려워 분석에서 제외되는 경우도 발생한다.

2) 양자택일형

양자택일형은 진술문에 응답자가 동의하는지 아닌지 또는 옳은지 그른지를 ○, ×로 응답하게 하는 문항형태다.

• 평생교육사의 직무에 교수업무가 포함되어 있다. (   )

한편, 이와 같이 형태의 변형으로 나타나는 것이 예/아니오 혹은 찬성/반대의 형태로 응답하는 문항형태다.

• 귀하는 전국평생학습축제에 참석하신 적이 있습니까?
예 ______ 아니요 ______

이와 같은 양자택일형 문항의 경우, 문항제작이 비교적 용이하고 대답하기도 쉽다. 또한 주어진 시간 안에 다수의 문항으로 많은 내용을 측정할 수 있다. 그러나 옳다/그르다 혹은 예/아니요로 표현해야 하므로 문항의 답을 알지 못하거나 중립적인 입장에 있을 경우 응답하기 곤란하다는 단점도 있다.

3) 다지선다형

다지선다형은 응답자가 응답할 수 있는 응답의 내용을 몇 가지로 제시하고 그중에서 선택하도록 하는 문항이다.

• 귀하의 최종 학력은 무엇입니까? (　　)

① 초등학교 졸업 이하　　② 중학교 졸업
③ 고등학교 졸업　　④ 전문대학(2년제) 졸업
⑤ 대학교(4년제) 졸업　　⑥ 대학원 졸업

• 귀하가 평생교육에 참여하는 이유는 무엇입니까? (　　)

① 학력을 높이기 위해　　② 직업능력을 높이기 위해
③ 일상생활에 도움을 얻기 위해　　④ 사람 사귀는 것이 좋아서
⑤ 배우는 것이 좋아서　　⑥ 기타 (　　)

위와 같이 다지선다형은 연구자가 가능한 응답들을 최대한 고려하여 이 응답들을 대표할 수 있는 몇 가지를 응답자에게 제시해 주고, 이 중 하나 또는 그 이상을 선택하게 하는 방법이다.

4) 평정척도형

평정척도형은 주로 응답자 의견의 강도를 표시하도록 하는 것으로, 3점 척도, 5점 척도, 7점 척도 등이 주로 사용된다.

• 귀하는 부산광역시 평생학습도시가 학습도시 사업을 잘 수행하고 있다고 생각하십니까?

① 매우 그렇다 ________　　② 그렇다 ________
③ 보통이다 ________　　④ 아니다 ________
⑤ 전혀 아니다 ________

이와 같은 문항형태의 경우 제작하기 쉽다는 장점은 있으나, 정확한 답을 모를 경우 중간 답에 응답할 확률이 높아 신뢰성이 떨어질 수 있다. 이와 같은 문제점을 보완하기 위해 '보통이다'라는 응답문항을 삭제하고 4점 또는 6점 척도의 형태로 제시하기도 한다.

6. 개별 항목의 작성

필요한 질문과 항목별 응답형태가 결정되었다 하더라도 이를 구체적으로 어떻게 표현하느냐가 중요하다. 같은 내용의 정보를 얻기 위한 질문에서도 단어의 선정이나 사소한 의미의 변화로 인해 응답의 결과가 달라지기 때문이다. 그러므로 자료를 제대로 얻기 위해서는 적절한 질문을 작성해야 한다. 다음은 개별 항목을 작성함에 있어 고려해야 할 사항을 서술한

❖ 개별 항목 작성 시 고려사항

- 가능한 한 쉽고 의미가 명확하게 구분되는 단어를 이용함
- 다지선다형 질문에서는 가능한 응답을 모두 제시해 주어야 함
- 문항을 가급적이면 짧게 제작함
- 단어들의 뜻을 명확히 설명해야 함
- 유도질문을 피함
- 부정문으로 진술하는 것을 지양함
- 응답항목들 간의 내용이 중복되어서는 안 됨
- 하나의 질문에 두 가지 내용이 포함되어서는 안 됨
- 연구자 임의로 응답자에 대한 가정을 해서는 안 됨
- 응답자에게 지나치게 자세한 응답을 요구해서는 안 됨
- 응답자가 대답하기 곤란한 질문에 대해서는 직접적인 질문을 피하도록 함
- '그리고' '와' '과'의 사용에 주의함
- 대체안이 포함되어 있는 경우와 그렇지 않은 경우 응답결과가 달라질 수 있음을 고려해야 함
- 중요한 가정이 포함되어 있는 질문에 주의해야 함

것이다(김범종, 2005; 채서일, 1999; 최성재, 2005; 홍성열, 2001).

1) 가능한 한 쉽고 의미가 명확하게 구분되는 단어를 이용한다

연구자가 자신의 생활 속에서 흔히 접하는 단어라고 해서 모든 응답자들이 일상적으로 알고 있을 것이라는 생각을 버려야 한다. 연구자 대부분은 학교나 연구기관에 종사하는 사람들로서, 이들은 오랫동안 비슷한 부류의 사람들로 구성된 집단에서 생활하여 특정 단어에 대해 상식적으로 알고 있지만 일반 응답자는 그렇지 않다. 예를 들어, '오이디푸스 콤플렉스'라는 단어를 교육학 전공자들은 잘 알고 있지만, 이 단어를 설문지에 이용하여 일반인들을 상대로 조사를 실시한다면 제대로 응답할 수 있는 사람은 많지 않을 것이다.

또한 응답에 쓰인 항목의 척도가 형용사로 쓰일 경우, 이에 대한 응답이 달라질 수 있다. 예를 들어, "당신은 평생교육에 대해 얼마나 알고 계십니까?"라는 질문에 대한 항목으로 '전혀 모른다' '거의 모른다' '잘 모른다', '보통' '조금 안다' '상당히 안다' '매우 잘 안다' 등을 제시했을 때 '매우' '거의' '상당히' '잘' 등의 형용사 간에 명확한 개념 구분이 어려워 각자의 느낌에 따라 선택항목이 달라질 수 있다. 그러므로 연구자들은 이러한 오류를 막기 위해 가능한 한 구체적인 단어를 이용해야 하며, 응답자에게 익숙한 단어들을 사용해야 한다.

2) 다지선다형 질문에서는 가능한 응답을 모두 제시해 주어야 한다

다지선다형 질문은 연구자가 제시한 응답 속에서 선택하도록 제작된 문항이므로 응답자가 원하는 답이 없을 경우 응답자의 의견을 정확하게 반영할 수 없게 된다. 그러므로 다지선다형 답지에는 응답자들이 생각할 수 있는 응답을 최대한 제시해 주어 응답자가 갖고 있는 의견이 정확히 반영될 수 있도록 해야 한다. 이에 기타 항목을 추가하여 연구자가 미처 생각하지 못한 사항을 응답할 수 있도록 하는 것이 필요하다.

3) 문항을 가급적이면 짧게 제작한다

연구자는 질문을 분명하게 제시하고 연구주제와의 연관성을 강조하기 위해 가끔 길고 복잡한 문항을 만들기도 한다. 하지만 응답자는 질문을 이해하기 위해 문항의 의미를 깊이 따지려 하지 않기 때문에, 응답자가 집중하지 않고 빨리 읽어 갈 경우에는 문항에 대한 이해도가 떨어질 수 있다. 따라서 응답자들이 문항을 빨리 읽고 취지를 쉽게 이해할 수 있도록 가급적이면 문항을 분명하고 짧게 만들어야 한다.

4) 단어들의 뜻을 명확히 설명해야 한다

하나의 단어가 여러 가지 의미로 해석될 경우 응답자들이 혼란을 일으킬 수 있으므로 단어의 구체적인 뜻을 설명해 주어야 한다. 예를 들어, "귀하의 소득은 얼마나 됩니까?" 라는 질문을 했을 경우, 소득의 종류는 아주 다양하기 때문에 응답자별로 다르게 해석하여 응답할 수 있다. 즉 연간 소득을 질문한 것인지 혹은 월간 소득만을 질문한 것인지 또는 본인의 소득만을 의미한 것인지, 가족의 다른 소득까지도 포함시켜야 하는지 등에 따라 다르게 응답할 수 있을 것이다. 그러므로 이러한 혼동을 막기 위해 소득의 종류를 명확히 지정해 주어야 한다.

5) 유도질문을 피한다

유도질문은 조사자가 어떤 응답을 기대하는 것처럼 느끼도록 구성한 질문을 말한다. 유도질문의 경우, 연구자가 원하는 응답을 하도록 유도함으로써 대답의 오류가 발생할 수 있고, 특정한 응답이 나올 가능성을 인위적으로 높이는 결과를 초래한다. 이러한 오류를 최소화하기 위해서는 가장 중립적인 위치에서 질문이 이루어져야 한다.

- 수정 전: 대다수의 국민들은 사교육비를 낮추어야 한다고 주장하고 있습니다. 귀하는 우리나라 사교육비를 낮추어야 한다는 생각에 찬성하십니까?
- 수정 후: 귀하는 우리나라의 사교육비를 낮추어야 한다는 것을 찬성하십니까? 아니면 반대하십니까?

위의 예에서 제시된 수정 전의 질문은 서두에 사교육비를 낮추자는 연구자의 주장을 제시함으로써 사교육비를 낮추는 것에 찬성하도록 유도하는 것이다. 이런 경우 수정 후와 같이 "귀하는 우리나라의 사교육비를 낮추어야 한다는 것을 찬성하십니까? 아니면 반대하십니까?" 라는 식으로 중립적으로 물어야 할 것이다.

6) 부정문으로 진술하는 것을 지양한다.

부정문으로 진술할 경우 자칫 해석을 잘못할 가능성이 많아진다.

- 수정 전: 정부는 기초생활보장 수급자에게 사교육비에 필요한 비용을 지불해서는 안 된다.(찬성/반대)
- 수정 후: 정부는 기초생활보장 수급자에게 사교육비에 필요한 비용을 지불해야 한다.(찬성/반대)
  기초생활보장 수급자의 사교육비에 필요한 비용은 민간차원에서 충당되어야 한다.(찬성/반대)

예를 들어, "정부는 기초생활보장 수급자에게 사교육비에 필요한 비용을 지불해서는 안 된다."라는 진술에 찬성과 반대를 표시하도록 한 문항의 경우, 어떤 응답자는 '안 된다'의 표현을 염두에 두고 찬성하는 응답을 하게 될 것이지만, 다른 응답자는 '안 된다' 라는 문구를 간과하고 응답할 수도 있다. 이 진술은 "정부는 기초생활보장 수급자에게 사교육비에 필요한 비용을 지불해야 한다." 또는 "기초생활보장 수급자의 사교육비에 필요한 비용은 민간차원에서 충당되어야 한다."와 같이 긍정문 형태로 바꾸는 것이 바람직하다.

7) 응답항목들 간의 내용이 중복되어서는 안 된다

각 응답항목들이 상호 배타적이어야 한다는 것을 의미한다. 즉 한 응답자가 반드시 하나의 항목만을 선택할 수 있도록 항목을 구성해야 함을 말한다. 한 가지 생각을 갖고 있는 응답자가 두 가지 응답을 같은 내용으로 이해하여 이를 모두 선택하도록 제작해서는 안 된다.

• 수정 전: 귀하께서는 매월 받는 월급을 주로 어떤 용도에 사용하고 있습니까? (　)

① 생활비　② 교육비　③ 의료비
④ 통신비　⑤ 부채청산　⑥ 기타(　)

• 수정 후: 귀하께서는 매월 받는 월급을 주로 어떤 용도에 사용하고 있습니까? (　)

① 식비　② 교육비　③ 의료비
④ 통신비　⑤ 부채청산　⑥ 기타(　)

위의 수정 전 질문에 따른 선택항목 중 교육비, 의료비, 통신비 등은 생활비에 포함될 수 있다. 이러한 항목은 응답자에게 혼동을 줄 수 있으므로 수정 후와 같이 응답의 항목을 명확히 구분하여 제시하도록 해야 한다.

8) 하나의 질문에 두 가지 내용이 포함되어서는 안 된다

하나의 문항에 두 가지 이상의 내용이 들어 있으면 어느 것에 초점을 맞추어 응답을 해야 할지 판단하기가 어렵다. 이는 응답자의 판단에 따라 달리 해석되어 응답의 오류를 초래하므로, 하나의 문항에는 하나의 질문만이 포함되도록 여러 개의 문항으로 분리하여 제시하는 것이 바람직하다.

- 수정 전: 귀하께서는 현재 수강하고 있는 강좌의 강의료와 수업환경에 대해 만족하십니까?
- 수정 후: 귀하는 현재 수강하고 있는 강좌의 강의료 수준에 대해 만족하십니까?
  귀하는 현재 수강하고 있는 강좌의 수업환경에 대해 만족하십니까?

위에서 제시한 수정 전의 질문은 강의료와 수업환경 모두에 만족감을 느끼고 있는 응답자에게는 아무런 불편함이 없으나, 강의료에 대해서는 불만족을, 수업환경에 대해서는 만족감을 느끼고 있는 경우는 어디에 초점을 맞춰 대답을 해야 할지 몰라 대답을 회피할 수 있다. 그러므로 이러한 질문은 수정 후와 같이 두 개의 문항으로 나누어 제시하는 것이 좋다.

9) 연구자 임의로 응답자에 대한 가정을 해서는 안 된다

연구자가 질문을 제시할 때 질문내용 중에 무의식적인 가정을 둠으로써 응답자들을 임의로 분류하거나 그들의 의견을 유도해서는 안 된다. 이런 경우 그 가정에 포함되지 않는 응답자는 답을 할 수 없는 상황이 벌어진다.

예를 들면, "부산지역의 평생교육기관 중에서 특정 기관만을 선호하여 참여하는 주된 이유는 무엇입니까?"라는 질문을 했다고 하자. 이는 연구자가 응답자들이 평생교육기관에 다닐 때 어느 특정 기관을 선호해서 간다는 것을 가정하여 질문한 것이다. 이에 평생교육기관을 방문할 때 여러 곳을 다양하게 방문하는 응답자의 경우에는 이에 대한 응답을 꺼리게 된다. 따라서 연구자는 내포된 가정에 대한 질문을 사전에 분리하여 질문해야 한다.

10) 응답자에게 지나치게 자세한 응답을 요구해서는 안 된다

연구자는 설문조사를 통해 응답자로부터 정확한 자료를 얻기 위해서 구체적으로 질문하는 경우도 있다. 하지만 응답자에게 지나치게 자세한 응답을 요구한다면 그로부터 얻어 낼 수 있는 자료의 정확도에는 한계가 있을 수 있다.

아래의 경우처럼 질문을 구성했을 경우, 이에 대해 정확하게 응답할 수 있는 응답자는 거의 없을 것이다.

- 지난 일 년 동안 귀하가 사용한 가계지출비 중 교육비 및 문화비는 각각 얼마입니까?

교육비:	교양/취미 오락비(	)원,	전문성 개발비(	)원
문화비:	신문/잡지비 (	)원,	전문서적비 (	)원
	영화/연극비 (	)원,	스포츠 오락비(	)원

11) 응답자가 대답하기 곤란한 질문에 대해서는 직접적인 질문을 피하도록 한다

사회적 규범과 관련된 질문의 경우, 응답자들에게 직접 질문을 하면 응답을 거부하거나 자신의 의견을 정확히 나타내지 않을 수 있다. 예를 들어, "귀하께서는 부부싸움 시 아직도 폭력을 사용하십니까?" 로 질문을 했을 경우, 대부분의 응답자들은 '아니요' 라고 대답할 가능성이 높다. 그러므로 자신의 직접적인 문제가 아니라 일반적인 문제로 바꾸어 질문을 하는 것이 좋다.

• 수정 전: 귀하께서는 부부싸움 시 아직도 폭력을 사용하십니까? (　　)

① 예 ________　　　② 아니요 ________

• 수정 후: 남자들이 부부싸움 시 아직도 폭력을 사용하고 있다고 생각하십니까? (　　)

① 예 ________　　　② 아니요 ________

12) '그리고' '와' '과' 의 사용에 주의해야 한다

접속사를 잘못 사용하면 문항의 의미가 달라질 수 있다. 예를 들어, "직업관련 교육과정과 교양과정을 운영하는 평생학습기관 간에는 네트워킹이 형성되어 있습니까?" 라는 질문을 했다고 하자. 이럴 경우 두 가지 의미로 해석할 수 있다. "직업관련 교육과정과 교양과정을 동시에 운영하는 평생학습기관의 네트워킹 형성이 잘 이루어져 있다." 또는 "직업관련 교육과정을 운영하는 평생학습기관과 교양과정을 운영하는 평생학습기관 간에 네트워킹이 잘 형성되어 있다." 로 해석할 수 있다. 따라서 접속사의 사용 시에는 응답자에게 혼동을 주지 않도록 주의 깊게 사용해야 한다.

13) 대체안이 포함된 경우와 그렇지 않은 경우 응답결과가 달라질 수 있음을 고려해야 한다

대체안을 제시하지 않은 경우와 대체안을 제시한 질문에 대한 응답결과에 차이가 생길 수 있으므로 대체안의 포함 여부를 신중하게 고려해야 한다. 예를 들어, "경제불황에 직원을 해고하지 않는 방안을 강구해야 한다고 생각하십니까?" 라고 묻는다면 당연히 강구하는 것이 좋다고 응답할 것이다. 이를 수정 후와 같이 대체안을 포함하여 제시하면 보다 다양한 응답이 나올 수 있다.

- 수정 전: 경제불황에 직원을 해고하지 않는 방안을 강구해야 한다고 생각하십니까?
- 수정 후: 경제불황에 직원을 해고하지 않는 방안을 강구해야 한다고 생각하십니까? 아니면 해고가 불가피하다고 생각하십니까?

14) 중요한 가정이 포함되는 질문에 주의해야 한다

응답에 영향을 미칠 수 있는 결정적인 가정이 예상되는 경우 가정을 고려하여 질문해야 한다. 평생학습의 참여율이 높아질 것이 예상될 때 이를 제시하고 질문할 때와 제시하지 않고 질문할 때에 응답률에 영향을 미칠 수 있으므로, 되도록 가정이 포함되지 않도록 질문 문항을 구성해야 한다.

- 수정 전: 최근 평생학습의 참여율이 높아지는데 귀하는 평생학습 강좌에 참여하실 것입니까?
- 수정 후: 귀하는 평생학습 강좌에 참여하실 것입니까?

7. 질문의 순서 결정

개별적인 질문항목들이 완성된 이후에는 이를 응답자에게 제시하는 순서를 결정해야 한다. 질문의 배치 순서는 응답의 성격에 영향을 줄 뿐만 아니라 자료수집 활동 자체를 좌우할 수도 있다. 따라서 질문의 순서는 다음과 같은 사항을 고려하여 신중히 결정해야 한다.

❖ 질문의 순서 결정 시 고려사항

- 답하기 쉽고 흥미를 유발할 수 있는 질문은 앞부분에 배치함
- 민감한 질문이나 개방형 질문은 뒷부분에 배치함
- 질문을 논리적으로 배열함
- 질문 간의 관계를 고려해야 함
- 일반적인 것은 먼저 묻고 특수한 것을 뒤에 물음
- 응답의 신뢰도를 묻는 질문 문항들은 분리시켜야 함
- 동일한 척도의 문항들은 모아서 배열함
- 문항의 길이와 유형에 따라 변화 있게 배열함

1) 답하기 쉽고 흥미를 유발할 수 있는 질문은 앞부분에 배치한다

이는 응답자에게 설문지에 대한 거부감이 들지 않도록 하기 위함이다. 처음부터 어려운 내용의 질문이나 응답자에게 무관심한 것들이 제시될 경우, 응답을 거부할 가능성이 높아진다. 그러므로 응답자가 자연스럽고 쉽게 응답할 수 있으며, 응답자에게 관심거리가 될 만한 질문을 앞부분에 제시해 줌으로써 쉽게 협조할 수 있도록 해야 한다. 일반적으로 의견이나 믿음에 대한 것보다는 사실에 관한 것, 깊은 생각을 요하지 않는 것 등이 쉽게 응답할 수 있는 문항이다.

2) 민감한 질문이나 개방형 질문은 뒷부분에 배치한다

아주 민감한 질문의 경우 응답자는 이 부분의 응답을 거부하게 될 뿐만 아니라 그로 인해 모든 질문에 응답하길 거부할 수 있다. 또한 개방형 질문의 경우도 마찬가지다. 개방형 질문은 응답하는 데 깊은 생각과 시간이 필요하여 다른 질문에 응답할 시간이 없게 될 뿐만 아니라 이에 대한 질문을 거부하거나 질문 전체를 거부할 가능성도 발생한다. 이런 민감한 질문이나 개방형 질문의 경우 뒤로 배치하게 되면 최소한 모든 질문을 거부하는 것은 막을 수 있다.

3) 질문을 논리적으로 배열한다

질문의 논리적인 배열은 결과에 영향을 미치는 것으로 아주 중요하다. 질문을 논리적으로 배열하지 않을 경우 응답자가 조사의 의도를 잘 파악하지 못하여 제대로 된 응답을 할 수 없게 될 것이기 때문이다. 예를 들어, 응답자의 생활사를 알아보고자 하는 경우, 시간순으로 질문을 하거나 하나의 내용이 끝난 후에 그다음으로 넘어가도록 배열하는 것이 적절하다.

4) 질문 간의 관계를 고려해야 한다

앞의 질문이 다음 질문에 어떠한 연상작용을 일으켜 응답에 영향을 미칠 수 있는 경우는 질문들 사이의 간격을 멀리 떨어뜨려 배치하는 것이 바람직하다.

5) 일반적인 것은 먼저 묻고 특수한 것을 뒤에 묻는다

일반적인 것을 먼저 질문하여 알고자 하는 내용의 전체적인 윤곽을 설정한 후에 보다 세부적인 사항을 질문하는 것이 좋다. 예를 들어, 면접법을 실시할 때 지속적으로 알고 있어야 할 필요가 있는 사항에 대해서 먼저 질문하고, 이에 대한 정보를 바탕으로 다른 질문을 계속하게 되는 것과 같은 원리다.

6) 응답의 신뢰도를 묻는 문항들은 분리시켜야 한다

응답의 신뢰도를 묻는 데 많이 사용되는 한 쌍의 질문(동일한 내용의 긍정적 질문과 부정적 질문)은 분리하여 배치시켜 응답자로 하여금 알아차리지 못하도록 해야 한다.

7) 동일한 척도의 문항은 모아서 배열한다

동일한 척도의 문항을 모아서 배열하면 척도에 대한 설명을 한 번으로 끝낼 수 있다는 장점이 있다. 그러나 동일한 척도항목들을 한군데 모아 놓을 경우, 응답자가 척도에 익숙해져 각 질문 문항이 측정하고자 하는 바를 미리 추측하고 이에 맞추어 응답할 수도 있으므로 주의해야 한다(김병진, 2005; Bailey, 1982).

8) 문항의 길이와 유형에 따라 변화 있게 배열한다

문항들을 질문양식, 답변양식, 질문의 길이, 개방형 질문 또는 폐쇄형 질문 등에 의거하여 변화 있게 배열함으로써 응답자가 질문지에 흥미를 갖도록 할 수 있다. 그러나 이렇게 함으로써 질문지가 어려워질 수도 있으므로 주의해야 한다(김병진, 2005; Bailey, 1982).

8. 설문지의 외형 결정

설문지의 내용뿐만 아니라 외형적인 측면도 중요하다. 이는 설문지의 외관적인 인상에 따라 응답자의 협조나 조사의 진행에 많은 차이가 발생하기 때문이다. 그러므로 설문지를 완성할 때에는 외형적인 측면도 중요하게 고려해야 한다. 이에 채서일(1999)은 설문지의 외형을 결정할 때 세 가지 측면의 고려사항을 제시하였다.

❖ 질문 외형 결정 시 고려사항

- 응답자의 자발적인 협조를 이끌어 낼 수 있도록 설문지의 형태를 결정함
- 설문지의 관리를 쉽게 할 수 있도록 외형을 결정함
- 글자 크기 및 글씨체를 고려함

첫째, 응답자들이 설문지를 중요한 것으로 인지하여 자발적으로 협조할 수 있도록 설문지의 형태를 결정해야 한다. 이를 위해 연구를 실시하는 기관의 이름과 연구의 취지를 첫 장에서 밝히도록 한다. 또한 응답자들이 중요성을 느낄 수 있도록 설문지의 종이 질과 인쇄에도 신경을 써야 한다.

둘째, 설문지의 관리를 쉽게 할 수 있도록 외형을 결정해야 한다. 그러기 위해서는 우선적으로 설문지의 분량을 결정해야 한다. 보통 설문지의 분량이 적을수록 응답자에게 설문 작성이 쉬울 것이라는 인상을 주게 되므로 응답자가 설문에 적극적으로 협조하는 경향이 있다. 그러나 의도적으로 분량을 적게 설정하는 경우 문항이 너무 빽빽하게 놓이게 되어 외관상 보기가 좋지 않을 수 있으므로 조심해야 하며, 분량이 많으면 사전 양해를 구하고 시작해야 한다.

셋째, 설문지의 글자 크기 및 글씨체를 고려해야 한다. 응답대상자를 고려하여 글자 크기를 결정해야 하는데 보통 나이 어린 대상이나 성인일 경

우 글자 크기를 크게 하는 것이 좋다. 한편, 설문지에 너무 다양한 글씨체를 제시하는 것은 복잡한 느낌을 주어 오히려 역효과를 내기 쉬우므로, 깔끔하며 전체적으로 읽기 편한 느낌의 글씨체를 선택해서 설문지를 작성해야 한다.

9. 설문지의 예비조사

설문지의 초안이 완성되면 오류를 없애기 위해서 응답자들을 대상으로 예비조사를 실시해야 한다. 예비조사는 설문지의 내용에 문제가 없는지, 응답자가 질문의 내용을 제대로 이해하고 있는지 등을 확인할 수 있으며, 본조사에서 예상치 못한 문제점을 예방할 수 있다는 점에서 매우 중요한 과정이다.

이를 위해 예비조사를 실시할 때는 모집단과 유사하다고 판단되는 소집단을 대상으로 설문조사를 실시하고, 이러한 검사의 결과로 얻어지는 정보를 토대로 설문 문항을 수정·보완해야 한다.

구체적으로 예비조사를 통해 연구자가 검토해야 할 사항은 다음과 같다(한승준, 2006).

첫째, 질문의 내용이 모순되지 않고, 일관성을 가져야 한다.

둘째, 질문에 대한 답변이 일방적으로 한쪽에 치우쳐 있을 경우 수정하거나 제외한다.

셋째, '모름' '무응답' 혹은 '기타' 에 대한 답변이 많은 경우에는 질문의 내용을 수정한다.

넷째, 면접시간, 각 항목별로 소요되는 시간, 조사상의 어려움 등에 대한 정보를 얻는다.

10. 설문지의 완성

이러한 모든 단계를 거친 후 완전한 형태를 갖춘 설문지가 완성된다. 그러면 설문지를 인쇄 또는 복사함으로써 설문지의 제작과정이 끝나는 것이다.

주요 용어 및 단어

설문지의 구성요소	우편조사법	전화조사법
인터넷 조사법	대인면접법	서답형
선택형	자유응답형	양자택일형
다지선다형	평정척도형	예비조사

P·A·R·T 3

자료의 분석절차

제 8 장 양적자료 분석법
제 9 장 질적자료 분석법
제10장 측정 및 척도
제11장 타당도
제12장 신뢰도
제13장 표본추출 방법

제 8 장 양적자료 분석법

학습목표

1. 양적자료 및 질적자료의 분석과정을 설명한다.
2. 양적자료를 검토하고 직접 코딩하는 방법을 설명한다.
3. 기술통계를 실시하고 결과를 해석한다.
4. χ^2 검정을 실시하고 결과를 해석한다.
5. Z 검정의 유형에 따른 특성을 설명한다.
6. t 검정을 실시하고 결과를 해석한다.
7. F 검정을 실시하고 결과를 해석한다.
8. 상관분석을 실시하고 결과를 해석한다.
9. 회귀분석을 실시하고 결과를 해석한다.

제1절 자료분석의 이해

1. 자료분석의 의의

자료분석은 연구과정에서 세운 가설, 명제, 이론을 실제로 증명하는 단계다. 그러나 모든 가설이 사실이거나 그렇지 않음을 완벽하게 입증하거나 반증할 수는 없다. 아무리 폭넓은 조사연구라 할지라도 모든 정보를 수집하여 분석하는 것이 현실적으로 불가능하기 때문이다.

경험적 조사의 주요 기능은 통찰력과 창의성을 가지고 이론적 설명에 대한 타당성을 높이는 것이므로, 조사연구에서 자료분석은 모든 과학적 활동의 중심이 된다. 따라서 이를 통하여 기존 이론을 시험하고 발전시키며 새로운 이론을 형성하게 된다는 데 그 의의가 있다(이원욱, 1999).

2. 자료분석 과정

사회조사는 연구방법에 따라 크게 양적인 조사와 질적인 조사로 나눌 수 있다. 양적조사는 다양한 측정도구를 활용하여 객관적인 방법과 절차를 통해 구조화된 양적자료를 수집하며 기술통계 혹은 추리통계 분석방법을 활용한다. 반면, 질적조사는 연구자가 중요한 연구도구가 되며, 연구의 절차나 방법이 연구자의 주관에 의해 결정되므로, 주로 비구조화된 질적자료를 수집하고 이에 따라 내용분석을 포함한 질적분석 또는 간단한 기술통계 분석방법을 사용한다(성태제, 시기자, 2006).

양적조사 및 질적조사의 자료를 분석하는 절차는 다음과 같다.

❖ 분석절차

- 양적자료 분석과정: 편집 → 부호화 → 입력 → 분석
- 질적자료 분석과정: 분석하기 → 패턴찾기 → 전략결합 → 해석과 통합

또한 이를 좀 더 구체적으로 설명하면 아래의 [그림 8-1]과 같다.

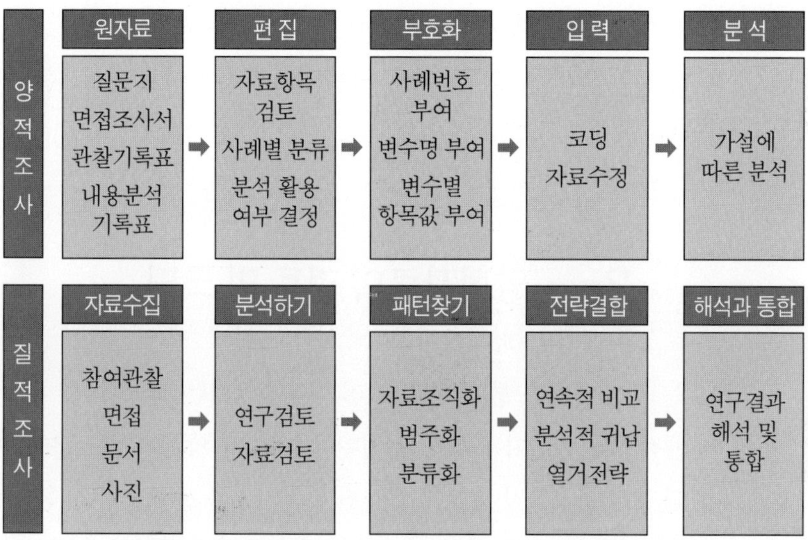

[그림 8-1] 자료분석 과정(김윤옥 외, 2001; 최성재, 2005)

먼저 양적조사 분석과정을 살펴보면, 질문지, 면접조사서, 관찰기록표, 내용분석 기록표 등의 도구로 양적자료를 수집하며, 수집된 자료항목을 검토하여 사례별로 분류하고 이를 분석에 활용할지에 대해 결정한다. 그런 후 분석에 활용할 자료를 부호화하는데, 사례번호, 변수명, 변수별 항목값을 차례대로 부여한다. 이러한 작업을 마쳤다면 PC 파일에 자료를 입력하는 코딩을 하고, 자료가 제대로 입력이 되었는지 확인하는 작업을 통해 자료를 수정하여 마지막으로 조사문제의 가설에 따라 분석을 실시한다.

질적연구 방법에서는 자료수집과 동시에 자료분석이 지속적으로 이루어지는데 참여관찰, 면접, 문서, 사진 등을 통해 자료수집이 가능하다. 수집된 자료는 연구의 계획이나 의도에 벗어나지 않았는지에 대한 연구검토 과정과 자료를 정밀하게 읽어 보는 자료검토 작업이 수행되어야 한다. 그 후 패턴을 찾기 위해 자료를 조직화하고 모든 자료를 관련된 영역끼리 범주화시키는 작업을 하며 이를 통해 구체적인 범주에 맞도록 분류화한다. 분류화가 제대로 되었는지를 확인하기 위해 연속적인 비교와 분석적 귀납이 사용되며, 열거전략을 통해 상대적 빈도를 조사함으로써 의미를 더 잘 파악할 수 있도록 한다. 그 후 마지막 단계인 결과를 통합하고 해석하는 작업이 수행된다.

제2절 양적자료의 검토 및 코딩

양적자료는 통계처리를 통해 수치로 결과를 표현하는 데 의미를 두기 때문에, 일반적으로 설문지를 통해 수집된다. 따라서 양적자료를 분석하기 위한 첫 과정은 연구목적에 맞게 수집된 설문자료를 분석할 수 있는 형태로 입력하는 것이다. 이를 위해 먼저 수집된 설문지를 검토하여 분석하기 쉬운 형태로 입력 양식을 정하고, 그 규칙에 따라 입력해야 한다.

1. 자료의 검토

양적자료 분석의 정확성을 높이기 위해서는 통계분석 이전에 각 설문지의 문항에 대한 응답을 검토하는 과정이 필수적으로 요구된다. 수집된 설문지를 검토하다 보면, 판독하기 어려운 응답이나 질문에 관계없이 일률적으로 같은 번호에 표시한 설문지, 하나만 선택하도록 되어 있는 문항에서 여러 개를 선택한 설문지, 한 페이지 이상을 통째로 답하지 않은 설문지 등을 발견할 수 있다. 연구자는 자료의 검토과정을 통해 잘못 표기했거나 불성실하게 응답한 설문지를 어떻게 처리할 것인지 결정해야 한다.

잘못된 응답에 대한 처리방법으로는 재조사하는 방법, 결측값으로 처리하는 방법, 잘못 응답한 응답자의 자료를 모두 제거하는 방법 등이 있다.

1) 재조사

표본의 수가 적고 응답자에 대한 확인이 가능한 경우에는 불확실하게 답한 응답자와 다시 만나 부족한 부분에 대한 응답을 재조사할 수 있다. 그러나 재조사한 자료가 시간의 경과나 자료수집 방법의 변화로 인해 처음 수집한 자료와 일치하지 않을 수도 있다는 점을 염두에 두어야 한다(성태제, 시기자, 2006).

2) 결측값으로 처리

표본의 수가 많고 잘못 응답한 문항의 비율이 적은 경우, 즉 잘못 응답한 자료가 많지 않은 경우에는 해당 문항을 결측값(missing value)으로 처리할 수 있다. 양적연구를 진행하는 연구자는 보편적으로 명확하지 않은 응답을 흔히 결측값으로 처리하는데, 무조건 결측값으로 처리하는 경우에는 연구결과가 왜곡되는 문제가 발생할 수 있다. 따라서 결측값으로 처리하는 방법은 잘못 응답한 비율이 상대적으로 낮은 경우에만 적용하는 것이 바람직하다.

3) 응답자 제거

표본의 수가 많거나 많은 문항에서 잘못된 응답을 한 경우, 또한 연구주제와 관련하여 중요한 문항에 대해 제대로 응답하지 않은 경우에는 해당 응답자의 자료를 모두 제거하는 것이 연구결과의 신뢰성과 타당성을 높일 수 있다. 이때 주의할 점은 제거한 응답자의 특성이 다른 응답자의 특성과 크게 다르지 않다고 판단한 후 제거해야 한다는 것이다. 만일 잘못 응답한 응답자의 특성이 다른 응답자의 특성과 차이가 크다면, 연구자의 주관적인 판단 아래 선택적으로 제거해야 한다. 왜냐하면, 부적절하게 응답했다는 이유로 응답자의 특성과 관계없이 무조건 제거하면, 왜곡된 결과를 가져올 수도 있기 때문이다.

2. 코딩 양식의 설계

수집된 자료의 검토가 끝난 후 분석을 위해 자료를 규칙적으로 컴퓨터에 입력하게 되는데, 이를 코딩(coding)이라고 한다. 코딩을 효과적으로 하기 위해서는 코딩 양식을 미리 정해야 한다.

먼저 분석에 쓰일 각각의 설문지에 일련번호를 부여한다. 이는 모든 코딩이 끝난 후 오류가 있는 문항을 수정할 때 사용하기 위한 것이다. 즉 코딩이 잘못된 문항이 있을 때 해당 설문지를 찾아 확인해야 하는데, 이때 일련번호를 통해 해당 설문지를 찾아 수정할 수 있다.

문항별 특징에 따라 부여할 변수값을 결정한다. [그림 8-2]와 같이 특정 평생교육 프로그램에 대한 요구조사 설문지를 통해 수강생들의 요구를 조사하였다고 가정해 보자. 해당 설문지를 구성하고 있는 각 문항 중 1번과 같은 범주형 문항은 남자는 1, 여자는 2와 같은 숫자로 변환할 수 있다. 2번도 마찬가지로 20대는 1, 30대는 2, 40대는 3, 50대는 4, 60대 이상은 5로 변수값을 지정한다. 3번 문항의 경우, 매우 불만은 1, 불만은 2, 보통은 3, 만족은 4, 매우 만족은 5로 지정한다. 4번은 한 문항에서 두 가지 이상의 항목을 선택하도록 하는 다중응답문항으로서, 한 가지 항목만을 선택하는 문항과 자료를 입력하는 방식이 약간 다르다. 4번과 같은 다중응답문항의 경우 각 항목(답지) 하나하나를 개별 변수로 취급하여, 해당 항목을 선택했을 때는 1, 선택하지 않았을 때는 0으로 값을 입력해야 한다.

1. 성별

____ ① 남 ____ ② 여

2. 연령

____ ① 20대 ____ ② 30대 ____ ③ 40대 ____ ④ 50대 ____ ⑤ 60대 이상

3. 프로그램 만족도

만족도	매우 불만	불만	보통	만족	매우 만족
① 강사					
② 교육내용					
③ 교육방법					
④ 교육시설					

4. 프로그램 개선사항(다중응답 가능)

____ ① 미디어교육 프로그램의 개발 보급

____ ② 전통문화교육 프로그램의 개발 보급

____ ③ 시민문화예술교육 프로그램의 개발 보급

____ ④ 지역학 프로그램의 개발 보급

____ ⑤ 사이버 평생학습 활성화

____ ⑥ 중소기업 평생학습 활성화

____ ⑦ 소외계층(노인, 장애인, 비문해자) 프로그램 활성화

____ ⑧ 기타 (   )

[그림 8-2] 평생교육 프로그램 요구조사 설문지의 예

이와 같은 사항들을 고려하여 〈표 8-1〉과 같이 코딩 양식을 설정할 수 있다.

〈표 8-1〉 코딩 양식의 예

변수명	위치	칸 수	변수값
일련번호	1~3	3	
성별	5	1	1: 남자, 2: 여자
연령	6	1	1: 20대, 2: 30대, 3: 40대, 4: 50대, 5: 60대 이상
만족도	8~11	각 1칸	1: 매우 불만, 2: 불만, 3: 보통, 4: 만족, 5: 매우 만족
개선사항	13~20	각 1칸	0: 선택 안 함, 1: 선택함

3. 자료의 코딩

코딩 양식이 정해지면 양식에 따라 각 설문지를 코딩해야 한다. 코딩은 Excel, SPSS, SAS와 같은 통계 프로그램에 직접 입력하는 방식과, 메모장이나 워드패드 같은 편집기에 입력하여 이를 통계 프로그램에서 불러들이는 방식이 있다([그림 8-3], [그림 8-4] 참조). 일반적으로 편집기에 입력하여 통계 프로그램에서 불러들이는 방식을 사용하지만, 사례수가 적거나 한글을 포함하고 있는 자료일 경우 통계 프로그램을 이용하여 입력하는 것이 편리하다. 편집기에 입력하는 방식을 사용할 때는 코딩 자료의 저장 시 텍

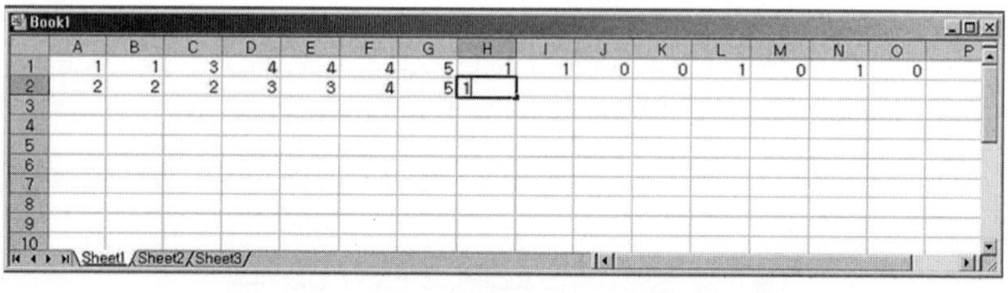

	A	B	C	D	E	F	G	H	I	J	K	L	M	N	O	P
1	1	1	3	4	4	4	5	1	1	0	0	1	0	1	0	
2	2	2	2	3	3	4	5	1								

[그림 8-3] 통계 프로그램에 직접 입력하는 경우

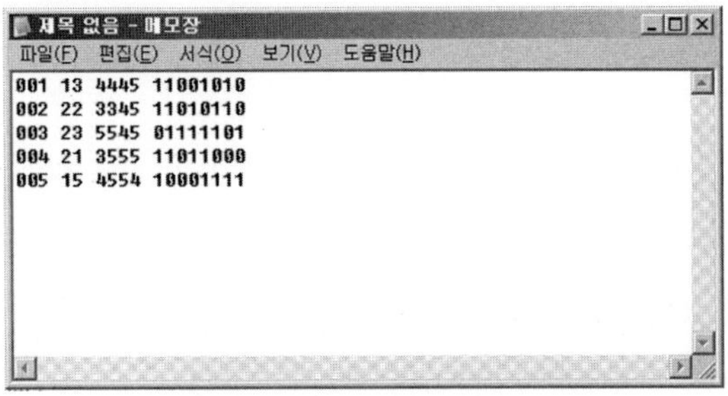

[그림 8-4] 편집기에서 입력하는 경우

스트(*.txt) 형식으로 저장해야 함을 기억해야 한다.

자료의 코딩을 마친 후에는 잘못 입력된 자료가 없는지를 반드시 확인해야 한다. 예를 들어, 위에서 제시한 '평생교육 프로그램 요구조사 설문지'의 1번 문항은 1과 2의 변수값을 가지는데, 잘못 입력하여 3이나 4라는 값이 입력되어 있을 수 있다. 이와 같은 경우는 빈도분포를 통해 확인할 수 있다. 빈도분포 결과, 1이나 2 이외의 다른 값이 나오면 이를 찾아 수정해야 한다. 이 과정까지 진행되어야 자료의 입력이 완벽하게 이루어졌다고 볼 수 있다. 한편, 빈도분포에 대한 자세한 사항은 다음 3절을 통해 자세히 살펴보기로 한다.

제 3 절 양적자료 분석 및 해석

본 절에서는 양적자료를 분석하는 방법으로 기술통계, 집단비교 및 관계비교를 위한 분석방법을 살펴보고, SPSS 통계 프로그램을 통해 산출된 결과를 보고서에 작성하는 방법과 해석하는 방법을 알아본다.

1. 기술통계 방법

기술통계(descriptive statistics) 방법은 수집된 자료를 이해하기 쉽도록 간결하게 요약 · 정리하여 기술하고자 하는 목적으로 사용되는 통계분석 방법이다. 양적연구에서는 표본의 특성을 제시하기 위해 반드시 수행되어야 하는 기본적인 통계분석 방법이라고 할 수 있다.

기술통계값으로는 여러 가지가 사용되고 있으나 여기서는 논문이나 보고서에서 가장 일반적으로 사용되고 있는 빈도분석, 평균과 표준편차의 개념을 알아보고자 한다.

1) 빈도분포

빈도분포(frequency distribution)는 수집된 자료의 전체적인 분포를 쉽게 파악하기 위해서 측정값을 크기의 순서나 질적 유목에 따라 분류한 다음, 각 측정값에 해당하는 빈도를 나타낸 것을 말한다. 따라서 명명척도의 자료를 수집한 경우에 가장 빈번하게 사용된다. 예를 들어, 성별이나 거주지에 따른 분포, 학력에 따른 분포, 과목 선호도에 따른 분포 등과 같이 폭넓게 사용된다.

[그림 8-5] 자료를 통해 성별(남: 1, 여: 2)에 대한 빈도분포를 산출해 보자. [그림 8-6]과 같이 빈도분포의 산출은 자료를 불러온 후 다음과 같은 절차를 따른다.

❖ 빈도분석 실행과정

• 빈도분석: 분석(A) → 기술통계량(E) → 빈도분석(F)

빈도분석을 실행한 후의 결과는 [그림 8-7]과 같다.

[그림 8-5] 예제 자료

[그림 8-6] 빈도분석 과정

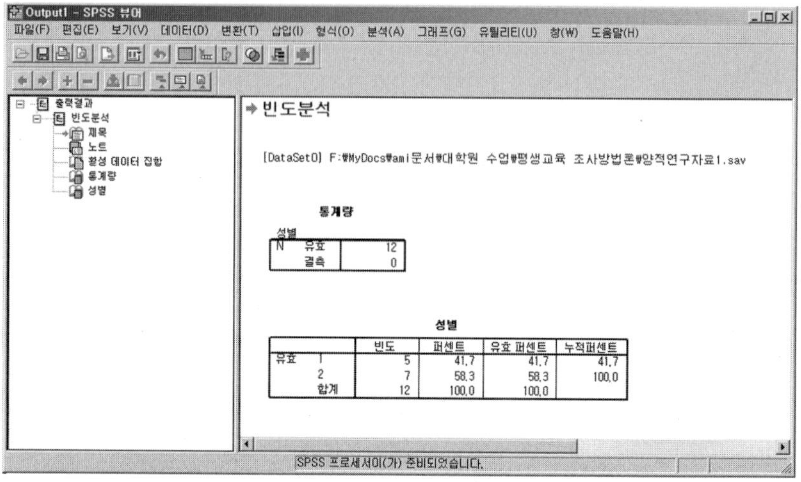

[그림 8-7] 빈도분석 결과

빈도분석의 기술통계는 다른 분석을 하기 위한 준비과정이므로, 실시한 후 결과를 제시할 때는 필요한 부분만 제시하도록 한다. 위의 결과를 논문 또는 보고서 형태에 맞춰 제시하면 아래의 〈표 8-2〉와 같다. 〈표 8-2〉를 살펴보면 조사대상자는 총 12명이며, 남학생이 5명으로 전체의 41.7%를 차지하고 여학생은 7명으로 58.3%를 나타내고 있다고 해석할 수 있다.

〈표 8-2〉 조사대상자의 성별 분포

구 분	남학생	여학생	전 체
사례수(%)	5(41.7)	7(58.3)	12(100)

2) 평균과 표준편차

평균과 표준편차는 수집된 자료의 집중 경향과 흩어진 정도를 쉽게 파악하기 위한 통계방법으로, 비율척도의 자료를 수집한 경우에 사용된다. 먼저 평균($\overline{X}$, mean)은 전체 사례수의 값을 더한 후 총 사례수로 나눈 값을 의미하는 것으로 자료의 집중 경향성을 알 수 있다. 평균은 [그림 8-8]과 같은 공식으로 산출할 수 있다.

$$\overline{X} = \frac{1}{n}(X_1 + X_2 + X_3 + \cdots\cdots + X_n) = \Sigma \frac{X_i}{n}$$

[그림 8-8] 평균 공식

표준편차(standard deviation)는 편차점수들을 제곱하여 모두 더한 값을 그 분포의 사례수나 자유도로 나눈 후 제곱근을 구한 값이다. 여기서 편차점수(deviation score)란 각 점수가 평균으로부터 떨어진 정도를 의미하므로 개별 점수에서 평균을 뺀 것으로 산출할 수 있다. 산출된 표준편차를 통해 자료의 흩어진 정도를 알 수 있고, 값이 작을수록 그 분포는 동질적이며 반대로 값이 클수록 그 분포의 흩어진 정도는 크다고 할 수 있다. 표준편차는 [그림 8-9]와 같은 공식으로 산출할 수 있다.

$$s = \sqrt{\frac{\Sigma (X_i - \overline{X})^2}{n}}$$

[그림 8-9] 표준편차 공식

빈도분포의 예제로 제시하였던 [그림 8-5]의 자료를 통해 국어와 수학 점수의 평균과 표준편차를 산출해 보자. [그림 8-10]과 같이 평균과 표준편차는 자료를 불러온 후 다음의 절차를 통해 실행된다.

❖ 기술통계 실행과정

- 기술통계: 분석(A) → 기술통계량(E) → 기술통계(D)

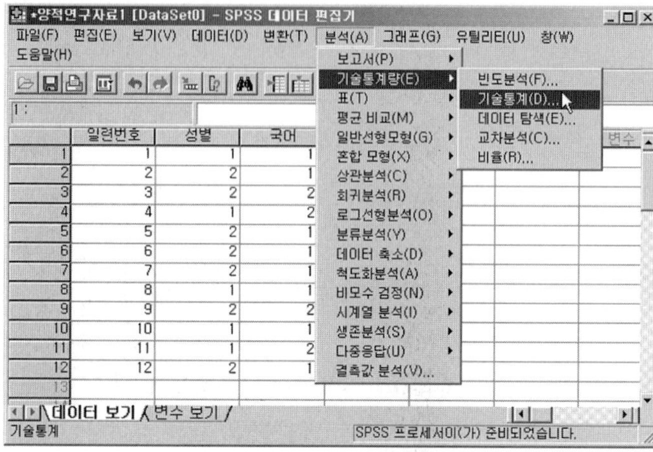

[그림 8-10] 기술통계 과정

기술통계를 실행한 후의 결과는 [그림 8-11]과 같다.

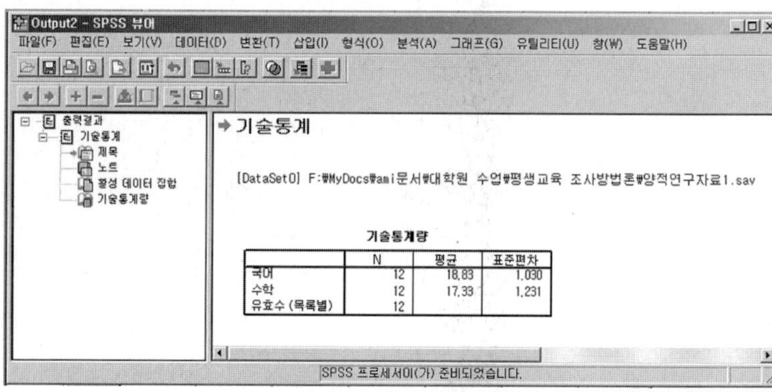

[그림 8-11] 기술통계 결과

기술통계 분석을 통해 산출한 평균과 표준편차 결과를 논문 또는 보고서 형태에 맞춰 제시하면 아래의 〈표 8-3〉과 같다. 표를 보면, 조사대상자의 국어점수 평균(M)은 18.83, 표준편차(SD)는 1.03이며, 수학점수의 평균은 17.33, 표준편차는 1.23으로 나타나, 학생들의 국어점수가 수학점수보다 더 높음을 알 수 있다.

●●● 〈**표 8-3**〉 **조사대상자의 평균과 표준편차**

구분	n	M	SD
국어	12	18.83	1.03
수학	12	17.33	1.23

2. 집단비교를 위한 통계방법

많은 연구들이 집단 간의 비교를 목적으로 한다. 남녀 간에 차이가 있는지, 사전점수와 사후점수 간에 차이가 있는지, 실험집단과 통제집단 간에 차이가 있는지, 교육강사와 수강생 간에 차이가 있는지 등과 같이 집단 간의 비교를 목적으로 하는 연구가 흔히 이루어지고 있다.

집단 간의 비교를 위한 통계방법은 종속변수가 양적변수인지 질적변수인지에 따라 달라진다. 종속변수가 질적변수일 때는 χ^2 검정을 실시하고, 종속변수가 양적변수일 때는 Z 검정, t 검정, F 검정을 실시한다([그림 8-12] 참조).

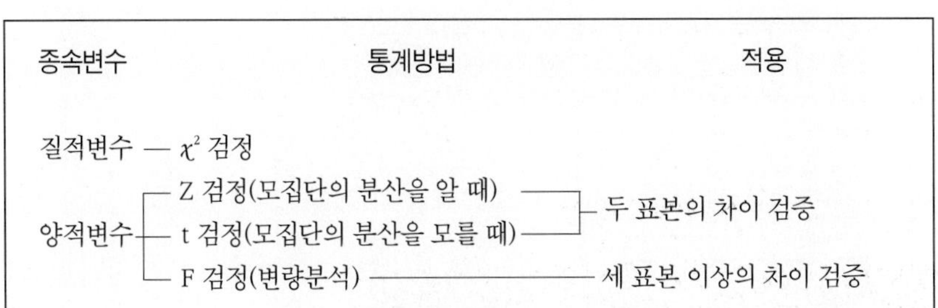

[그림 8-12] 집단비교를 위한 통계방법

1) χ^2 검정

χ^2 검정(χ^2 test)은 비모수통계로 여러 모집단으로부터 각각의 표본을 추

출하여 각 모집단의 속성이 유사한지를 검정하는 데 사용되는 통계방법이다. 예를 들어, 남학생과 여학생 간의 과목 선호도에 차이가 있는지, 학년에 따라 도서관 이용 횟수에 차이가 있는지 등과 같은 연구문제를 해결할 때 사용할 수 있다.

χ^2 검정을 실시하기 위해서는 다음과 같은 조건이 충족되어야 한다.

첫째, 종속변수가 명명변수에 의한 질적변수이거나 최소한 범주변수(categorical variable)이어야 한다. 예를 들면, 성별과 학과, 학년 등을 들 수 있다.

둘째, 각 범주에 포함되어 있는 획득도수(obtained frequency)와 기대도수(expected frequency)가 5보다 작은 칸(cell)이 전체 칸 수의 20% 이하이어야 한다.

셋째, 각 칸에 속한 도수는 각각 독립적이어야 한다.

다음의 예제 파일 '교원정보화 원격연수'를 토대로 χ^2 검정을 실시해 보자. 아래의 [그림 8-13]은 교원정보화 원격연수 자료의 변수에 대한 설명이다. 이 자료에서 성별에 따른 원격연수를 받은 횟수의 차이, 근무학교에 따른 원격연수를 받은 차이, 교육경력에 따른 원격연수를 받은 횟수의 차

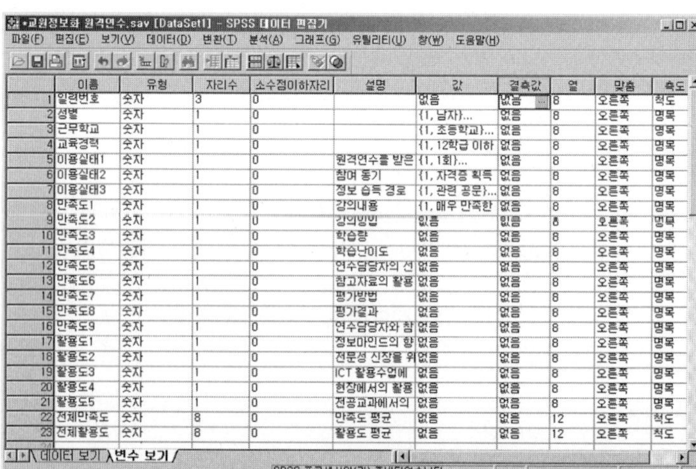

	이름	유형	자리수	소수점이하자리	설명	값	결측값	열	맞춤	측도
1	일련번호	숫자	3	0		없음	없음	8	오른쪽	척도
2	성별	숫자	1	0		{1, 남자}...	없음	8	오른쪽	명목
3	근무학교	숫자	1	0		{1, 초등학교}...	없음	8	오른쪽	명목
4	교육경력	숫자	1	0		{1, 12학급 이하	없음	8	오른쪽	명목
5	이용실태1	숫자	1	0	원격연수를 받은	{1, 1회}...	없음	8	오른쪽	명목
6	이용실태2	숫자	1	0	참여 동기	{1, 자격증 획득	없음	8	오른쪽	명목
7	이용실태3	숫자	1	0	정보 습득 경로	{1, 관련 공문}...	없음	8	오른쪽	명목
8	만족도1	숫자	1	0	강의내용	{1, 매우 만족한	없음	8	오른쪽	명목
9	만족도2	숫자	1	0	강의방법	없음	없음	8	오른쪽	명목
10	만족도3	숫자	1	0	학습량	없음	없음	8	오른쪽	명목
11	만족도4	숫자	1	0	학습난이도	없음	없음	8	오른쪽	명목
12	만족도5	숫자	1	0	연수담당자의 선	없음	없음	8	오른쪽	명목
13	만족도6	숫자	1	0	참고자료의 활용	없음	없음	8	오른쪽	명목
14	만족도7	숫자	1	0	평가방법	없음	없음	8	오른쪽	명목
15	만족도8	숫자	1	0	평가결과	없음	없음	8	오른쪽	명목
16	만족도9	숫자	1	0	연수담당자와 참	없음	없음	8	오른쪽	명목
17	활용도1	숫자	1	0	정보마인드의 향	없음	없음	8	오른쪽	명목
18	활용도2	숫자	1	0	전문성 신장을 위	없음	없음	8	오른쪽	명목
19	활용도3	숫자	1	0	ICT 활용수업에	없음	없음	8	오른쪽	명목
20	활용도4	숫자	1	0	현장에서의 활용	없음	없음	8	오른쪽	명목
21	활용도5	숫자	1	0	전공교과에서의	없음	없음	8	오른쪽	명목
22	전체만족도	숫자	8	0	만족도 평균	없음	없음	12	오른쪽	척도
23	전체활용도	숫자	8	0	활용도 평균	없음	없음	12	오른쪽	척도

[그림 8-13] 교원정보화 원격연수 자료의 변수 보기

이 등을 알아보기 위해 χ^2 검정을 실시할 수 있다.

먼저 성별에 따라 원격연수를 받은 횟수(이용실태 1)에 차이가 있는지를 살펴보자. [그림 8-14]와 같이 χ^2 검정은 데이터를 불러온 후 다음의 과정을 통해 실행된다. 여기서 행에 성별, 열에 원격연수를 받은 횟수를 지정한 다음, 밑의 통계량 대화상자를 열어서 카이제곱 → 계속 → 확인의 과정을 실시한다.

❖ χ^2 검정 실행과정

- χ^2 검정: 분석(A) → 기술통계량(E) → 교차분석(C)

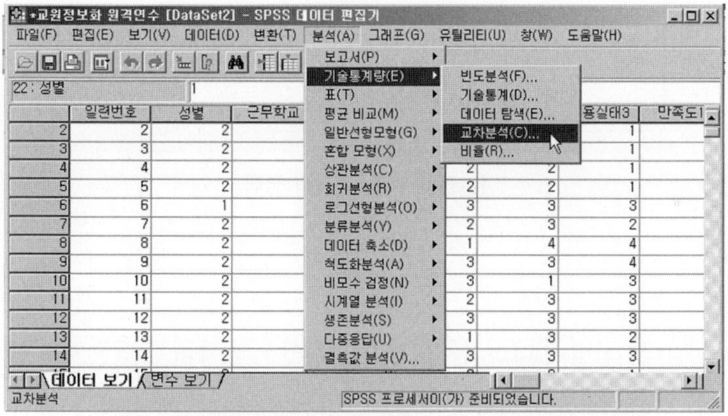

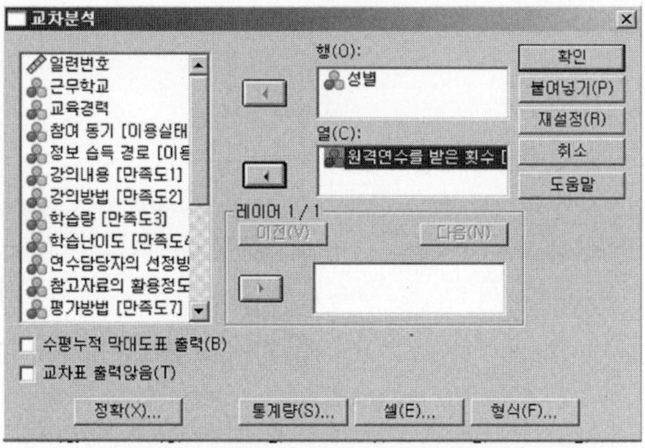

[그림 8-14] χ^2 검정 과정

이상의 과정을 통해 실행된 교차분석 결과는 [그림 8-15]와 같다.

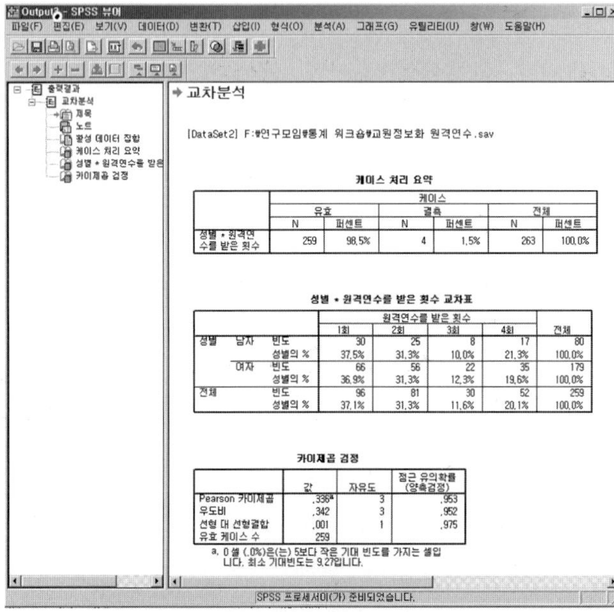

[그림 8-15] χ^2 **검정 결과**

교차분석을 통해 산출한 χ^2 검정 결과를 논문 형태에 맞춰 제시하면 〈표 8-4〉와 같다. 성별에 따라 원격연수 참여 횟수에 차이가 있는지를 알아본 결과, χ^2 값은 0.34, 유의확률은 0.95로 나타나, 성별에 따라 원격연수 참여 횟수에는 차이가 없음을 알 수 있다.

〈표 8-4〉 성별에 따른 원격연수 참여 횟수 비교

단위: 명(%)

변 인		1회	2회	3회	4회 이상	χ^2
성별	남	30(37.5)	25(31.3)	8(10.0)	17(21.3)	0.34
	여	66(36.9)	56(31.3)	22(12.3)	35(19.6)	
전체		96(36.5)	81(30.8)	30(11.4)	52(19.8)	

2) Z 검정

Z 검정(Z test)은 모수통계로 어떤 집단의 특성이 특정 수치와 같은지 혹은 집단 간의 차이가 있는지를 밝히는 통계방법이다. Z 검정을 실시하기 위해서는 다음과 같은 조건이 충족되어야 한다.

❖ Z 검정의 실시조건

- 첫째, 연구의 종속변수가 양적변수이어야 함
- 둘째, 종속변수에 대한 모집단의 분포가 정규분포이어야 함
- 셋째, 모집단의 분산을 알고 있어야 함
- 넷째, 두 집단의 비교일 경우 두 모집단의 분산이 같아야 함

이상의 네 가지 조건 중 세 번째 조건, 즉 모집단의 분산을 아는 경우가 매우 드물기 때문에 실제 연구상황에서 Z 검정을 사용하는 경우는 극히 드물다.

Z 검정은 위의 4가지 조건이 만족될 때 단일표본 Z 검정(one-sample Z test), 두 독립표본 Z 검정(two-independent samples Z test), 두 종속표본 Z 검정(two-dependent samples Z test)을 사용할 수 있다. Z 검정의 종류 및 의미는 다음과 같다.

❖ Z 검정의 종류

- 단일표본 Z 검정: 표본의 평균과 이론적 배경을 통해 얻은 특정 값 비교
- 두 독립표본 Z 검정: 두 독립표본을 토대로 모집단 비교
- 두 종속표본 Z 검정: 두 종속표본을 토대로 모집단 비교

단일표본 Z 검정은 한 모집단의 속성을 알기 위해 추출된 표본의 평균과 연구자가 이론적 또는 경험적 배경에서 얻은 특정 값을 비교하는 통계

적 기법으로서, 어떤 연구자가 부산지역 성인의 생활기초능력이 전국 성인의 생활기초능력 점수와 같은지를 검정하고자 할 때 사용할 수 있다. 물론 이것은 전국 성인의 생활기초능력 점수를 사전에 알고 있을 때 적용 가능하다.

두 독립표본 Z 검정은 알지 못하는 두 집단의 평균을 비교하기 위해 각기 모집단을 대표하도록 추출된 독립적인 두 표본을 가지고 모집단의 유사성을 검정할 때 사용된다. 물론 이때 두 모집단의 분산이 이론적 배경이나 경험적 배경에 의해 같음을 알고 있어야 한다. 예를 들어, 전국 고등학교 남녀 학생의 지능 비교나, 전국 중학교 남녀 학생의 창의력 비교 등을 들 수 있다.

두 종속표본 Z 검정은 알지 못하는 두 집단의 평균을 비교하기 위해 각기 모집단을 대표하도록 추출된 두 표본을 가지고 모집단을 비교하는 통계적 기법으로, 추출된 두 표본이 독립적이지 않을 때 사용된다. 예를 들어, 초등학교 남녀 학생의 키를 비교하는 데 남매를 추출하여 모집단의 속성을 비교할 수 있다. 이때 남자 아동의 표본과 여자 아동의 표본은 상호 독립적이라 말하기 어렵다. 이런 경우에 두 종속표본 Z 검정을 실시한다.

3) t 검정

t 검정(t-test)은 모집단의 분산이나 표준편차를 알지 못할 때 모집단을 대표하는 표본으로부터 추정된 분산이나 표준편차를 가지고 검정하는 방법으로, 실제 사회과학 연구에서 자주 쓰이는 통계방법이다. t 검정을 실시하기 위해 충족되어야 하는 기본가정은 Z 검정의 기본가정과 동일하나, 그중 세 번째 가정이 충족되지 못할 때, 즉 모집단의 분산을 알지 못할 때 적용되는 통계기법이다.

t 검정은 하나의 모집단에서 추출된 하나의 표본에 대하여 검증하는 단일표본 t 검정(one sample t-test), 두 집단 간의 평균의 차이가 통계적으로

유의미한지를 파악하는 두 독립표본 t 검정(independent-samples t-test), 동일한 모집단으로부터 추출된 두 변수의 평균값을 비교 · 분석하는 종속표본 t 검정(대응표본 t 검정, paired samples t-test)이 있다.

SPSS 통계 프로그램을 통해 독립표본 t 검정과 대응표본 t 검정을 연습해 보자.

'교원정보화 원격연수' 파일에서 전체 만족도 값이 성별에 따라 차이가 있는지를 알아보기 위해서는 독립표본 t 검정을 실시해야 한다. 이는 [그림 8-16]과 같이 데이터를 불러온 후 다음의 과정을 거쳐 실행한다. 여기서 검정변수(T)에는 종속변수에 해당되는 전체만족도, 집단변수(G)에는 독립변수에 해당되는 성별을 지정한다.

❖ 독립표본 t 검정 실행과정

- 독립표본 t 검정: 분석(A) → 평균비교(M) → 독립표본 T 검정(T)

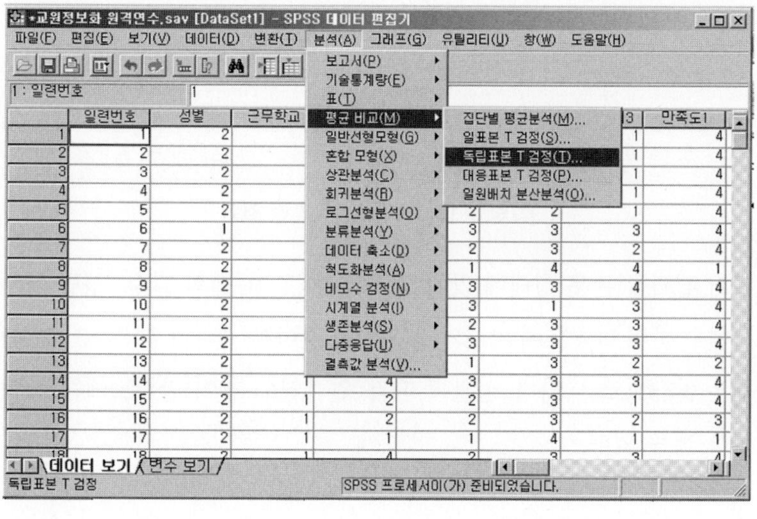

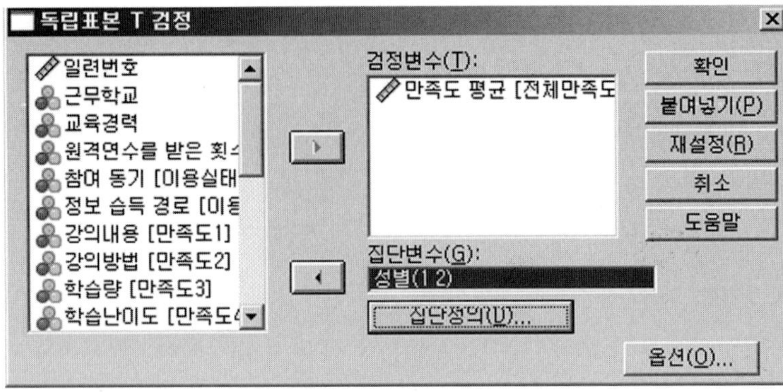

[그림 8-16] 독립표본 t 검정 과정

이러한 과정을 통해 산출된 결과는 [그림 8-17]과 같다.

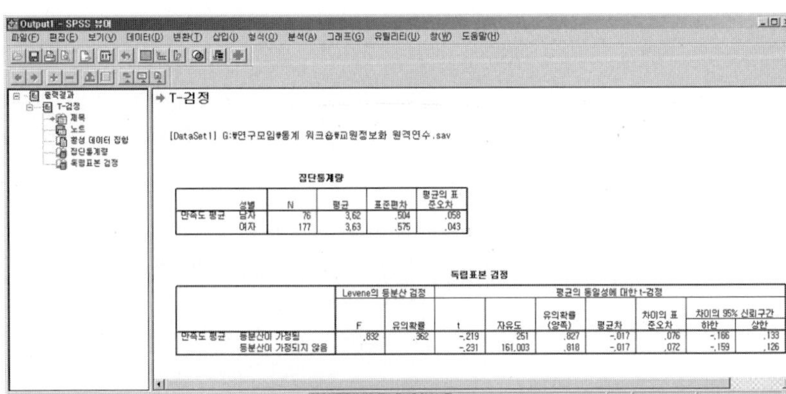

[그림 8-17] 독립표본 t 검정 결과

위의 결과를 논문 형태에 맞춰 제시하면 〈표 8-5〉와 같다. 성별에 따라 원격연수 참여 만족도에 차이가 있는지를 알아본 결과, t 값은 -0.22, 유의확률은 0.83으로 나타나 성별에 따라 원격연수 참여 만족도에는 차이가 없음을 알 수 있다.

●●● 〈표 8-5〉 만족도에 대한 성별 간 평균비교

변 인		n	M	SD	t
성별	남	76	3.62	0.50	−0.22
	여	177	3.63	0.58	

두 번째로 대응표본 t 검정(종속표본 t 검정)은 컴퓨터 교육 프로그램 실시 후 사전 학업성취도와 사후 학업성취도 간에 차이가 있는지를 알아보려는 경우와 같은 상황에서 실시할 수 있다. 먼저 [그림 8-18]과 같이 데이터를 불러온 후 다음의 과정을 통해 실행한다. 여기서 대응변수(V)에 사전점수와 사후점수를 지정한다.

❖ 대응표본 t 검정 실행과정

- 대응표본 t 검정: 분석(A) → 평균비교(M) → 대응표본 T 검정(P)

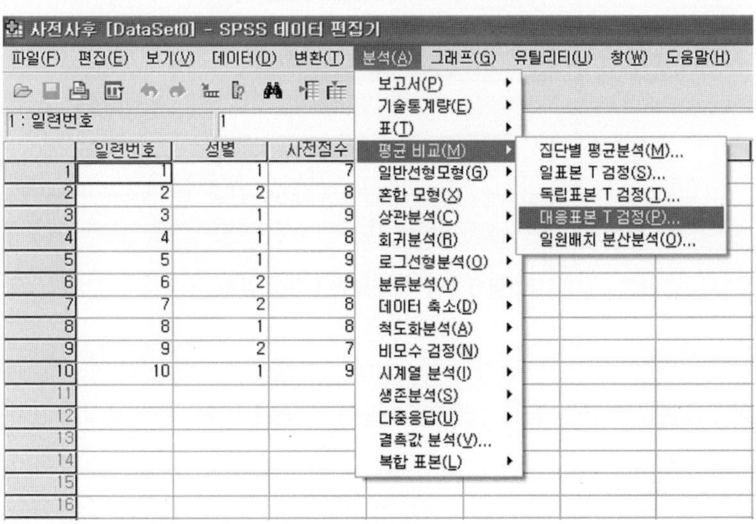

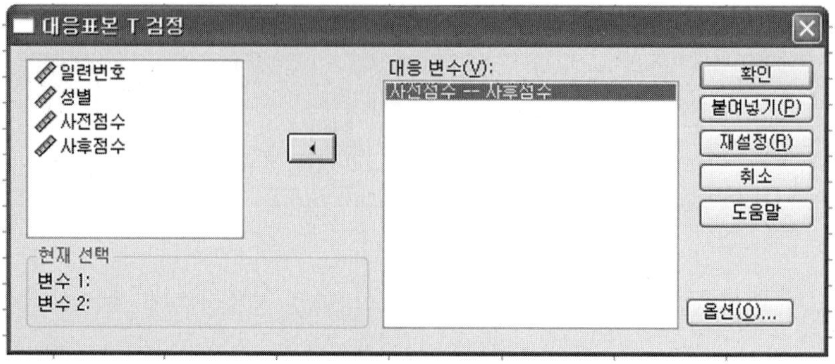

[그림 8-18] 대응표본 t 검정 과정

이 과정을 통해 산출된 결과는 아래의 [그림 8-19]와 같다.

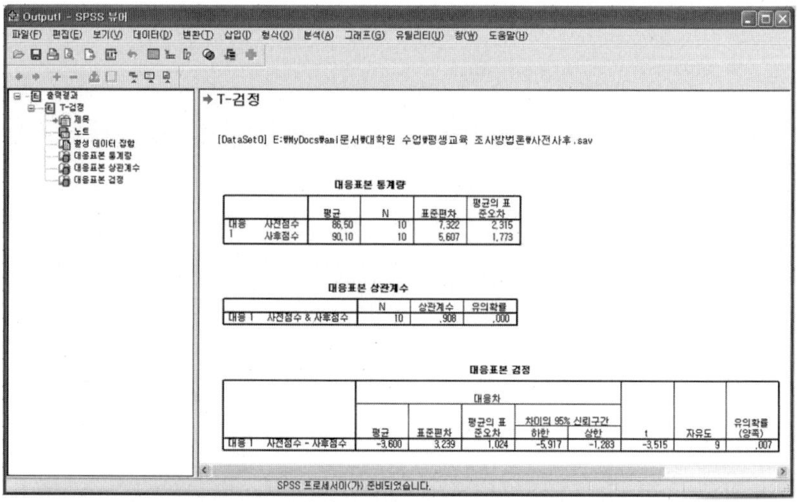

[그림 8-19] 대응표본 t 검정 결과

대응표본 t 검정을 통해 산출한 결과를 논문 형태에 맞춰 제시하면 다음의 〈표 8-6〉과 같다. 사전 학업성취도와 사후 학업성취도 간에 차이가 있는지를 알아본 결과, t 값은 −3.52, 유의확률은 0.007로 나타나 사전 학업성취도와 사후 학업성취도 간에 의미 있는 차이가 있음을 알 수 있다.

●●● 〈표 8-6〉 사전 학업성취도와 사후 학업성취도 간 평균 비교

변 인	n	M	SD	t
사전 학업성취도	10	86.50	7.32	-3.52**
사후 학업성취도	10	90.10	5.61	

** $p < 0.01$

4) F 검정

F 검정(F test)은 세 집단 이상의 모집단을 비교하고자 하는 경우에 이용하는 분석방법으로 분산분석(ANOVA), 일원분산분석(oneway ANOVA) 등으로 불리고 있다. 예를 들어, '성(性)별 집단(남학생반, 여학생반, 혼합반)에 따른 외국어 능력 향상 프로그램의 효과' '평생교육사의 경력(2년 미만, 2~5년 미만, 5~10년 미만, 10년 이상)에 따른 업무 수행 차이' 등과 같은 연구문제를 해결하고자 할 때 적용할 수 있다.

'교원정보화 원격연수' 자료에서 교육경력에 따른 전공교과에서 활용도의 차이를 알아보기 위한 방법으로 F 검정을 실시할 수 있다. F 검정은 먼저 [그림 8-20]과 같이 데이터를 불러온 후 다음의 과정을 거쳐 실행한다. 여기서 종속변수(E)에 전공교과에서의 활용을, 요인분석(F)에 교육경력을 지정한다.

❖ **F 검정 실행과정**

F 검정: 분석(A) → 평균비교(M) → 일원배치 분산분석(O)

[그림 8-20] F 검정 과정

이러한 과정을 통해 산출된 결과는 [그림 8-21]과 같다.

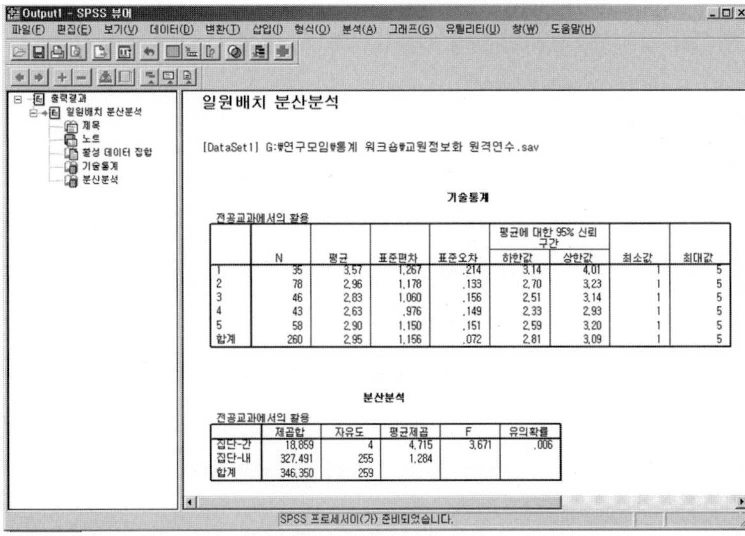

	N	평균	표준편차	표준오차	평균에 대한 95% 신뢰구간 하한값	평균에 대한 95% 신뢰구간 상한값	최소값	최대값
1	35	3.57	1.267	.214	3.14	4.01	1	5
2	78	2.96	1.178	.133	2.70	3.23	1	5
3	46	2.83	1.060	.156	2.51	3.14	1	5
4	43	2.63	.976	.149	2.33	2.93	1	5
5	58	2.90	1.150	.151	2.59	3.20	1	5
합계	260	2.95	1.156	.072	2.81	3.09	1	5

	제곱합	자유도	평균제곱	F	유의확률
집단-간	18.859	4	4.715	3.671	.006
집단-내	327.491	255	1.284		
합계	346.350	259			

[그림 8-21] F 검정 결과

F 검정을 통해 산출된 결과를 논문 형태에 맞춰 제시하면 아래의 〈표 8-7〉과 같다. 교육경력에 따라 전공교과에서의 활용도에 차이가 있는지를 알아본 결과, F 값은 3.67, 유의확률은 0.006으로 나타나 유의수준 0.01 수준에서 통계적으로 유의미한 차이가 있음을 알 수 있다.

〈표 8-7〉 전공교과에서의 활용도에 대한 교육경력 간 분산분석

변 인	제곱합	자유도	평균제곱	F
집단 간	18.86	4	4.72	3.67**
집단 내	327.49	255	1.28	
전체	346.35	259		

** $p < 0.01$

3. 관계분석을 위한 통계방법

1) 상관분석

상관분석(correlation analysis)이란 변수들 간의 관련성을 분석하는 통계방법으로, 하나의 변수가 다른 변수와 어느 정도 밀접한 상관관계를 갖고 있는가를 알아보기 위해 이용된다. 두 변수 간의 상관관계에는 정적상관과 부적상관이 있다. 정적상관은 한 변수값이 증가할 때 다른 변수값도 증가하는 것이며, 부적상관은 한 변수값이 증가할 때 다른 변수값이 감소하는 것이다. 완벽한 정적상관의 관계에 놓여 있을 때 상관계수 r값은 1이며, 완벽한 부적상관에 있을 때 r값은 -1이 된다. 따라서 상관계수 r은 -1부터 1까지의 값을 취할 수 있고, 상관계수의 절대값이 클수록 관련성이 높음을 의미한다.

예를 들어, 'IQ와 학업성취도와의 관계'를 알아보고자 하는 연구주제를 해결하기 위해 상관분석을 실시한다. 만일 IQ와 학업성취도 간의 상관분석 실시 결과, 정적상관의 결과가 나왔다면 IQ가 높은 사람일수록 학업성취도도 높은 경향이 있다고 해석할 수 있을 것이다. 또한 '정부의 평생교육기관에 대한 재정지원과 수강료와의 관계' 연구에서 부적상관이 나왔다고 한다면, 정부의 평생교육기관에 대한 재정지원이 많을수록 수강료는 적어진다는 결과를 얻을 수 있다. 해석 시 주의할 점은 상관분석에서 보여 주는 상관관계는 두 변수 간의 관련성에 대한 설명일 뿐, 원인과 결과를 보여 주는 인과관계와는 다른 개념이라는 점을 기억해야 한다.

'교원정보화 원격연수' 자료의 만족도와 활용도 간에 관련성이 있는지를 알아보고 싶은 경우 상관분석을 실시할 수 있다. [그림 8-22]와 같이 상관분석은 다음의 과정을 거쳐 실행한다.

❖ 상관분석 실행과정

상관분석: 분석(A) → 상관분석(C) → 이변량 상관계수(B)

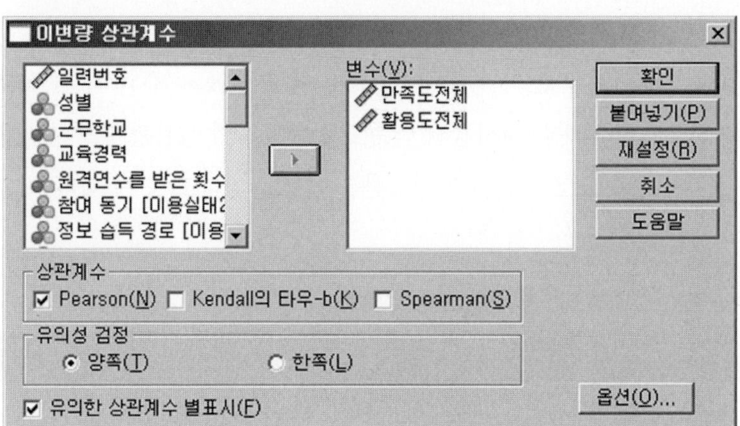

[그림 8-22] 상관분석 과정

이러한 과정을 통해 만족도와 활용도를 선택하여 변수(V)로 이동한 후 상관분석을 실행하면 [그림 8-23]과 같은 결과가 나온다.

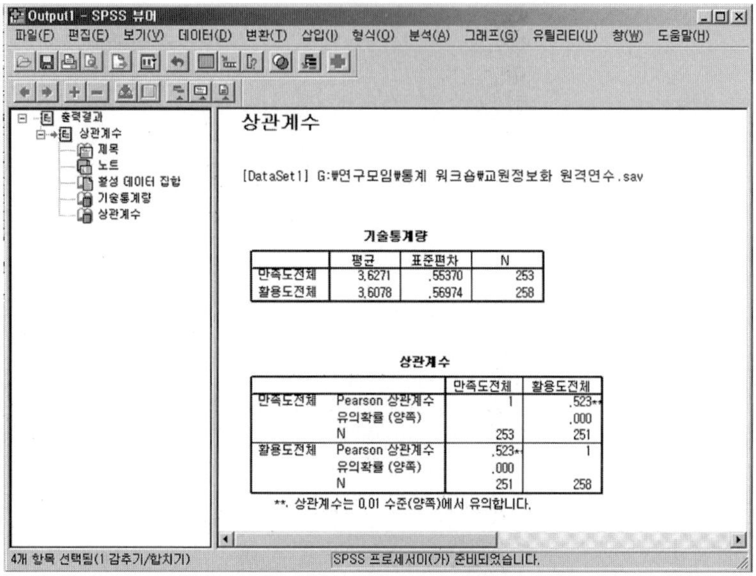

[그림 8-23] 상관분석 결과

이를 보고서나 논문의 형태에 맞춰 제시하면 〈표 8-8〉과 같다. 교원정보화 원격연수에 대한 교사들의 만족도와 활용도의 상관관계를 분석한 결과, 상관계수 0.52로 나타나 정적상관을 이루고 있다고 볼 수 있다.

〈표 8-8〉 만족도와 활용도 간의 상관관계

구분	만족도	활용도
만족도	1	0.52
활용도	0.52	1

2) 회귀분석

회귀분석(regression analysis)은 한 개 이상의 독립변수가 종속변수에 어떤 영향을 미치는지를 알아보거나 독립변수의 변화에 따라 종속변수의 변화를 예측하기 위해서 사용하는 통계적 분석방법이다. 독립변수의 개수에 따라서 독립변수가 한 개인 경우는 단순회귀분석(simple regression analysis), 둘 이상인 경우는 중다회귀분석(multiple regression analysis)이라고 한다. 상관분석은 단순히 두 변수 사이의 상관의 정도만을 분석하는 것이지만, 회귀분석은 두 변수 간의 관계뿐 아니라 이를 통해 한 변수로부터 다른 변수의 변화까지도 예측할 수 있다.

예를 들어, '지능이 성적에 미치는 영향'을 알고자 할 때, 독립변수를 지능, 성적을 종속변수로 하여 회귀분석을 실시할 수 있다. 이때 성적과 지능의 직선식, 즉 다음과 같이 1차식으로 표현되는 회귀방정식을 구할 수 있다. 이때 b_0는 상수, b_1은 회귀계수라고 한다.

$$\text{성적} = b_1\text{지능} + b_0$$

이처럼 회귀분석은 종속변수에 영향을 미치는 독립변수를 한눈에 보여주거나 그 영향력을 표시할 수 있기 때문에, 적절한 연구문제를 해결하기 위해 유용하게 사용되고 있다.

주요 용어 및 단어

양적자료	질적자료	기술통계
추리통계	코딩	빈도분석
평균	표준편차	Z 검정
t 검정	F 검정	χ^2 검정
상관분석	회귀분석	

제 9 장

질적자료 분석법

학습목표

1. 질적자료의 의미를 설명한다.
2. 질적자료 수집방법을 설명한다.
3. 질적자료를 수집하고 분석할 때 고려사항을 설명한다.
4. 질적자료 분석과정을 설명한다.

제1절 질적연구의 이해

질적연구는 다양한 접근방법을 가지고 있지만 다음과 같은 공통된 특징이 있다(Bogden & Biken, 1982: 김윤옥 외, 2001 재인용).

❖ 질적연구의 특징

- 주된 연구도구는 연구자 자신
- 자세하고 세부적인 기술적 자료 강조
- 결과보다는 과정 중시
- 귀납적 분석방법 사용
- 연구대상자의 관점에 관심을 가짐

첫째, 연구자 자신이 주된 연구도구가 되며, 자연적 환경이 직접적인 자료가 된다. 연구자에 따라 비디오, 녹음기, 필기도구 등을 사용하기도 하지만 질적연구의 자료수집은 연구자가 연구현장에 직접 참여함으로써 얻게 되는 연구자의 생각과 감정이 기본이 되기 때문이다.

둘째, 질적연구는 자세하고 세부적인 기술적 자료를 강조한다. 즉 일상생활 속에서 상호 관련된 현상들을 수집하기 위해 면접내용을 기록한 자료, 현장노트, 사진, 비디오 테이프 등을 사용한다.

셋째, 질적연구자는 결과보다는 과정에 관심이 많다. 이는 과정을 통해 변화하는 상황에 관심을 갖기 때문이다.

넷째, 질적연구는 귀납적 분석방법을 사용한다. 즉 구체적인 관찰에서부터 일반적인 원리를 구축하는 것으로 자료수집이 거의 끝날 무렵이나 현장구성원들과 많은 시간을 보낸 후에 연구의 방향을 결정할 수 있다. 그러므로 질적연구는 개방적이고 비구조화된 접근방법을 많이 사용한다.

다섯째, 질적연구자는 연구대상자의 관점에 관심을 가진다. 즉 질적연구자는 사람들이 그들의 삶에 의미를 부여하는 방법에 관심을 가진다.

제2절 질적자료의 수집방법

질적연구는 연구자가 특정한 가설을 가지고 시작하는 것이 아니라 관찰자료를 모으고 분석하는 과정에서 연구의 방향을 설정하기 때문에 선입관을 배제하고 세밀한 관찰을 통해 자료를 수집해야 한다. 세밀한 자료수집을 위해 다양한 행동, 사건, 태도, 삶에 대한 반응, 가치관 등에 대한 상세한 기록이 필요하며, 한 장소에서 오랫동안 직관력을 가지고 참여관찰을 해야 한다.

질적연구의 자료수집 방법에는 참여관찰, 면담, 서술적 관찰, 기록물 수집 등이 있으며, 연구자에 따라 한 가지 또는 여러 가지 방법으로 자료를 수집한다.

❖ 질적연구의 자료수집 방법

- 참여관찰
- 면담
- 서술적 관찰
- 기록물 수집

1. 참여관찰

참여관찰(participant observation)은 연구자가 직접 현장구성원들의 삶에 참여하여 그들의 행위, 말, 상징 또는 연구자가 참여자로서 경험하고 느낀 것, 현장구성원과의 순간적인 대화까지도 자료로 사용한다.

참여관찰의 결과는 현장노트에 그때그때 기록하였더라도 체계적으로 정리된 자료가 아니라서 분석이 어렵다. 그러므로 현장노트를 기초로 관찰내용과 해석을 보충한 참여관찰기록지를 작성해야 한다. 참여관찰기록지는 그날의 경험에 대한 느낌, 연구에 대한 의문, 생각의 변화 등을 기록하는 것이므로 매일 작성하는 것이 좋다.

참여관찰이라 해도 연구자가 항상 참여하기는 힘들다. 즉 연구자는 상황에 따라 비참여관찰과 참여관찰을 병행해서 하게 된다. 보통의 경우, 연구자는 연구의 후반으로 갈수록 현장에 대한 사회 및 문화의 특성을 더 잘 이해하게 되므로 연구자의 참여관찰 비중이 점점 더 커지게 된다.

2. 면담

일반적으로 참여관찰 과정에서 현장구성원과 순간적인 대화를 통해 자료를 수집하는 데는 정보의 한계가 있다. 그러므로 필요에 따라 면담을 수행하여 다양한 정보를 수집해야 할 필요가 생긴다. 다양한 정보수집을 위해 면담은 몇 개의 질문으로 간단히 끝내는 것이 아니라 연구대상자 한 사람당 오랜 시간을 통해 폭넓고 깊이 있는 질문을 해야 한다.

이처럼 면담(interview)은 약속한 시간과 장소에서 미리 준비한 질문에 의해 이루어지는 것을 말하며, 좋은 면담을 위해서는 연구대상자가 편한 장소와 시간을 고려하여 준비해야 한다. 면담의 가장 적절한 시기는 일반적으로 현장연구가 어느 정도 진행된 후, 즉 연구기간의 중반기 이후가 좋다. 왜냐하면 현장연구 기간 초기에 관찰을 통해 적절한 질문계획을 세운 후에 실시하는 것이 효과적이기 때문이다.

면담방법은 구조화된 면담과 비구조화된 면담으로 나눌 수 있으며, 이를 절충한 반구조화된 면담도 있다. 구조화된 면담은 연구자가 사전에 계획된 질문을 준비하여 순서에 따라 동일한 질문을 하는 것이며, 비구조화된 면담은 연구대상자의 관심과 사고에 따라 연구자가 자유롭게 질문하는 것을 말한다.

일반적으로 질적연구에서는 연구대상자들의 깊이 있고 다양한 지식과 정보를 제공받을 수 있는 비구조화된 면담이나 반구조화된 면담을 사용하는 것이 좋다. 즉 연구대상자의 답변에 따라 그와 관련된 다른 질문을 추가해서 얻을 수 있으며, 필요에 따라 연구대상자의 응답에 동의를 하거나 의견을 제시함으로써 종합적인 정보를 얻을 수 있기 때문이다.

3. 서술적 관찰

서술적 관찰(narrative observation)은 연구자가 보고 들은 것을 순서대로 상세하게, 있는 그대로 기록해 나가는 것을 의미한다. 일반적으로 수업이나 행사 등과 같이 참여관찰이 어려운 상황에서는 시작부터 끝까지 말과 행동, 기타 사건 등을 차례대로 구체적으로 기술하는 것이다.

그러나 이러한 상황은 복합적이기 때문에, 실제로 모든 구성원의 행동을 하나하나 관찰하기는 불가능하다. 그러므로 연구목적에 적합한 대상을 신중하게 선택하여 서술적 관찰을 진행해야 한다. 이때 연구자 혼자서 서술적 관찰을 진행하기보다 두 명 이상의 관찰자가 역할을 분담하여 진행하는 것이 효과적이며 같은 대상을 교대로 관찰하는 것이 좋다.

서술적 관찰을 실시하는 경우, 관찰자는 관찰내용을 요약하거나 주관적으로 판단하는 것은 피하고 사실을 있는 그대로 상세하고 객관적으로 기술해야 한다. 관찰자가 지나치게 기록에만 신경을 쓰다 보면 중요한 상황을 놓치는 경우가 생길 수 있으므로, 기록을 하는 동안에도 관찰자의 시선은 노트를 보지 말고 앞을 향하여 새로운 관찰을 하면서 기록을 하는 집중력과 속기하는 능력이 필요하다.

이를 보완하기 위해 녹음기를 사용하는 것도 좋다. 하지만 녹음기의 사용이 현장구성원에게 방해되지 않도록 세심한 주의를 해야 하며, 녹음이 잘 되는 장소를 미리 선택하는 것이 중요하다.

4. 기록물 수집

현장에서 구성원과의 상호작용을 거의 하지 않고서도 구성원들이 만들고 기록한 것들을 수집함으로써 그들의 견해나 가치관, 느낌, 경험을 얻을 수 있다. 기록물에는 구성원들이 보유하거나 제작한 모든 자료가 해당된다. 예를 들면, 편지, 신문, 영상물, 방송원고, 역사적 문서, 예술작품, 기관 및 기업체의 기록물 등 모든 자료가 해당된다.

제 3 절 질적자료 분석의 이해

1. 질적자료 분석

질적자료 분석은 연구자의 연구목적에 대한 심층적이고 총체적인 이해를 얻기 위해 빠진 정보를 확인하고 자료를 체계적으로 정리하여 자료 속에서 특징적인 의미, 주제, 규칙을 찾아내고 해석하는 과정이다(신경림, 조명옥, 양진향, 2005). 자료분석은 연구의 시작부터 고려되어야 하며, 자료수집과 동시에 진행되어 자료수집이 끝나는 시점에서 분석이 어느 정도 완성되는 경우도 있다. 하지만 이런 경우는 경험이 많은 연구자가 수행하는 경우에 해당되며, 일반적으로는 자료수집 이후에 자료분석을 실시한다. 그러나 질적연구에서는 자료수집과 자료분석을 엄격히 구분하기 어렵다.

질적자료를 수집하고 분석할 때 고려해야 할 점은 다음과 같다(Bogdan & Biken, 1982: 김윤옥 외, 2001 재인용).

❖ **질적자료 수집과 분석 시 고려사항**

- 연구의 초점을 좁힘
- 다양한 자료수집에서 관찰 가능한 것, 의미 있는 것으로 범위를 좁힘
- 연구목적에 적합한 자료인지를 고려
- 선행연구를 바탕으로 자료수집이 효과적
- 발견한 사항은 꼭 메모함
- 다양한 주제와 생각을 현장구성원에게 시도함
- 문헌연구와 현장연구 병행
- 은유, 유추, 개념 등을 사용함

첫째, 연구의 초점을 좁히도록 노력해야 한다. 이를 위해 연구자는 수집한 자료를 자세하게 읽는 것이 매우 중요하며, 자료를 전면적으로 검토한 후에 요약문을 써 두는 것이 필요하다.

둘째, 처음에 다양한 자료수집을 통해 관찰 가능한 것과 의미 있는 것을 찾은 후 자료수집의 범위를 점차 좁혀 가는 것이 효과적이다. 왜냐하면 자료수집의 범위를 좁혀 연구방향을 결정하지 않으면, 연구목적과는 거리가 먼 산만하고 적합하지 않은 자료를 수집할 수 있기 때문이다.

셋째, 연구목적에 적합한 자료수집이 이루어졌는지에 대한 분석적 질문을 하는 것이 필요하다. 왜냐하면, 연구자가 도입한 질문이 적합한지, 어느 질문이 재구성되어야 하는지 등 관심 있는 질문을 분석적으로 검토함으로써 현장에서 자료수집을 보다 효과적으로 할 수 있으며, 연구목적을 현장에 적합하게 재구성할 수 있기 때문이다.

넷째, 선행관찰에서 발견한 내용에 비추어 자료수집을 계획하는 것이 좋다. 정기적으로 현장기록을 검토한 후 자료수집의 구체적인 방향을 확

정하는 것이 효과적이다. 이를 위해 연구자는 자신이 이미 알고 있는 것과 연구가 진행되고 있는 방향에 대해 생각하는 것이 필요하다.

다섯째, 자료수집 단계에서 떠오르는 생각이나 느낌을 많이 기록하는 것이 필요하다. 효과적인 자료분석을 위해서는 현장을 떠난 후에 떠오르는 생각도 잊어버리기 전에 기록하는 것이 좋다.

여섯째, 발견한 것들은 메모로 남긴다. 이런 메모와 규칙적으로 작성한 요약문은 현장에서 제기되는 쟁점과 이론적이고 방법적인 쟁점들과의 관계를 생각해 볼 수 있는 기회를 제공해 준다.

일곱째, 다양한 생각과 주제를 현장구성원에게 시도해 본다. 특별히 예민하고 표현력이 뛰어난 연구대상자는 주된 정보제공자가 되므로 자원으로 활용할 수 있다. 하지만 연구대상자들은 특정한 방법으로 사물을 보는 경향이 있으므로 연구자는 항상 자신이 생각한 주제를 염두에 두고 있어야 하며, 모든 것을 현장구성원에게 의존할 필요는 없다.

여덟째, 현장에 있는 동안 문헌연구를 시작하는 것이 좋다. 질적연구에서는 문헌연구의 시작 시점에 대한 시각 차이가 있다. 그러나 일반적으로 어느 정도 현장경험을 한 후, 연구분야에 관한 실제적인 문헌을 탐구하는 것이 자료를 분석하는 데 도움이 된다.

아홉째, 연구를 진행하면서 은유, 유추, 개념들을 사용한다. 근시적인 안목은 대부분 연구를 손상시킬 수 있으므로, 연구를 통해 떠오르는 생각에 대한 질문을 계속적으로 하고 관찰된 구체적인 인과관계나 사건을 보다 높은 추상적인 표현으로 끌어올리는 것이 필요하다.

2. 질적자료의 분석과정

학자마다 질적자료 분석과정을 설명하는 방법이 다양하지만 여기에서는 크게 분석하기, 패턴찾기, 통합과 해석하기로 나누어 설명한다. 또한 질적자료 분석과정은 연구계획과 목적에 따라 수집한 자료를 조직화, 범주화하여 패턴을 찾을 때까지 반복하는 것이 무엇보다도 중요하다.

❖ **질적자료 분석과정**

- 분석하기: 수집한 자료의 점검
- 패턴찾기: 자료의 조직화와 범주화
- 통합과 해석하기: 패턴의 통합 및 기술적 설명

1) 분석하기

분석하기는 연구목적을 검토한 후 수집한 자료를 점검하고 읽어 보는 단계다. 즉 연구의 완성도를 위해 현장을 떠나기 전에 처음에 의도했던 연구목적에 적합한 자료를 수집하였는지를 검토한 후, 떠오르는 생각과 지식을 정리하면서 검토 · 수정하고 보완한다.

2) 패턴찾기

패턴찾기는 자료를 조직화하고, 범주화하는 단계로서 검토한 자료에 대해 광범위한 개요를 세운 후, 자료를 조직화하여 유사한 것끼리 분류하는 작업이다. 이를 위해 연구장소, 연구방법, 연구대상, 연구목적에 따라 현장기록물들을 나누고 비교하는 것이 필요하다. 패턴찾기 과정은 연구계획과 목적에 따라 패턴을 찾을 때까지 자료를 분류, 비교, 대조해야 하므로 시간과 노력이 많이 필요한 과정이며 자료분석에서 핵심적인 과정이다.

패턴은 연구자의 직관에 의해 이루어지지만, 일반적으로 연구의 목적에 따라 자료를 조직하고 분류하기 위해 다음과 같은 사항에 유의해야 한다.

첫째, 수집한 자료를 토대로 관찰현상을 분류하는 기준은 시간적 영역,

공간적 영역, 사회적 영역, 연구자의 지식 등에 따른다. 이러한 기준은 연구의 목적과 관련하여 자료에 대한 중요한 근거가 된다.

둘째, 단일한 기준에 의해 분류되어야 한다. 즉 분류한 내용마다 다른 기준이 적용되는 것이 아니라 단일한 기준이 적용되어야 한다.

셋째, 분류한 기준은 상호 배타적이어야 한다. 즉 자료를 중복해서 분류하면 분석하기가 힘들고 정확한 분석이 어렵다.

3) 통합과 해석하기

연구의 목적, 이론적 틀, 연구자의 경험과 배경, 수집된 자료에 따라 자료의 해석은 다르게 나타난다. 그러므로 연구자는 광범위한 준거틀을 기준으로 연구목적에 적합한 결과를 도출할 수 있도록 자료에 대한 패턴을 찾아 이를 통합하고 기술적으로 설명하는 과정을 거쳐야 한다.

질적연구에서 연구자는 실제 사실을 바탕으로 이론을 통합하고 응용하며, 은유와 유추를 근거로 해석하여 자신의 연구와 다른 연구자의 연구결과를 통합하고 새로운 결과를 도출해 낸다. 이때 은유와 유추는 연구자의 사고와 이론에 대한 깊이 있는 안목과 능력을 필요로 한다. 또한 은유와 유추는 겉으로 관계가 없어 보이는 주제까지도 연결시킬 수 있는 강력한 수단이 되기도 한다.

주요 용어 및 단어

참여관찰	면담	서술적 관찰
기록물	패턴찾기	통합하기
해석하기		

제 10 장

측정 및 척도

학습목표

1. 측정의 절차를 설명한다.
2. 측정절차에 따라 수집된 데이터를 측정한다.
3. 측정의 의미와 수준을 설명한다.
4. 척도의 의미와 척도법에 대해서 설명한다.

제1절 측정의 의미

측정이란 사물을 구분하기 위해 이름을 부여하거나 사물의 속성을 구체화하기 위해 수를 부여하는 절차를 말한다. 이를 위해 개념화 → 개념(구성)의 개념적 정의(명목적 정의) → 조작적 정의 → 측정의 과정을 거치게 되는데(최성재, 2005), 측정절차가 과학적이고 체계적일수록 수집된 자료가 보다 타당하고 신뢰할 수 있다. 한편, 성태제, 시기자(2006)는 측정의 과정을 위한 일반적인 절차를 다음과 같이 기술하였다.

❖ 측정의 과정을 위한 일반적인 절차

- 첫째, 무엇을 측정할 것인지 결정
- 둘째, 어떤 방법으로 측정할 것인지 결정
- 셋째, 어떻게 수를 부여할 것인지 결정

무엇을 측정할 것인지는 연구에서 관심을 가지는 연구대상의 특성이 되는 것으로, 국민의 평생교육의식이라든가, 평생교육사의 전문성 수준 등이 이에 속한다. 무엇을 측정할 것인지를 결정하면 어떤 방법으로 측정할 것인지를 결정해야 한다. 즉 기계로 할 것인지, 질문지나 검사도구를 사용할 것인지 혹은 관찰을 할 것인지를 결정해야 한다. 연구에서 관심대상이 되는 속성을 측정하는 도구가 없다면 연구자가 직접 도구를 제작해야 한다. 그리고 어떻게 수를 부여할 것인지를 결정해야 하는데, 기계를 사용할 경우에는 주어진 측정단위가 존재하므로 수를 부여하는 데 문제가 되지 않는다. 그러나 질문지나 검사도구를 사용하거나 관찰할 경우에는 수를 부여하는 원칙을 결정하는 것이 필요하다. 이는 일정한 규칙에 따라 수치나 숫자를 부여함으로써 구체적인 지표로 나타내며, 이를 통해 드디어 사물의 속성에 대한 측정과 분석이 가능해지기 때문이다.

그러므로 측정은 숫자 또는 수치, 부여, 규칙, 개념에서 지표로의 전환이라는 네 가지의 주요 요소를 포함하고 있다(최성재, 2005).

첫째, 숫자는 수학적으로 셈을 할 수 있는 것이며, 수치는 숫자와 같은 형태를 취하지만 셈을 할 수 없는 것으로 구분의 개념만을 갖는다.

둘째, 부여는 그 개념이나 변수의 속성을 수치나 숫자로 대치시켜 나타내는 자체를 의미한다. 예를 들어, 지능점수를 110으로 표현한 것은 셈을 할 수 있는 숫자를 부여한 것이며, 남성은 1, 여성은 2로 표현한 것은 수치를 부여한 것이다.

〈표 10-1〉 숫자와 수치의 예

숫자 부여의 예		수치 부여의 예	
지능점수	110	남	1
		여	2

셋째, 규칙은 상호 대응의 규칙과 동일구조 규칙이 있다. 상호 대응의 규칙은 측정대상 개념(변수)의 속성에 맞게 구별하거나 순서, 정도 또는 양을 나타내는 수치나 숫자를 부여하는 것을 말한다. 예를 들어, 아래와 같이 학력을 구분하기 위해서 초졸은 1, 중졸 2, 고졸 3, 대졸 4, 대학원졸 5로 표시하거나, 변수의 정도에 따라 전혀 아니다 1, 아니다 2, 그저 그렇

〈표 10-2〉 수치 부여의 예

내 용	측정값	내 용	측정값
대학원졸	5	매우 그렇다	5
대졸	4	그렇다	4
고졸	3	그저 그렇다	3
중졸	2	아니다	2
초졸	1	전혀 아니다	1

다 3, 그렇다 4, 매우 그렇다 5로 수치를 부여하는 경우를 말한다.

넷째, 개념에서 지표로의 전환은 실제로 직접 관찰하기 어려운 추상적 개념을 경험적으로 관찰이 가능한 어떤 특별한 행동이나 생각으로 나타내는 것을 말한다. 예를 들어, 평생교육 참여 정도라는 개념은 추상적인 개념이므로 측정하기가 힘들다. 이를 측정하기 위해 평생교육 참여 정도의 지표를 지난 1년간 수강 강좌 수, 지난 1년간 교육 투자비 등으로 제시하여 측정할 수 있다.

제2절 측정의 수준

앞서 언급한 바와 같이 측정이란 사물을 구분하기 위해 이름을 부여하거나 사물의 속성을 구체화하기 위해 수를 부여하는 절차를 말한다. 이는 측정의 수준에 따라 달라지는데, 측정의 수준이란 측정방법 혹은 척도를 일컫는다. 측정의 수준은 'level of measurement'로 표기하는데, 이때의 'level'이란 일정한 기준을 정하여 여러 다른 수준이나 기준에 따라서 체계를 맞춘다는 뜻이다. 이에 측정방법 혹은 척도로 쓰지 않고 측정의 수준이라 한 것이다. 한편, 측정의 수준은 명목적 수준, 서열적 수준, 간격적 수준, 비율적 수준 등 네 가지가 있으며, 각 수준에 대한 의미는 다음과 같다.

❖ 측정의 수준

- 명목적 수준: 단순한 분류를 위해 사용되는 것(명목척도, 범주척도)
- 서열적 수준: 측정대상을 그 속성에 따라 범주로 분류한 다음, 각 범주들 간의 상대적 순서 또는 서열을 부여하는 것(순위척도, 서열척도)
- 간격적 수준: 측정대상을 속성에 따라 서열화하는 것은 물론, 서열 간의 간격이 동일하도록 수치를 부여하는 것(동간척도, 간격척도, 등간척도)
- 비율적 수준: 덧셈법칙, 곱셈법칙이 모두 적용되는 것(비율척도)

1. 명목적 수준

명목적 수준의 척도를 명목척도(nominal scale) 또는 범주척도(categorical scale)라고 한다. 단순한 분류를 위해 사용되는 척도이므로 측정대상의 특성을 종류별로 구분만 할 뿐, 특성 간의 우열이나 크고 작은 것을 구분할 수는 없다. 이에 명목적 수준의 측정에서는 사칙연산을 허용하지 않으며, 성별, 인종, 학력 등이 해당된다.

한편, 명목적 수준의 측정을 위해 검사문항을 제작할 때는 포괄성의 원칙과 상호 배타성의 원칙을 준수해야 한다. 포괄성의 원칙은 한 변수를 측정하기 위해서는 그 안에 포함된 모든 속성들이 포괄적으로 나타날 수 있어야 한다는 것이다. 즉 하나의 질문이 있을 때 답지에 모든 응답 항목을 하나도 빠뜨리지 않고 포함시켜야 하는 것을 말한다.

• 귀하의 최종 학력은 무엇입니까? ( )

① 초등학교 졸업 이하	② 중학교 졸업
③ 고등학교 졸업	④ 전문대학(2년제) 졸업
⑤ 대학교(4년제) 졸업	

위와 같이 '귀하의 최종 학력은 무엇입니까?'라는 질문의 항목을 살펴보면 대학원 졸업은 빠뜨렸다는 것을 알 수 있다. 그러므로 포괄성의 원칙을 제대로 지키지 못하고 있다고 할 수 있다. 적절한 답지로 수정하기 위해 '⑥ 대학원 졸업'이라는 항목을 추가하거나, '⑤ 대학교(4년제) 졸업 이상'으로 수정해야 할 것이다.

또한 상호 배타성의 원칙은 한 변수를 나타내는 속성들은 상호 배타적이어야 함을 말한다. 즉 응답 항목 간에 서로 겹치는 영역이 없어야 함을 말한다.

• 귀하께서는 매월 받는 월급을 주로 어떤 용도에 사용하고 있습니까? ( )

① 생활비 ② 교육비
③ 의료비 ④ 식비

위의 질문 항목을 살펴보면 생활비, 교육비, 의료비, 식비로 제시되어 있다. 이 중 교육비, 의료비, 식비는 생활비에 포함될 수 있는 것으로 이는 상호 배타성의 원칙을 지키지 못한 것이다.

2. 서열적 수준

서열적 수준의 척도를 순위척도 또는 서열척도(ordinal scale)라고 일컫는다. 순위척도는 측정대상을 그 속성에 따라 범주로 분류한 다음, 각 범주들 간의 상대적 순서 또는 서열을 부여하는 것을 말한다(한승준, 2006). 예를 들면, 상표에 대한 선호도, 직급, 계급, 석차 등이 이에 해당된다.

즉 서열적 수준의 측정은 명목적 수준의 척도가 갖는 속성 이외에 크기의 크고 작은 순서나 양의 많고 적은 순서에 따라 여러 개의 범주로 나누어 서열화할 수 있다.

• 귀하의 직급은? ( )

① 대리 ② 과장
③ 부장 ④ 이사

위와 같은 경우 '귀하의 직급'에 대해 묻는 문항으로 이를 낮은 직급부터 서열화하면 '대리 → 과장 → 부장 → 이사'이다. 하지만 대리, 과장, 부장, 이사 간의 직급의 간격이 동일하다고 볼 수는 없다. 그러므로 서열적 수준의 측정에서는 명목적 수준의 측정에서와 같이 사칙연산을 허용하지 않으며 분류와 서열만 가능하다.

3. 간격적 수준

간격적 수준의 척도는 동간척도, 구간척도 또는 등간척도(interval scale)라고 하며, 측정대상을 속성에 따라 서열화하는 것은 물론, 서열 간의 간격이 동일하도록 수치를 부여하는 것이다(한승준, 2006). 예를 들면, 섭씨나 화씨 온도, IQ, 서기연도, 물가지수 등이 이에 해당된다.

간격적 수준의 척도에는 임의영점이 존재한다. 임의영점이란 임의적으로 어떤 수준을 정하여 0이라 합의한 것으로, 0이라고 해서 아무것도 없는 절대적인 의미의 0이 아니라 임의로 어떤 수준을 0으로 정한 것이다. 예를 들어, 학업성취 수준을 검사했을 때 갑의 영어점수가 0점이라 하였을 때 영어 능력이 전혀 없는 것이 아니라, 단지 그 과목에서 0점을 얻은 것이다. 이때의 0점은 절대영점이 아니라 임의영점에 해당한다.

한편, 간격적 수준의 측정에서는 덧셈법칙은 허용되나 곱셈법칙은 허용되지 않는다. 그것은 수학성적을 40점 받은 사람이 20점 받은 사람보다 2배의 수학 능력이 있다고 볼 수 없는 것과 같은 현상이다.

4. 비율적 수준

비율적 수준의 척도는 비율척도(ratio scale)라고 한다. 비율척도는 사물이나 현상을 분류하고(명목적 수준), 서열을 정할 수 있으며(서열적 수준), 점수 간의 간격을 동일하게(간격적 수준) 할 뿐 아니라 현실과 일치하는 절대적 0점이 존재한다(한승준, 2006).

즉 덧셈법칙, 곱셈법칙이 모두 적용되는 것으로 나이, 소득, 무게 혹은 길이 등이 이에 해당된다.

각 측정의 수준에 따른 측정값을 비교하여 정리하면 〈표 10-3〉과 같다.

〈표 10-3〉 측정값의 비교

측정값	개 념					
	분류	서열	동간성	절대 영점	가감 승제	예
명목척도	○	×	×	×	×	학번, 주민등록번호, 성별
서열척도	○	○	×	×	×	석차, 키 순서에 따른 번호
동간척도	○	○	○	×	가감	점수, 온도, 연도
비율척도	○	○	○	○	가감 승제	길이, 시간, 키, 몸무게

제 3 절 척도의 구성

척도란 두 가지 의미로 해석될 수 있다. 첫 번째 의미의 척도는 2절에서 설명한 것과 같이, 사물의 속성을 구체화하기 위한 측정단위로서 명목척도, 서열척도, 등간척도, 비율척도가 있다. 두 번째 의미의 척도는 측정을 위해 문항들이 합해진 도구로서의 척도를 의미한다. 본 절에서는 두 번째 의미에 해당되는 척도로서 흔히 사용되고 있는 리커트 척도, 거트만 척도, 서스턴 척도, 어의차 척도, 사회적 거리척도를 살펴보고자 한다.

❖ 척도

- 사물의 속성을 구체화하기 위한 측정단위로서 명목척도, 서열척도, 등간척도, 비율척도를 일컬음

• 측정을 위해 문항들이 합해진 도구로서의 척도를 의미함

❖ 척도의 종류

• 리커트 척도: 여러 개의 문항으로 응답자의 특성을 측정하고 해당 항목에 대한 측정값을 합산하여 평가 대상자의 점수를 얻어 내는 척도
• 거트만 척도: 여러 개의 문항들이 하나의 동일 차원을 지니고 있는지를 확인하려는 목적으로 사용되는 척도
• 서스턴 척도: 연구자가 많은 문항들을 발견한 다음 심사원들 평가에 근거하여 최종적으로 척도에 사용할 문항들을 선정하는 방식
• 어의차 척도: 직선으로 도표화된 척도의 양 극단에 서로 상반되는 형용사를 배열하여 양 극단 사이에서 해당 속성에 대해 평가하는 척도
• 사회적 거리척도: 사회적 관계를 전반적으로 특징짓는 이해와 친밀의 단계나 정도를 측정하는 척도

1. 리커트 척도

리커트 척도(Likert scaling)는 여러 개의 문항으로 응답자의 특성을 측정하고 해당 항목에 대한 측정값을 합산하여 평가 대상자의 점수를 얻어 내는 척도로, 총화평정척도법(summated rating scale)이라고도 한다(이준형, 2004).

리커트 척도의 특징을 살펴보면 다음과 같다.

첫째, 하나의 척도에 포함되는 문항은 반드시 단일 차원을 설명하는 개념이 되도록 구성해야 한다. 서로 다른 특성들을 설명하는 문항들을 합산하여 분석하는 것은 그 결과에 대해 어떠한 의미도 부여할 수 없기 때문이다.

둘째, 문항이 역문항일 경우는 분석 시에 반드시 역코드화하여 처리해야 한다.

셋째, 리커트 척도는 보통 5점 척도를 많이 사용하지만 3점, 7점 등으로 다양하게 적용 가능하다. 일반적으로 전문가를 대상으로 하는 문항일수록

척도가 다양해도 좋으며, 일반인을 대상으로 하는 문항은 3점 척도나 5점 척도가 적당하다.

넷째, 중간 정도를 표현하는(예: 보통이다) 문항의 경우, 연구의 특성에 따라 포함하기도 하고 제외하기도 한다.

리커트 척도를 활용하여 문항을 구성한 검사도구의 예는 다음 〈표 10-4〉와 같다. 〈표 10-4〉는 '자기조절기술'을 측정하기 위해 제작된 검사의 일부로서, 5점 리커트 척도 형태로 구성되어 있다(윤명희, 김진화, 2008).

〈표 10-4〉 리커트 척도 활용 예시

측정 항목	전혀 아니다	아니다	보통이다	그렇다	매우 그렇다
나는 내 감정(화날 때, 기쁠 때)을 잘 조절한다.					
나는 화가 났을 때 즉시 표현하는 편이다.					
나는 화가 났을 때 행동(물건 던짐, 폭력)으로 표현한다.					
나는 화가 났을 때 언어(욕설, 폭언)로 표현한다.					
나는 야단을 맞을 때 그 자리에서 곧바로 말대꾸한다.					
나는 기분이 좋을 때 지나치게 표현하여 주위 사람에게 피해를 준다.					

리커트 척도를 구성하는 절차는 다음과 같다(이준형, 2004).

첫째, 의견을 수집한다.

둘째, 응답의 범주를 작성한다. 응답 범주로 흔히 쓰이는 형식은 '매우 그렇다' '그렇다' '보통이다' '아니다' '전혀 아니다' 등이 있다.

셋째, 모집단으로부터 표본을 뽑아 응답을 받아 낸다. 이때의 표본은 모집단을 잘 대표할 수 있는 사람들로 구성해야 한다.

넷째, 각 문항에 대한 응답자의 반응을 점수로 환산한다. 이때 응답 범주에 대한 점수는 가장 우호적인 것을 높은 점수로 매기고 비우호적일수록 낮은 점수로 매기는 것이 보편적이다.

다섯째, 문항 간의 내적 일관성 및 상관성을 알아보기 위해 문항분석을 시도한다. 이를 통해 일관성이 낮은 문항은 제거하고 응답자의 특성을 차별화시키는 문항을 잘 선택한다.

여섯째, 각 사람의 총점을 산출하여 응답자의 측정값을 산출한다.

이러한 리커트 척도의 장점을 살펴보면 다음과 같다.

❖ 리커트 척도의 장점

- 평가자의 주관이 개입되는 것을 배제할 수 있음
- 측정의 정밀성을 확보할 수 있음
- 응답점이 많아질수록 정밀성이 높아짐

첫째, 척도의 구성이 간단하고 편리하여 평가자의 주관이 개입되는 것을 배제할 수 있다. 둘째, 한 항목에 대한 응답의 범위에 따라 측정의 정밀성을 확보할 수 있다. 셋째, 각 문항의 응답점을 5개에서 7개, 9개, 11개 등으로 늘려 가면 그 항목에 대한 응답의 정밀성을 높이게 되어 이를 합계한 측정값은 더욱 정밀해진다.

반면, 이 척도의 단점은 다음과 같다.

❖ 리커트 척도의 단점

- 등간척도가 되기 어려움
- 총점의 의미가 명확하지 않음
- 이론적 타당성을 확보해 주지 못함

첫째, 각 항목에 대한 응답자의 특성별 강도가 정확히 일치하기 힘들어 엄격한 의미의 등간척도가 되기 어렵다. 둘째, 총점이 뜻하는 바가 무엇인지 명확하지 않다. 이는 점수의 단순한 합계에는 각 항목이 표현하고 있는 응답자 태도의 강도가 묻혀 버리기 때문이다. 셋째, 문항분석의 결과 내적 일관성이 확보되었다고 하더라도 그것이 반드시 이론적 타당성을 확보해 주지 못한다는 것이다.

2. 거트만 척도

거트만 척도(Guttman scaling)는 여러 개의 문항들이 하나의 동일 차원을 지니고 있는지를 확인하려는 목적으로 사용되는 것으로서, 누적척도라고도 한다(윤성채, 최종후, 1999). 즉 리커트 척도에서는 개별 항목들에 동일한 가중치를 부여하여 단순 합산한 뒤 그 결과를 서열화하지만, 거트만 척도는 척도에 포함된 개별 문항들을 서열화하여 누적하는 것을 특징으로 한다.

예를 들어, 거트만 척도에 따라 혐오시설의 설치에 대한 질문 항목들을 구성하면 다음 〈표 10-5〉와 같다.

〈표 10-5〉 거트만 척도 질문 문항의 예

문항번호	문항 내용	찬 성	반 대
1	우리나라에 핵발전소 건립을 찬성한다.		
2	우리 도에 핵발전소 건립을 찬성한다.		
3	우리 시에 핵발전소 건립을 찬성한다.		
4	우리 구에 핵발전소 건립을 찬성한다.		
5	우리 동에 핵발전소 건립을 찬성한다.		
6	우리 집 옆에 핵발전소 건립을 찬성한다.		

이와 같은 경우 문항을 구성할 때 강도가 약한 것부터 강한 것으로 물음이 진행되었는데, 마지막 단계의 문항에서 강도가 강한 물음에 반대가 나왔을 경우 아래 단계 수준의 물음에서 찬성이 나와서는 안 된다(〈표 10-6〉

●●● 〈표 10-6〉 거트만 척도 결과

문항 \ 응답자	A	B	C	D	E	F
1	찬성	찬성	찬성	찬성	찬성	찬성
2	찬성	찬성	찬성	찬성	찬성	반대
3	찬성	찬성	찬성	찬성	반대	반대
4	찬성	찬성	찬성	반대	반대	반대
5	찬성	찬성	반대	반대	반대	반대
6	찬성	반대	반대	반대	반대	반대
총점	6	5	4	3	2	1

참조). 그러한 응답이 나왔을 때는 문항을 재구성해야 한다.

한편, 거트만 척도의 구성절차는 다음과 같다(윤성채, 최종후, 1999; 한승준, 2006).

❖ **거트만 척도의 구성절차**

- 척도화가 가능한 개념 결정
- 척도항목 선정
- 각 개인의 반응을 기록하여 점수로 합산
- 재생계수를 구함
- 구성항목을 조정하여 척도를 구성함

첫째, 척도화가 가능한 개념을 결정한다. 이때 개념이 적용되는 모집단에 대한 정의도 있어야 한다. 둘째, 척도항목을 선정한다. 개념을 측정할 척도의 구성항목을 설정하고, 내용의 강도에 따라 일정한 순서로 배열한다. 셋째, 각 개인에 대한 반응을 기록하여 점수로 합계한다. 넷째, 재생계수를 구한다. 재생계수는 단일 차원성, 누적성의 가정에 얼마나 부합하는가를 검증하는 것으로서, 응답자의 대답을 누적성에 맞추어 오차의 수를 파악하는 것이다. 재생계수가 1.0일 때 완벽한 척도구성 가능성(scalability)을 갖는데 보통 재생계수가 최소한 0.90은 되어야 바람직한 거트만 척도라고 할 수 있다.

재생계수 = 1 - [응답의 오차 수/(문항 수 × 응답자 수)]

다섯째, 구성항목을 조정하여 척도를 구성한다. 오차의 수가 많은 척도 구성항목을 제외시키고 새로운 척도를 만든다.

3. 서스턴 척도

서스턴 척도(Thurstone scaling)는 연구자가 많은 문항들을 발견한 다음 심사원들 평가에 근거하여 최종적으로 척도에 사용할 문항들을 선정하는 방식이며, 이때 선정된 문항들 간의 간격이 같다고 간주되므로 유사등간 척도라고도 한다(한승준, 2006).

서스턴 척도는 개인의 태도를 부정과 긍정 사이에 놓여 있는 심리적 연속체로 보고, 이들 연속체의 길이를 척도화시켜 측정하려고 한 것이다. 따라서 태도를 나타내는 연속선상에서 사람들이 어디에 위치하고 있는지를 파악할 수 있고 사람들의 태도를 순위나 거리로 비교할 수 있다는 것이다.

즉 어떤 특성에 대해 다수의 의견을 수집하고 이것을 전문가에게 평정하도록 하면 그 평정값(예: 평균, 중앙값 등)은 어떤 값의 근처에 높은 확률적 밀도로 분포되기 때문에, 그 대표값을 척도값으로 정하게 되면 타당성이 있는 척도값이 될 것이다. 그리고 동일한 간격으로 펼친 의견을 모아 척도를 구성하면 일정한 단위를 가진 등간척도를 구성할 수 있다.

서스턴 척도의 구성절차는 다음과 같다(성태제, 시기자, 2006).

첫째, 특정 문제에 대한 의견을 가능한 한 많이 수집한다. 진술문은 긍

❖ **서스톤 척도의 구성절차**

- 의견을 가능한 한 많이 수집함
- 평정자 그룹을 선정함
- 평정자에게 객관적인 입장에서 진술문의 단계를 판단하도록 함
- 중앙값과 사분위편차를 계산함
- 최종 진술문을 선택함

정적, 중립적, 부정적 의견을 모두 포함해야 하며, 100～150개 정도의 진술문을 수집하는 것이 좋다. 둘째, 평정 경험이 있는 대학원생, 교수, 연구원들로 구성된 평정자 그룹을 선정한다. 평정자는 30～50명 정도가 적절하다. 셋째, 평정자로 하여금 객관적인 입장에서 각 진술문이 11단계(부정-긍정) 정도 중 어느 단계에 해당되는지 판단하도록 한다. 넷째, 척도값으로 사용할 중앙값과 사분위편차를 계산한다. 다섯째, 최종 진술문을 선택한다. 중앙값이 높은 것부터 낮은 것의 순서로 배열한 후 중앙값의 간격이 비슷하고 사분위편차의 범위가 작으면서 유사한 진술문을 최종 진술문으로 선택한다. 평가자 간에 이견이 큰 문항은 제외하고 최종 척도에 포함되는 20～30개 정도의 진술문을 선정한다.

이러한 절차를 통해 구성되는 서스톤 척도의 단점은 등간격성의 가정이 비현실적이고, 평가자의 주관이 개입될 여지가 있으며, 평가작업에 비용과 인원이 지나치게 많이 소요된다는 문제점을 들 수 있다.

4. 어의차 척도

어의차 척도(Semantic differential scaling)는 일직선으로 도표화된 척도의 양 극단에 서로 상반되는 형용사를 배열하여 양 극단 사이에서 해당 속

성에 대해 평가하는 척도이다(이준형, 2004).

예를 들어, "우리나라 교사에 대해 생각나는 것은?" 이라는 질문에 대한 응답을 얻기 위해 어의차 척도법으로 구성하면 아래와 같이 표현할 수 있다.

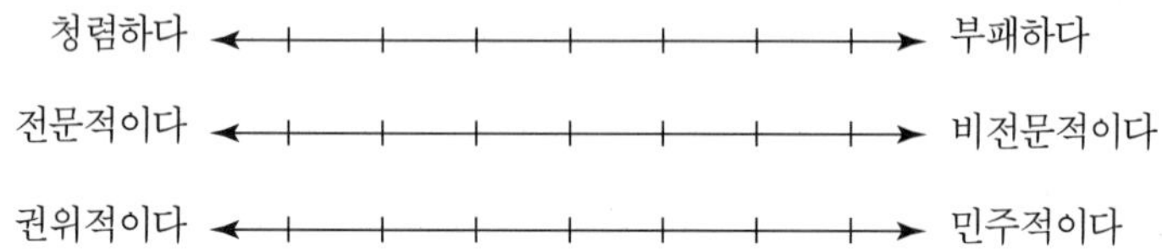

어의차 척도의 개발과정은 다음과 같다(이준형, 2004).

❖ 어의차 척도 개발과정

- 개념을 선정함
- 척도를 선택함
- 응답자에게 응답하도록 함

첫째, 개념을 선정한다. 양극 형용사 척도와 더불어 측정 개념을 평가하게 될 일정한 개념 또는 평가기준을 선정한다. 둘째, 척도를 선택한다. 이때 각각의 적절한 양극 형용사 척도를 선정한다. 선정된 개념을 적절히 평가할 수 있는 양극 형용사의 각 쌍을 선정하는 것이다. 셋째, 척도의 양 끝에 서로 반대가 되는 한 쌍의 형용사를 배치하고 응답자들에게 응답에 가장 가까운 점을 선상에 표시하도록 한다.

이러한 어의차 척도는 다양한 연구문제에 적용할 수 있고, 신속성과 경제성이 있으며, 특히 가치와 태도를 측정하는 데 효과적이다. 반면 어의차라는 것이 실제로 애매한 경우가 많아 올바른 평가자 집단을 구하는 것이 어렵다. 또한 적절한 개념 및 판단기준을 선정할 때의 문제와 부여한 수치 간의 등간격성이 엄밀하게 보장되는지에 대한 의문이 지속적으로 제기되고 있다.

5. 사회적 거리척도

사회적 거리란 사회적 관계를 전반적으로 특징짓는 이해와 친밀의 단계나 정도를 연속체로 나타내는 것이며, 이와 같은 이해와 친밀의 단계나 정도를 연속체에 포함하는 범주로서 아래와 같이 표현할 수 있다.

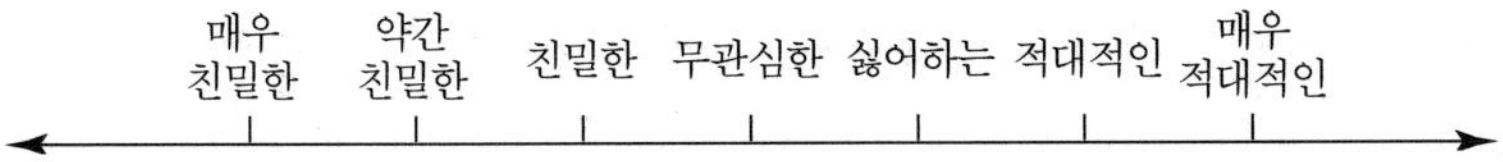

이와 같이 사회적 거리를 측정하는 데 이용하는 척도에는 보가더스(Bogardus) 사회적 거리척도와 소시오메트리(sociometry) 척도 두 가지가 있다.

첫째, 보가더스 사회적 거리척도는 사회학자인 Bogardus가 최초로 개발하였기 때문에 그의 이름을 따서 만든 척도이며, 소수민족, 사회계급, 직업과 같은 여러 형태의 사회집단 및 추상적인 사회적 가치 등과 관련된 여론과 태도를 연구하기 위해 이 척도를 적용하였다(천성수, 박종순, 2000).

예를 들어, 보가더스는 인종적 편견의 강도를 측정하기 위해 1,725명의

〈표 10-7〉 미국 내 4개 소수민족에 대한 1, 725명의 미국인의 반응(태도) (단위: %)

문항 번호	설문내용(사회적 거리)	소수민족			
		영국인	스웨덴인	네덜란드인	한국인
1	결혼하여 가족구성원을 받아들임	93.7	45.3	11.0	10.0
2	개인적 친구로 클럽에 받아들임	96.7	62.1	11.6	6.8
3	이웃으로 우리 동네에 받아들임	97.3	75.6	28.3	13.0
4	같은 직장인으로 받아들임	95.4	78.0	44.3	21.4
5	우리나라의 국민으로 받아들임	95.9	86.3	58.3	23.7
6	우리나라의 방문객으로만 받아들임	1.7	5.4	19.7	47.1
7	우리나라에서 추방함	0.0	1.0	4.3	19.1

출처: Emory S. Bogardus, Immigration and Race Attitude(Boston: Health, 1928), p. 25: Goode and Hatt, op. cit., p. 244: 천성수, 박종순(2000), p. 331 재인용.

미국인들을 대상으로 〈표 10-7〉에서와 같은 설문을 제시하고 응답자들의 각 인종에 대한 사회적 거리가 어떻게 나타나는가를 보았다.

앞의 예와 같이 인종적 편견의 강도를 살펴보는 것이 사회적 거리척도인데, 보가더스의 사회적 거리척도는 문제점을 내포하고 있다. 사회적 거리척도는 척도를 연속체상에 배치하여 응답자가 서열적인 선택을 할 수 있도록 해야 한다. 즉 하위항목을 선택하는 응답자라면 상위항목은 선택하지 않아야 하는데, 보가더스의 척도를 살펴보면 상위항목과 하위항목이 혼합적으로 선택되어 적절하지 않다. 즉 척도가 척도 연속체상에서 항목들 간의 동일한 간격을 강조하지만 6번 항목과 7번 항목은 앞의 5가지 항목들과 상당한 차이가 있다는 점이 문제다.

둘째, 소시오메트리 척도는 Moreno와 Jennings에 의해서 소개되었는데 이 또한 사회적 거리를 측정하는 것이다(김병진, 2005). 소시오메트리는 보가더스 척도와 구별되는데, 이는 보가더스 척도가 단순히 집단 상호 간의 거리를 측정하는 데 비해서 소시오메트리는 소집단 내의 구성원들 사이에 가지는 호감과 반감을 측정하거나 또는 이러한 감정에 의해서 나타나는 집단구조에 관심을 갖는다. 즉 집단(특히 소집단) 내의 구성원들이 상대방에 대해 가지는 호감과 반감의 감정을 측정하여 집단 구성원 간의 비공식적인 인간관계를 파악하려는 연구다.

소시오메트리에서 자주 사용하는 질문 유형은 다음과 같다.

① 이 집단의 구성원들 가운데서 당신은 누구를 가장 좋아(싫어)하십니까?
② 당신의 학급에서 옆자리에 앉히고(함께 일하고, 함께 놀고) 싶은 사람은 누구입니까?
③ 당신의 직장동료들 가운데 당신의 고충을 상의하고 싶은 사람은 누구입니까?
④ 당신의 직장에서 함께 파트너로 일하고 싶은 사람을 우선순위대로 고르시오.

⑤ 당신의 직장동료들에 관해서 당신이 지닌 호감의 정도를 0%(가장 싫어함)에서부터 100%(가장 좋아함)까지로 표시하시오.

이들 다섯 가지의 질문들은 크게 두 가지로 나눌 수 있다. ①, ②, ③의 세 가지와 같이 단순하게 하나의 상대방만을 선택하게 하는 비교적 간단한 질문과 ④, ⑤처럼 집단 안의 모든 구성원들에 대해서 우선순위를 정하는 매우 복잡한 질문으로 나눌 수 있다.

주요 용어 및 단어

측정	수치	부여
규칙	개념	명목척도
서열척도	등간척도	비율척도
리커트 척도	거트만 척도	서스턴 척도
어의차 척도	보가더스 척도	소시오메트리 척도

제 11 장 타당도

학습목표

1. 타당도의 개념을 설명한다.
2. 내용타당도의 의미 및 장단점을 설명한다.
3. 예언타당도의 의미 및 장단점을 설명한다.
4. 공인타당도의 의미 및 장단점을 설명한다.
5. 구인타당도의 의미 및 장단점을 설명한다.

제1절 타당도의 개념

1. 의미

조사를 실시하기 전에 활용하고자 하는 검사도구가 양호한지를 먼저 확인해야 한다. 사용하고자 하는 검사도구가 양호한지를 알아보기 위해 일반적으로 타당도와 신뢰도가 확보되어 있는지를 검토하게 된다. 본 장에서는 타당도에 대해 살펴보고, 신뢰도는 다음 장에서 살펴보도록 할 것이다.

타당도(validity)의 개념은 다음과 같다.

> ❖ **타당도**
>
> 조사도구가 측정하려고 의도한 것을 어느 정도로 충실히 측정하고 있는가의 정도

즉 타당도란 "무엇을 측정하고 있는가?" 의 문제와 관련된다고 할 수 있다. 예를 들어, 과학 능력을 조사하기 위한 검사에서 문제 자체가 지나치게 어렵게 출제된 경우, 학생들은 과학문제를 풀기보다 문제를 이해하는 데 더 많은 시간을 할애하게 된다. 이러한 검사도구는 과학 능력을 측정하기 위한 검사도구라기보다 어휘력을 측정하기 위한 검사도구라고 하는 것이 더 옳을지도 모른다. 따라서 이 검사도구는 본래 측정하고자 했던 과학 능력을 측정하기보다 어휘력을 측정하고 있으므로, 과학 능력 검사도구의 타당도는 낮다고 할 수 있다. 즉 의도에 맞는 문항으로 구성된 검사도구의 타당도는 높지만, 그렇지 않은 경우 타당도는 낮다고 할 수 있다.

2. 타당도의 중요성

측정의 대상에는 길이나 무게와 같이 자나 저울을 통해 직접 측정이 가능한 것과 리더십, 대인관계와 같이 간접적으로만 측정이 가능한 것이 있다. 직접 측정이 가능한 것은 타당도가 크게 문제되지 않으나, 평생교육 분야를 포함한 사회과학에서 관심을 갖는 대부분의 변수는 간접측정에 의해 이루어지므로 타당도의 확보가 중요시된다.

예를 들어, 자기주도적 학습능력, 문제해결력 등과 같은 인간의 심리적 특성은 측정도구를 사용하여 간접적으로 측정해야 한다. 측정도구를 제작하기 위해 검사문항을 개발하고 구성하는 과정에서 주제에 적합하지 않은 내용이 포함되거나 연구자의 주관적인 관점이 포함될 수 있으므로, 타당도의 확보가 중요한 관건이 된다.

제 2 절 타당도의 유형

타당도는 그 평가방법에 따라 내용타당도, 준거관련 타당도 또는 구인타당도 등 크게 세 가지로 나눌 수 있다.

1. 내용타당도

내용타당도(content validity)는 모든 측정도구의 제작 시 가장 중요한 관심사가 되는 것으로, 다음과 같은 의미를 가지고 있다.

❖ **내용타당도**

검사도구가 측정도구의 목표에 적합하게 충실한 문항으로 구성되었는가의 정도

예를 들어, 학습자를 대상으로 평생교육 프로그램의 만족도를 산출하는 조사도구를 제작하는 경우를 생각해 보자. 프로그램의 내용, 방법, 교수, 시간, 학습환경 등을 골고루 검사문항으로 포함하고 있는 조사도구와 프로그램의 내용에만 한정되어 문항을 구성한 조사도구는 내용타당도가 다를 수밖에 없다. 이러한 증거는 주로 전문가에 의해 판단되므로 내용타당도를 전문가타당도라 칭하기도 한다.

내용타당도를 높이기 위해서는 다음과 같은 조건이 만족되어야 한다.

❖ **내용타당도를 높이기 위한 조건**

- 조사도구의 목표를 세분화하여 이를 토대로 문항을 제작함
- 표본의 특성에 따라 문항의 난이도를 조절함

조사도구가 의도했던 목표를 구체적으로 진술하고 그 목표를 확인할 수 있는 문항을 제작한다면, 처음에 의도했던 목표에 비추어 적절한 문항을 구성할 수 있고 중요한 내용을 골고루 포함하는 조사도구를 제작할 수 있을 것이다. 더불어 표본의 특성을 고려하여 문항의 난이도를 적절히 조절한다면 내용타당도가 높은 조사도구를 확보할 수 있을 것이다.

이와 같은 내용타당도는 검사의 목적에 부합하는지의 여부를 검증할 수 있다는 장점이 있는 반면, 내용타당도를 검증하는 전문가마다 각기 다른 견해를 가지는 경우가 많아 결과가 달리 나올 수 있다는 단점이 있다.

2. 준거관련 타당도

준거관련 타당도(criterion-related validity)는 어떤 준거와의 관련성(상관관계)을 통해 조사도구의 타당성을 측정하는 방법이다. 준거가 미래의 어떤 행동이나 특성일 경우는 예언타당도(predictive validity), 이미 공인된 검사도구일 경우는 공인타당도(concurrent validity)라고 한다.

먼저 예언타당도의 의미는 다음과 같다.

> **❖ 예언타당도**
>
> 검사결과가 조사 대상자의 미래의 행동이나 특성을 어느 정도로 정확하게 예측하느냐의 정도

예를 들어, 수학능력시험에서 높은 점수를 받은 사람이 대학에서 적응을 잘한다고 보고되고 있다. 이 경우 수학능력시험은 대학 적응을 예언하는 도구가 될 수 있으며, 대학 적응이라는 행동 특성에 비추어 보았을 때 예언타당도가 있다고 말할 수 있다. 예언타당도를 확보하려는 검사도구는 미래의 행위를 예측하므로 선발, 채용, 배치를 위한 상황에 유용하게 사용된다. 반면, 타당도를 산출하는 데 시간적 여유가 필요하다는 단점이 있다.

공인타당도의 의미는 다음과 같다.

> **❖ 공인타당도**
>
> 자작 검사도구가 측정하려는 내용이 이미 공인된 검사도구와 얼마나 상관성이 있느냐의 정도

예를 들어, 연구자가 제작한 지능검사의 타당도를 산출하기 위해 타당

성이 입증된 K-ABC 지능검사와의 상관성을 산출하였다고 가정해 보자. 그 결과, 자작 지능검사와 K-ABC 지능검사의 상관관계가 높은 것으로 밝혀졌다면, 자작 지능검사는 K-ABC 검사에 비추어 보았을 때 공인타당도가 높다고 말할 수 있다. 공인타당도는 계량화되어 타당도에 대한 객관적인 정보를 제공할 수 있다는 장점이 있으나, 자작 검사도구와 비교할 수 있을 정도로 타당성을 입증 받은 기존의 검사도구가 없을 때 추정이 곤란하다는 단점이 있다.

예언타당도와 공인타당도의 특성을 구체적으로 비교하면 〈표 11-1〉과 같다.

〈표 11-1〉 예언타당도와 공인타당도

구 분	예언타당도	공인타당도
시간차원	미래	현재
준거	조사 대상자의 미래의 행동이나 특성	현재 공인된 검사도구
적용	• 수학능력검사와 대학생활 적응 • 적성검사와 채용 후 직무능력	• 자작 지능검사와 K-ABC 지능검사 • 자작 성격검사와 MBTI 성격검사
공통점	• 검사와 준거 간의 상관계수로 타당도 산출	

3. 구인타당도

구인타당도(construct validity)는 검사도구가 측정하고자 하는 어떤 특성의 개념이나 이론과 관련된 개념으로, 다음과 같은 의미를 가지고 있다.

❖ 구인타당도

조작적으로 정의된 개념의 특성을 제대로 측정하고 있는지의 정도

여기에서 구인(construct)이란 구성개념을 의미하는 것으로서, 검사도구에 반영되어 있다고 가정하는 인간의 어떤 행동 특성을 의미한다.

예를 들어, 창의성의 구성개념을 독창성, 민감성, 과제집착력, 상상력, 모험성, 융통성 등의 하위요인으로 설명할 수 있다면, 창의성 검사의 문항들이 창의성을 설명하는 하위요인을 잘 포함하고 있을 때 구인타당도가 높다고 할 수 있다. 반대로 창의성을 설명하는 구인들 중 일부만 포함하거나 불필요한 구인을 포함하고 있다면 구인타당도가 낮다고 말할 수 있다.

이와 같이 구인타당도는 측정하고자 하는 특성의 구성요인을 얼마나 충실하게 이론적으로 설명하여 경험적으로 측정하느냐의 문제와 관련된다. 이는 요인분석과 같이 응답자료를 기초로 한 계량적 방법에 의해 과학적이고 객관적인 방법으로 검증된다. 또한 인간의 심리적 특성에 대한 조작적 정의의 타당성을 밝혀 주므로 많은 연구의 기초가 될 수 있다는 장점이 있다. 그러나 보다 안정적인 구인타당도 계수를 얻기 위해서는 많은 연구대상이 필요하다는 단점이 있다.

주요 용어 및 단어

타당도	내용타당도	전문가타당도
준거관련 타당도	예언타당도	공인타당도
구인	구인타당도	요인분석

제 12 장 신뢰도

학습목표

1. 신뢰도의 개념을 설명한다.
2. 신뢰도를 높이기 위한 방법을 설명한다.
3. 재검사신뢰도를 설명한다.
4. 동형검사신뢰도를 설명한다.
5. 반분검사신뢰도를 설명한다.
6. 문항내적합치도를 설명한다.
7. 타당도와 신뢰도의 관계를 설명한다.

제1절 신뢰도의 개념

신뢰도(reliability)는 측정도구가 얼마나 안정적으로 일관성 있게 측정하였는가의 문제를 의미한다. 즉 어떤 대상에 대해 동일한 또는 유사한 측정도구를 사용하여 동일한 개념을 반복 측정할 경우 일관성 있는 결과를 얻는다면 신뢰도가 높다고 할 수 있다. 따라서 신뢰성이 높은 측정도구는 사용하는 사람이 달라지고 측정하는 시간과 장소가 달라져도 항상 유사한 결과를 가져온다. 예를 들어, 온도 변화에 민감한 체중계를 사용하여 어떤 사람의 몸무게를 측정하는 경우, 동일한 사람의 체중이 온도에 따라 아침, 점심, 저녁으로 다르다면 체중계의 신뢰도는 낮다고 할 수 있다.

신뢰도를 구체적으로 판단하는 기준은 시간의 안정성, 하위집단 간의 대표성, 같은 개념 척도 간의 동질성이다(최성재, 2005).

❖ 신뢰도의 판단기준

- 시간의 안정성
- 하위집단 간의 대표성
- 같은 개념 척도 간의 동질성

첫째, 시간의 안정성은 척도를 다른 시기에 적용해도 같은 결과를 가져오는가 하는 것이다.

둘째, 하위집단 간의 대표성은 척도를 각각 다른 하위집단에 적용해도 같은 결과를 가져오는가 하는 것이다.

셋째, 같은 개념 척도 간의 동질성은 같은 개념을 측정하는 각각의 다른 척도를 한 대상의 측정에 적용해도 같은 결과를 가져오는가 하는 것이다.

검사도구의 신뢰도를 높이기 위해서는 신뢰도에 영향을 주는 다음 사항을 고려해야 한다.

❖ 신뢰도를 높이기 위한 고려사항

- 측정도구의 문항수가 많아야 함
- 문항의 모호성 제거
- 문항난이도의 적절성
- 문항변별도가 높아야 함
- 면접방법과 태도의 일관성
- 충분한 검사시간

첫째, 측정도구의 문항수가 많을수록 신뢰도 확보에 도움을 준다. 문항수가 적은 검사보다 많은 검사로 측정하는 것이 측정오차를 줄일 수 있고 신뢰도를 높일 수 있다. 이때 문항은 문항제작 절차와 제작원리에 준하여 개발된 양질의 문항이어야 한다.

둘째, 문항은 가능한 명확하게 기술되어 모호하지 않아야 한다. 문항의 내용이 모호하면 응답자는 정확한 뜻을 알 수 없어 임의로 해석할 가능성이 있으므로 응답의 신뢰도가 낮아진다.

셋째, 문항난이도(item difficulty)가 적절해야 한다. 검사가 너무 어렵거나 너무 쉬우면 피험자의 진짜 능력을 측정하기 어렵기 때문에 신뢰도는 낮아진다. 그러므로 응답자의 수준을 고려하여 문항을 구성하는 것이 필요하다.

넷째, 문항변별도(item discrimination)가 높은 문항으로 구성해야 한다. 문항변별도란 문항이 피험자의 능력을 변별하는 정도를 나타내는 지수다. 예를 들어, 한 문항에서 능력이 높은 응답자의 정답률이 높고 능력이 낮은 응답자의 정답률이 낮다면 이 문항은 응답자들을 제대로 변별하는 문항으로 볼 수 있다. 또한 능력과 관계없이 모든 응답자가 문항의 답을 맞히지 못했거나 모두 답을 맞혔다면 변별력이 없는 문항이라고 할 수 있으며, 능력이 낮은 응답자가 맞히고 능력이 높은 응답자가 틀렸다면 응답자들을 거꾸로 변별하고 있으므로 좋지 못한 문항이라고 할 수 있다.

다섯째, 면접자의 면접방식과 태도에 일관성이 있어야 한다. 이는 설문조사를 할 경우 면접원의 태도가 친절한 경우와 불친절한 경우에 따라 다른 응답이 나올 수 있기 때문이다.

여섯째, 검사시간이 충분해야 한다. 즉 충분한 시간이 주어져야 편안하게 응답할 수 있기 때문이다.

제 2 절 신뢰도의 유형

신뢰도를 검사하는 방법은 여러 가지가 있는데 그 중 가장 대표적인 것으로 재검사신뢰도, 동형검사신뢰도, 반분검사신뢰도, 문항내적합치도를 들 수 있다.

❖ **신뢰도 유형**

- 재검사신뢰도: 동일한 측정도구를 동일한 대상에게 시간차를 두어 두 번 측정한 후 상관계수를 산출하는 신뢰도
- 동형검사신뢰도: 두 개의 동형검사를 동일 집단에게 실시한 후 두 점수 간의 상관계수를 산출하여 얻는 신뢰도
- 반분검사신뢰도: 한 개의 평가도구를 두 부분의 점수로 분할하고, 반분된 검사 점수 간의 상관계수를 산출하여 얻는 신뢰도
- 문항내적합치도: 검사의 문항 하나하나를 모두 독립된 검사 단위로 간주하고 그것에 대한 합치도, 동질성, 일치성을 종합하는 신뢰도

1. 재검사신뢰도

재검사신뢰도(test-retest reliability)는 한 가지 측정도구를 동일한 대상에게 시간을 달리하여 두 번 측정한 다음, 첫 번째 점수와 두 번째 점수 간의 결과를 비교해 상관계수를 산출하여 얻는 신뢰도이다. 재검사신뢰도는 Karl Pearson의 단순적률상관계수 추정공식에 의해 산출되며 여기서 도출된 상관계수를 통해 신뢰도를 추정하는데, 상관계수가 높다면 신뢰도가 높다는 것을 의미한다.

재검사신뢰도는 검사를 실시하는 시간간격에 따라 측정에 영향을 받을 수 있으므로 검사의 목적에 따른 실시 간격을 고려해야 하며, 평균적으로 2~4주 정도의 시간간격을 두는 것이 적당하다. 즉 실시 간격이 너무 짧아서 응답자가 기억을 하거나 연습을 하는 효과를 제공하게 되면 첫 번째 검사가 두 번째 검사의 결과에 영향을 주게 되고, 반대로 간격이 너무 길면 측정하려는 행동 특성 자체가 그동안 변화되었을 가능성이 있어 다른 결과를 가져올 수 있다.

재검사신뢰도의 장점은 측정도구 자체를 직접 비교할 수 있고 적용이 간편하지만 두 측정 시점 사이에 대상의 속성이 변할 경우 이러한 변화를 파악할 수 없다는 단점이 있다. 따라서 두 측정 사이의 차이가 있다고 해서 반드시 측정 수단의 신뢰도가 낮다고 판단하기 힘들다. 즉 검사효과, 성숙요인, 역사요인 등이 작용할 수 있기 때문이다.

2. 동형검사신뢰도

동형검사신뢰도(equivalent-form reliability)는 처음부터 두 개의 동형검사를 제작하여 동일 집단에게 실시해서 얻은 두 점수 간의 상관을 산출하여 얻는 신뢰도다.

이때 동형검사는 표면적인 내용은 다르지만 두 검사의 측정이론이 동질적이며, 동일하다고 추정할 수 있는 문항들로 구성된 검사로 문항의 난이도 및 변별도가 같거나 비슷하고 문항내용도 같은 것으로 구성된 것이다.

한편, 동형검사신뢰도는 두 개의 동형검사를 동일 집단에 동시에 시행하므로 시험 간격이 문제가 되지 않고 신뢰도계수 추정이 쉬운 장점이 있지만, 정확하게 동형인 두 검사를 구성하는 것이 결코 쉽지 않으며, 검사를 두 번 제작해야 한다는 단점이 있다.

3. 반분검사신뢰도

반분검사신뢰도(split-half reliability)는 한 개의 평가도구를 한 집단에게 실시한 다음, 그것을 적절한 방법에 의해 두 부분의 점수로 분할하고, 그 두 개의 반분된 검사 점수 간의 상관을 산출하여 신뢰도계수를 얻는 방법이다.

반분검사신뢰도에서 문항을 분할하는 방법은 여러 가지가 있다. 짝수 문항과 홀수 문항으로 나누는 방법, 50%로 반분하는 방법, 동급의 문항이라 판단되는 문항을 임의로 짝을 지어 반분하는 방법 등을 주로 사용한다. 이때 주의해야 할 점은 양분된 문항 내용과 구성에 대한 동질성을 고려하여 분할해야 한다는 것이다.

반분검사신뢰도는 검사를 한 번만 시행하는 장점은 있으나, 검사 전체의 신뢰도가 아니라 반분된 부분의 신뢰도를 추정한 것이라는 점과, 검사를 양분하는 방법에 따라 반분검사 신뢰도계수가 달리 추정되는 단점이 있다. 그러므로 반분검사신뢰도를 구하기 위해서는 스피어만-브라운(Spearman-Brown) 공식을 사용하여 신뢰도계수를 변환시켜야 한다. 스피어만-브라운 공식은 두 개의 반분검사가 원검사만큼 문항수가 많아질 경우 신뢰도계수가 어떻게 변하는지를 추정해 주는 방법으로, 공식은 다음과 같다.

$$r_{tt} = \frac{2r_{hh'}}{1+r_{hh'}}$$

r_{tt}: 전체 검사의 교정된 신뢰도계수
$r_{hh'}$: 반분된 검사 점수 간의 상관계수

4. 문항내적합치도

문항내적합치도(inter-item reliability)는 검사의 내적 속성을 고찰하여 신뢰도를 산출하는 방법으로 검사의 문항 하나하나를 모두 독립된 한 개의 검사 단위로 간주하고 그것에 대한 합치도, 동질성, 일치성을 종합하는 신뢰도를 말한다. 검사를 두 번 실시하지 않고 검사의 신뢰도를 추정할 수 있으므로 재검사신뢰도, 동형검사신뢰도, 반분검사신뢰도가 지닌 단점을 극복할 수 있다.

여기서는 문항내적합치도 중 흔히 쓰이는 KR20 공식에 의한 방법과 Cronbach α계수 산출방법에 대해 설명하겠다.

1) KR20 공식

KR20 공식은 Kuder와 Richardson이 개발한 것으로 검사 내 모든 문항 간의 상호 상관을 이용하여 신뢰도계수를 산출하는 방법이다.

예를 들어, 문항이 20개일 경우 20개 문항 각각의 문항을 마치 1개 문항을 가진 20개의 동형검사로 간주하여 신뢰도를 추정하는 것으로, 검사의 모든 문항 간의 내적상관 평균을 이용하여 신뢰도를 산출하는 방법이다.

KR20 공식은 진위형과 같이 양분응답문항일 경우나, 문항이 정답/오답으로 구분되거나, 예/아니오 등으로 구분되는 경우에 사용하며 공식은 다음과 같다.

$$KR20 = \frac{n}{n-1} \times \frac{S_t^2 - \Sigma pq}{S_t^2}$$

n : 검사의 문항수
S_t^2 : 전체 검사 점수의 분산
p : 정답비율
q : 오답비율

2) Cronbach α계수

α(알파)계수는 Cronbach에 의해 개발된 것으로 문항의 내적합치도를 이용하여 신뢰도계수를 추정한다는 면에서는 KR20과 유사하다. 그러나 Cronbach α계수는 각 문항에 0점, 1점, 2점, 3점, 4점 등과 같이 부분 점수를 줄 수 있는 범위를 지닌 척도를 사용하는 방법이라는 면에서 KR20과 차이가 있다.

즉 Cronbach α계수는 전형적으로 리커트 척도(매우 그렇다[5점]~전혀 그렇지 않다[1점])를 사용하는 심리검사의 신뢰도 추정방법에 가장 많이 사용되고 있다. Cronbach α계수를 산출하는 공식은 다음과 같다.

$$KR20 = \frac{n}{n-1} \times \frac{1-\Sigma S_t^2}{S_t^2}$$

n : 검사의 문항수
S_t^2 : 각 문항의 분산의 총합(전체 검사 점수의 분산)

제3절 타당도와 신뢰도의 관계

앞에서 검토한 바와 같이 타당도는 측정하려고 의도한 것을 어느 정도로 충실히 측정하고 있는가의 정도이며, 신뢰도는 측정도구가 얼마나 안정적으로 일관성 있게 측정하였는가의 정도다. 타당도와 신뢰도가 다른 개념이라 할지라도 분리하기보다는 연관성을 두고 분석하는 것이 두 개념을 이해하는 데 필요하다.

측정점수는 신뢰할 수 있는 점수와 오차점수로 구분할 수 있고, 신뢰할 수 있는 점수는 타당한 점수와 타당하지 않은 점수로 구분된다. 이러한 신뢰도와 타당도의 관계는 [그림 12-1]과 같다.

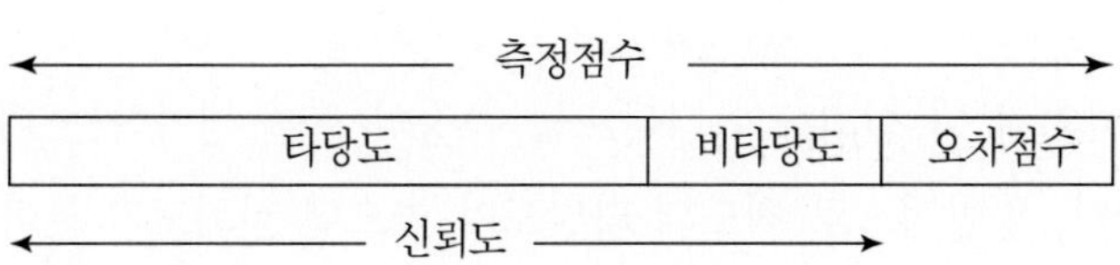

[그림 12-1] 타당도와 신뢰도의 관계(성태제, 2009; 황정규, 2000)

한편, 신뢰도와 타당도의 관계를 궁수가 화살을 과녁에 맞히는 것에 비유해 보면 실제 상황에서는 [그림 12-2]와 같이 3가지 장면이 있을 수 있다.

[그림 12-2] 신뢰도와 타당도의 관계

〈과녁 1〉은 화살을 과녁에 일관성 있게 맞히기는 하나 중앙부에서 떨어져 있다. 즉 신뢰도는 있으나 타당도가 없다. 척도에 따라서 측정의 정밀성은 높으나, 측정하고자 하는 것을 측정하지 못함으로써 타당도가 낮을 수밖에 없는 문제를 나타낸다. 이와 같은 척도의 경우 타당도를 높인다면 아주 훌륭한 척도의 요건을 갖추게 되는 것이다.

〈과녁 2〉는 화살이 과녁 전반에 걸쳐 무선적으로 흩어져 있는 경우다. 간혹 과녁 중심부에 맞히기는 하나 여전히 중심부에서 떨어져 있다. 즉 신뢰도도 없고 타당도도 없다. 측정의 정밀성도 낮고, 측정하고자 하는 것도 측정할 수 없는 척도라면 척도로서 가치가 없다. 만약 연구자가 이와 같은 척도를 가졌다면, 더 이상 재고할 여지도 없이 새로운 척도를 찾아 나서야 할 것이다.

〈과녁 3〉은 모든 화살이 일관성 있게 중심부를 맞히고 있다. 즉 신뢰도도 있고 타당도도 갖추고 있는 양질의 척도라고 할 수 있다.

이상에서와 같이 신뢰도와 타당도는 측정의 질을 평가하는 데 중요한 기준이 된다. 일반적으로 척도의 타당도가 높으면 신뢰도가 높아지는 등 타당도와 신뢰도는 대체로 상호 간에 밀접하게 연결되어 있는 것으로 알려져 있다. 하지만 중요한 사실은 검사가 신뢰도가 있다고 반드시 타당도가 있는 것은 아니라는 사실이다. 즉 신뢰도와 타당도는 별개의 문제라는 것을 간과해서는 안 된다. 그러므로 검사의 타당도가 확보된 후 신뢰도를 확인하는 것이 필요하다.

주요 용어 및 단어

신뢰도	문항난이도	문항변별도
재검사신뢰도	동형검사신뢰도	반분검사신뢰도
스피어만-브라운 공식	문항내적합치도	KR20
Cronbach α계수		

제13장 표본추출 방법

학습목표

1. 표본추출 과정을 설명한다.
2. 연구목적과 방법에 맞는 표본추출 방법을 선택한다.
3. 확률적 표집방법과 비확률적 표집방법의 차이를 설명한다.
4. 단순무선표본추출의 특성 및 장단점을 설명한다.
5. 체계적 표본추출의 특성 및 장단점을 설명한다.
6. 층화표본추출의 특성 및 장단점을 설명한다.
7. 군집표본추출의 특성 및 장단점을 설명한다.
8. 편의표본추출의 특성 및 장단점을 설명한다.
9. 목적표본추출의 특성 및 장단점을 설명한다.
10. 할당표본추출의 특성 및 장단점을 설명한다.

제1절 표본추출 과정

표본설계 과정이라고도 하는 표본추출의 절차는 일반적으로 [그림 13-1]과 같은 과정을 거친다(한승준, 2006).

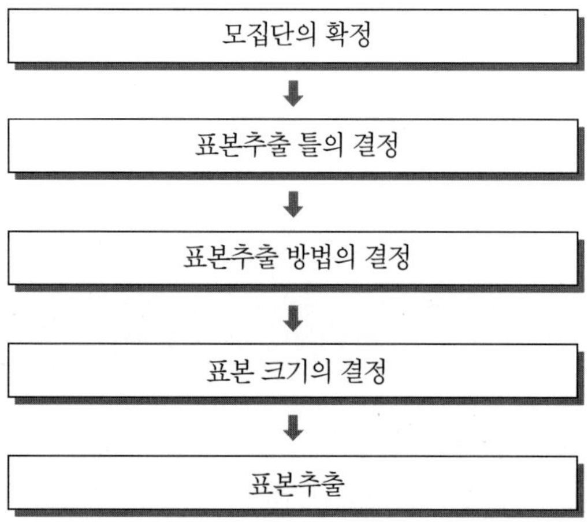

[그림 13-1] 표본설계 과정(한승준, 2006)

1. 모집단의 확정

모집단은 연구의 대상이 되는 집단을 말한다. 이러한 모집단을 명확히 규정하기 위해서는 조사의 대상, 단위, 시간적 · 공간적 범위를 정해야 한다.

예를 들어, 부산지역 성인학습자의 자기주도학습 성향을 조사한다면, 조사대상은 20세 이상 성인, 시간적 범위는 2008년 4월 한 달간, 공간적 범위는 부산지역으로 제한할 수 있다.

2. 표본추출 틀의 결정

모집단이 확정된 이후 적합한 표본추출의 틀을 설정해야 한다. 표본추출의 틀이란 조사대상이나 표본 단위가 수록된 명단을 말한다. 한편, 가장 이상적인 표본추출의 틀은 모집단과 일치하는 경우로, 명단의 목록에는 표본추출 단위를 모두 포함해야 하며, 이중으로 포함되어서는 안 된다.

3. 표본추출 방법의 결정

표본추출 틀을 결정한 다음에는 표본추출의 방법을 결정해야 한다. 이는 다양한 표본추출 방법 중 연구목적과 연구상황에 따라 적합한 표본추출 방법을 결정해야 하기 때문이다.

표본추출 방법을 결정하는 요인은 조사의 목적, 모집단에 대한 정보, 소집단의 성질에 따라 달라진다(김현철, 2000).

첫째, 조사의 목적에 따라 표본추출 방법이 달라진다. 조사의 목적이 표본으로부터 얻어진 표본의 특성치로 모집단의 특성치를 추론하는 것이라면 확률표본추출법을 사용해야 한다. 반면, 연구자가 표본조사의 결과를 모집단에 대하여 일반화시키는 것보다 조사결과를 신속하게 적은 비용으로 하기를 원한다면 비확률표본추출법을 사용하는 것이 좋다.

둘째, 모집단에 대하여 가지고 있는 정보의 양이 표본추출 방법에 영향을 미친다. 모집단에 대한 정보가 거의 없다면, 확률표본추출 방법을 사용하기 어렵고 비확률표본추출 방법을 사용해야 한다.

셋째, 소집단의 성질에 따라 표본추출 방법이 달라진다. 모집단이 소집단으로 분할되어 있고, 소집단이 내부는 동질적이고 외부는 이질적인 경우에는 층화표본추출법을 사용한다. 또한 모집단을 구성하고 있는 소집단이 내부는 이질적이고, 소집단 간에는 동질적인 경우는 군집표본추출법을 사용한다.

한편, 표본추출 방법은 확률적 표본추출법과 비확률적 표본추출법으로 나누어지는데 이에 대한 설명은 다음과 같다.

확률적 표본추출법(probability sampling)은 모집단에 속하는 모든 사례들이 표본으로부터 뽑힐 확률을 객관적으로 파악할 수 있도록 설계된 방법이며, 비확률적 표본추출법(nonprobability sampling)은 확률을 고려하지 않고 연구자의 주관적 판단에 의해 표본을 추출하는 방법이다(성태제, 시기자, 2006). 확률적 표본추출법과 비확률적 표본추출법의 특징을 살펴보면 〈표 13-1〉과 같다.

〈표 13-1〉 확률적 표본과 비확률적 표본 비교

확률적 표본	비확률적 표본
연구대상이 표집될 확률이 알려져 있을 때	연구대상이 표집될 확률이 알려져 있지 않을 때
무작위 표집	인위적 표집
모수 추정에 편향(bias) 없음	모수 추정에 편향 존재 가능
표본 분석결과의 일반화 가능	표본 분석결과의 일반화 제약
표본오차의 추정 가능	표본오차 추정 불가능
시간과 비용이 많이 듦	시간과 비용 절약

확률적 표본과 비확률적 표본에 대한 보다 자세한 사항은 본 장의 2절과 3절에서 설명하도록 하겠다.

4. 표본 크기의 결정

표본 크기를 결정하는 것은 표본의 오차와 밀접한 관계를 가지고 있다.

즉 표본의 크기가 클수록 표본오차는 줄어드는 장점은 있지만 조사비용이 많이 들기 때문에 적절한 표본의 크기와 표본오차를 선택하는 것이 중요하다.

한편, 표본의 크기는 조사비용의 문제뿐만 아니라 연구의 목적, 조사의 정확도 등과 밀접한 관련을 지닌다. 연구의 목적이 정확한 모수 추정을 요구할 경우나 특정한 통계분석 기법을 실행하기 위해서는 일정 수준 이상의 표본을 구비할 필요가 있다. 그러므로 연구의 시간적 · 비용적 측면을 고려해 적정한 수준에서 표본의 크기를 결정해야 한다.

표본 크기를 결정하는 요인들을 구체적으로 살펴보면, 비용과 시간, 모집단의 동질성, 변수의 총수와 각 변수의 범주 수, 척도의 종류, 응답률, 표본추출 방법, 조사목적과 일치하는 대상의 비율, 신뢰수준, 오차한계, 자료의 표준편차 등이 해당된다(김현철, 2000).

첫째, 비용과 시간은 표본의 크기에 가장 영향을 많이 미치는 요인이다. 조사에 활용 가능한 자원, 특히 경제적인 비용, 할애할 수 있는 시간, 조사원들을 얼마나 동원할 수 있는가에 따라 표본의 크기는 달라질 수밖에 없기 때문이다. 하나의 표본에 대한 소요 비용이 일정하다고 할 때 표본의 크기가 클수록 조사비용이 증가하며, 단위 표본당 설문지의 길이, 조사대상자의 지리적 집중도, 응답률 등에 의하여 영향을 받으므로 이를 고려하여 표본의 크기를 결정해야 한다.

둘째, 조사대상 모집단이 어느 정도의 동질성을 갖고 있는가에 따라 표본의 크기가 절대적으로 결정된다. 예를 들어, 공무원의 평생교육사 전문성에 대한 의견이 동질적이라면, 공무원들 중 1명에게만 의견을 물어보면 모집단의 성질을 충분히 파악할 수 있다. 따라서 동질성이 높으면 표본의 크기는 작아진다. 모집단의 동질성은 예비조사를 통하여 파악할 수 있으며, 모집단의 동질성에 대한 정보가 없을 경우 표본의 크기를 충분하게 잡는 것이 좋다.

셋째, 어떤 종류의 척도를 사용하느냐에 따라 표본의 크기가 달라진다.

예를 들어, '예-아니오' 또는 '남자-여자' 등과 같이 이분변수를 사용하는 경우보다 나이, 학력 등과 같은 연속변수를 사용할 때 표본의 크기가 더 커야 한다.

넷째, 실제 조사과정에서 응답률이 저조할 것이라고 예측될 경우 표본의 크기를 늘려야 한다.

다섯째, 어떤 표본추출 방법을 사용하느냐에 따라 표본의 크기가 달라질 수 있다. 일반적으로 층화표본추출법의 경우 비교적 동질적인 층을 대상으로 실시하므로 적은 표본으로 표본조사를 실시할 수 있지만 단순무선표본추출과 군집표본추출의 경우는 표본의 수가 더 커져야 한다.

일곱째, 조사대상 모집단 인구의 몇 퍼센트 정도가 조사목적과 일치하는 특징을 가지고 있는가를 추정하여 표본의 수를 정한다. 예를 들어, 평생교육기관의 프로그램에 참여하는 수강생들이 한 달에 지출하는 학습비용의 평균을 추정하려고 하는 경우, 서울지역의 수강생들은 60%가 학습에 참여하고 있고, 읍면지역의 수강생들은 20%만이 학습에 참여한다고 한다면, 읍면지역보다 서울지역에서 3배 많은 표본을 추출해야 한다.

여덟째, 조사의 신뢰수준에 따라 표본의 크기가 결정된다. 따라서 신뢰수준을 높이려면 표본의 크기는 커져야 한다.

아홉째, 표본의 크기는 정확도의 정도에 따라 결정된다. 오차한계란 표본의 표준편차를 표본수의 제곱근 값으로 나눈 값에 조사의 신뢰수준의 z값을 곱하여 결정한다. 오차의 한계를 작게 하려면 표본의 크기는 커야 한다.

$$\text{오차한계} = z \times \frac{s}{\sqrt{n}}$$

s = 표준편차 n = 표본 수

제2절 확률적 표집방법

확률적 표본추출법은 모집단에 속하는 모든 사례들이 표본으로부터 뽑힐 확률을 객관적으로 파악할 수 있도록 설계된 방법을 말하며, 다음과 같은 방법이 있다.

❖ **확률적 표본추출법**

- 단순무선표본추출: 모집단의 모든 구성원들이 표본에 추출될 확률이 같은 표집방법
- 체계적 표본추출: 모집단의 표집목록에서 일정한 간격을 두고 연구대상을 추출하는 표집방법
- 층화표본추출: 모집단을 두 개 이상의 동질적인 층으로 구분하고 각 층별로 단순무선표본추출 방법을 적용하는 방법
- 군집표본추출: 표집의 단위가 집단인 표본추출 방법

1. 단순무선표본추출

단순무선표본추출(simple random sampling)이란 모집단의 모든 구성원들이 표본에 추출될 확률이 같고, 하나의 구성원이 추출되는 사건이 다른 구성원이 추출되는 데 영향을 주지 않는 독립적인 표집방법으로서 단순무작위표본이라고도 한다(성태제, 시기자, 2006).

표본추출 단위의 선정을 위해 추첨법, 난수표, 컴퓨터 등이 사용될 수 있다.

첫째, 추첨법은 무작위 표본추출 중 가장 간단한 방법으로 모집단 목록표를 보고 필요한 숫자만큼 표본을 골라 내는 방법이다. 이때 복원추출과

비복원추출법이 사용된다. 복원추출(sampling with replacement)이란 모집단으로부터 연구대상을 추출한 후 다시 연구대상을 모집단에 포함시켜 다음 연구대상을 추출하는 방법이다. 예를 들어, 모래주머니에 빨간색 공 6개가 들어 있을 때 빨간 공을 뽑을 확률을 살펴보면 1/6이다. 반복적으로 뽑더라도 빨간 공을 뽑을 확률은 1/6로 동일하다. 비복원추출(sampling without replacement)의 경우 추출된 연구대상을 모집단에 돌려 놓지 않고 연구대상을 표집하는 방법으로, 앞의 예를 적용했을 경우 빨간 공을 첫 번째 뽑을 확률은 1/6, 두 번째 뽑을 확률은 1/5 등으로 변화한다.

둘째, 난수표란 0, 1, 2,…, 9의 수를 무작위로 나열하여 어느 숫자나 선정되는 확률이 동일하도록 작성한 것을 말한다(한승준, 2006). 표본을 추출하기 위해 조사자는 조사 모집단의 구성요소들에게 0부터 시작하는 일련의 번호를 부여한다. 다음으로 조사자는 임의로 난수표의 한 위치를 선정하여 그 숫자를 읽는 데 부여받은 숫자와 일치하면 표본에 포함시키고, 일치하지 않으면 그 숫자를 버리고 다음 숫자를 읽는 과정을 표본의 크기가 채워질 때까지 계속한다.

셋째, 최근에는 컴퓨터 프로그램을 이용하여 쉽게 단순무선표집을 실시할 수 있으며 사회과학 분야에서 일반적으로 사용되는 통계 프로그램에서 난수를 추출할 수 있다.

무작위표본추출법은 모집단이 모든 요소가 동일하고 독립적인 추출 기회를 가지므로 추출된 표본이 모집단을 잘 대표할 수 있으며, 모집단에 대한 사전목록을 가지고 있기 때문에 표집오차를 사전에 계산할 수 있다는 장점이 있다. 반면, 정확한 표집틀에 의한 표집목록이 있어야 하고, 모집단이 어떤 특성에 의해 층화되어 있다면 표집오차가 발생할 수 있다는 문제가 있다. 또한 전집에 대한 완전한 목록을 만드는 것이 현실적으로 어렵다는 단점이 있다.

2. 체계적 표본추출

체계적 표본추출(systematic sampling)이란 모집단의 표집목록에서 일정한 간격을 두고 연구대상을 추출하는 표집방법으로 계통적 표본추출법이라고도 한다(성태제, 시기자, 2006).

체계적 표본추출 방법은 먼저 모집단의 규모를 파악한 다음 그에 따라 표본의 규모를 결정하고 다음으로 모집단을 형성하는 각 구성단위의 배열 또는 순서를 파악하여 매 n번째 단위를 추출해 내는 것이다. 이때 n은 모집단 수를 표본 수로 나눈 것이다. 예를 들어, 100명의 학생들 가운데 10명을 추출한다고 할 때, 매 10번째 학생을 뽑는 경우가 이에 해당된다. 체계적 표본추출이 미리 정해진 순서에 따라 표본을 추출하는 반면, 무작위 표본추출은 전체 모집단에서 무작위로 표본을 추출한다는 것이 다르다.

이러한 체계적 표본추출은 표집이 쉽고 빠르게 진행될 수 있으며, 전집의 특정 부분이 다른 부분보다 높은 비율로 선발될 가능성을 배제시켜 준다는 장점이 있다. 반면, 모집단의 표집틀이 무선적으로 배열되지 않을 경우 특정 집단이 상대적으로 많이 추출되어 모집단을 대표하지 못한다는 것과, 첫 번째 추출된 연구대상으로부터 n번째 대상이 계속 표집되므로 표본이 비독립적이라는 단점이 있다.

3. 층화표본추출

층화표본추출(stratified sampling)은 모집단을 일정한 기준에 따라 두 개 이상의 동질적인 층(strata)으로 구분하고 각 층별로 단순무작위 추출방법을 적용하는 방법으로서 유층표본추출이라고도 한다(이준형, 2004).

층화표본추출법에는 비율층화표본추출법과 비비율층화표본추출법이 있다(성태제, 시기자, 2006). 첫째, 비율층화표본추출법(proportional sampling)은 모집단의 크기를 고려하여 모집단의 일정 비율을 표본으로 표집하는 방법이다. 예를 들어, 성별에 따른 평생교육사의 전문성에 대한 인식을 조사하고자 할 때 평생교육사의 남녀 성비를 파악한 후 모집단의 성비에 비례하여 표본을 추출하는 것을 말한다. 둘째, 비비율층화표본추출법(nonproportional sampling)은 연구자의 판단에 의해 비율을 결정하여 표집하는 방법이다. 앞서 예를 적용해 본다면, 평생교육사의 남녀 성비를 파악한 후 연구자의 판단에 의해 비율을 정하고 표본을 추출하는 것이다.

층화표본추출법의 장점은 첫째, 중요 집단은 빼놓지 않고 표본에 포함시킬 수 있다는 것이다. 특히 모집단에서 낮은 비율을 차지하는 중요한 구성원 집단이 있을 때 효과적이다. 둘째, 모집단을 동질적인 하위집단으로 구분하면 표본의 수를 줄이더라도 표본의 대표성을 높일 수 있다. 셋째, 모집단을 효과적으로 층화할 경우, 층화표본추출에 의해 구해지는 추정량의 정확도가 높다. 넷째, 하위집단 간의 비교연구에 유용하다.

단점으로는 첫째, 조사자의 모집단에 대한 정확한 정보를 필요로 한다. 조사자가 모집단에 대한 정확한 정보가 없다면 효과적인 층화가 이루어지지 못해 표본의 대표성이 낮아질 수 있다. 둘째, 층화 후 하위집단 내에 표본의 틀이 필요하다. 즉 명부나 목록이 없을 경우, 그것을 만드는 데 많은 시간과 노력이 필요하게 된다.

4. 군집표본추출

군집표본추출(cluster sampling)은 표집의 단위가 개인이나 요소가 아니라 집단이므로, 집락표본이라고도 한다(성태제, 시기자, 2006). 즉 군집표본추출에 의한 표본에 의견을 조사할 때에는 개인에게 묻는 것이 아니라 어떤 집단에 속한 사람들에게 묻는 것이다.

군집표본추출을 할 경우 모집단을 군집으로 나눈 다음 무선표집에 의하여 군집을 추출하는 것이다. 예를 들어, 서울시 평생교육사들의 전문성 수준의 변화에 관심이 있어서 그들의 전문성 수준을 조사하고자 할 때 이들을 개별로 표집하기가 용이하지 않다. 그러므로 서울시에 소재한 각 평생교육기관을 군집으로 설정하고 단순무선표집으로 기관을 추출한 후 추출된 기관에 소속된 평생교육사를 표집한다면 이 경우 평생교육사들을 대표하는 표본이 추출되는 것이다.

이러한 군집표본의 장점은 첫째, 모집단의 개인목록이 없을 때도 실시가 용이하고, 둘째, 시간과 비용을 절약할 수 있는 점이다. 즉 모집단 속에서 개인단위가 아닌 집단단위로 추출한 후 그 집단에 속한 사람을 대상으로 하기 때문에 시간과 비용이 경감된다. 또한 전집의 특성에 대한 사전지식이 없을 때에도 사용 가능하다. 반면, 군집에 포함되지 않는 대상은 포함시킬 가능성이 전혀 없으므로 모집단을 정확히 대표할 수 없다는 단점이 있다. 그러므로 이를 보완하기 위해 군집의 숫자를 늘려서 여러 군집을 추출하는 것이 효과적이다.

확률적 표집방법을 도식화하면 [그림 13-2]와 같이 표현할 수 있다.

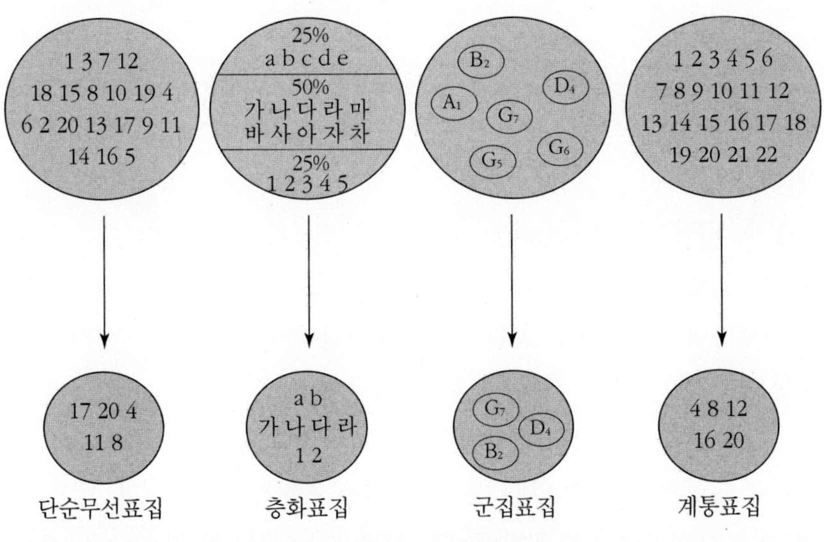

[그림 13-2] 확률적 표집방법(이종성, 1996)

제3절 비확률적 표집방법

비확률적 표본추출법은 확률을 고려하지 않고 연구자의 주관적 판단에 의해 표본을 추출하는 방법을 의미하며, 다음과 같은 방법이 있다.

> ❖ 비확률적 표본추출법
>
> • 편의표본추출: 연구진행에 편리하게 표본을 선택하는 방법으로 지원자 표본과 우연적 표본이 포함됨
> • 목적표본추출: 연구의 목적을 위해 연구자가 의도적으로 표집하는 방법
> • 할당표본추출: 표본 틀이 없을 때 모집단에 대한 사전지식을 가지고 연구대상에 할당하여 표집하는 방법

1. 편의표본추출

편의표본추출(convenience sampling)이란 연구진행에 편리하게 표본을 선택하는 방법으로서, 지원자 표본과 우연적 표본이 포함될 수 있다(성태제, 시기자, 2006).

첫째, 지원자 표본(volunteer samples)은 연구의 목적에 동의하는 연구대상 집단을 말한다. 연구를 수행할 경우, 법적 · 윤리적 문제로 인해 연구를 수행하기 어려울 때는 지원자 표본에 의한 연구를 수행하며 이러한 연구는 의학, 생리학, 약학 등에서 주로 사용된다.

둘째, 우연적 표본은 어떤 특별한 표집계획이나 목적 없이 조사자가 임의대로 손쉽게 구할 수 있는 대상들 중에서 표집하는 방법이다. 예를 들어, 어느 대학 학생들의 문화에 대한 의견조사를 실시할 경우, 그 대학의

특정 장소에서 왕래하는 사람들에게 의견을 묻는 방법을 말한다. 이 방법은 모집단에 대한 대표성을 전혀 고려하지 않은 방법이기 때문에 가급적 사용하지 않는 것이 좋다.

2. 목적표본추출

목적표본추출(purposeful sampling)이란 연구의 목적을 위해 연구자가 의도적으로 표집하는 것을 말하며, 판단표본추출(judgement sampling), 의도적 표본추출(purposive sampling)이라고도 한다(성태제, 시기자, 2006).

이는 연구자가 모집단 및 구성요소에 대한 풍부한 사전지식을 가지고 있을 때 유용하다. 예를 들어, 지역사회의 어떤 성향을 조사할 때, 그 지역사회의 성향을 가장 대표적으로 나타낸다고 생각되는 사람들을 선택해 조사할 수 있다. 따라서 조사자의 주관적인 판단이 개입된다.

목적표본추출은 표본을 추출하는 데 비용이 적게 들고 모집단에 대한 일정한 지식이 있는 경우 표본추출이 편리하고 정확도가 높다는 장점이 있다. 반면 모집단에 대해 충분한 지식을 가져야 하고, 오차 계산이 곤란하며, 대표성에 대한 보장을 할 수 없다는 단점이 있다.

3. 할당표본추출

할당표본추출(quota sampling)은 비확률적 표본추출법 중에서 가장 정교한 방법으로 사회과학 조사에서 많이 쓰인다. 이를 사용하기 위해서는 모집단에 대한 사전지식을 갖고 있어야 하지만 명확한 표본추출 틀이 없어도 적용 가능한 방법이다. 예를 들어, 고등학생을 대상으로 연구할 경우 해당 교육구청별로 할당하여 표집하는 것이 이에 해당된다.

할당표본추출법은 표본추출 비용이 적게 들고 표본추출이 쉽고 빠르며, 모집단을 구성하고 있는 계층을 골고루 적절히 대표하게 하여 대표성을 높인다는 장점이 있다. 반면 분류방법이나 분류에 영향을 미치는 관련변수에 대한 지식이 부족하거나 혹은 분류의 작위성으로 인해 분류의 오차가 개입할 가능성이 높다는 단점이 있다.

주요 용어 및 단어

모집단	표본추출	확률적 표집방법
비확률적 표집방법	단순무선표본추출	체계적 표본추출
층화표본추출	군집표본추출	편의표본추출
목적표본추출	할당표본추출	

P·A·R·T **4**

조사계획서 및 보고서 작성방법

제14장 조사계획서 작성법
제15장 조사보고서 작성법

제 14 장 조사계획서 작성법

학습목표

1. 조사계획서 작성의 중요성을 설명한다.
2. 조사계획서의 기능을 설명한다.
3. 조사계획서 작성 시 유의점을 설명한다.
4. 조사계획서에 포함되어야 할 요소를 설명한다.

제1절 조사계획서의 중요성

조사계획서는 본격적인 조사에 앞서 전체적 윤곽과 일의 전후 및 진행 상황 등을 면밀히 검토하기 위해 연구의 진행과정을 구체적이고 정확하게 계획한 연구의 청사진과 같다. 왜냐하면 조사계획서를 작성하면서 연구문제와 연구진행 과정에 대해 보다 조직적으로 사고할 수 있게 되는데, 이를 통해 연구계획에 결점이나 불합리한 점을 사전에 찾아내어 교정할 수 있을 뿐만 아니라 필요한 자료의 수집과 진행절차를 명확히 할 수 있기 때문이다. 또한 조사계획서를 작성함으로써 관련 분야의 다른 전문가들로부터 향후 수행될 조사연구의 향상을 위해 여러 가지 조언을 들을 수 있어 연구의 질이 높아질 수 있다. 따라서 조사계획서를 작성하지 않아도 연구는 실행할 수 있지만, 계획서를 작성하면 연구의 질은 그만큼 높아지게 된다.

1. 조사계획서의 기능

조사계획서는 연구자가 의도하는 연구의 목적과 방법을 구체적으로 진술했을 경우, 연구자 자신뿐 아니라 다른 전문가들로부터 도움을 받을 수 있다는 장점이 있다. 조사계획서의 기능은 구체적으로 다음과 같다.

❖ 조사계획서의 기능

- 의사소통의 기능
- 문제상황의 사전 방지 기능
- 연구자의 연구내용을 확정하는 기능

첫째, 조사계획서는 의사소통의 기능을 한다. 연구자는 본격적으로 연구를 수행하기에 앞서 다른 전문가들로부터 자신의 연구에 대한 의견이나 조언을 얻는데, 이때 조사계획서는 구체적인 자문에 필요한 자료가 된다. 구체적이고 명백한 계획서의 작성 없이는 다른 사람들로부터 세부적인 조언을 얻을 수 없기 때문이다.

둘째, 조사계획서는 문제상황의 사전 방지 기능을 한다. 즉 체계적인 조사계획서의 작성 및 검토를 통해 연구 상황에서 야기될 수 있는 문제를 사전에 검토해 볼 수 있다. 특히 과학적인 탐구방법이 수립되어야 하므로, 조사에 사용될 방법, 조사과정의 객관성 및 정확성 등이 더욱 요구된다. 이러한 과정을 미리 검토해 볼 수 있게 하는 것이 조사계획서의 작성 과정이다.

셋째, 조사계획서는 연구자의 연구내용을 확정하는 기능을 한다. 조사연구를 수행하기 전에 전문가들로부터 조언을 받고 검토하는 과정을 거쳐 연구계획서를 확정하게 된다. 이는 연구자가 속한 행정기관에서의 승인이라는 행정적인 의미도 있지만, 연구자의 입장에서는 연구의 내용을 확정하는 것이 된다. 이와 같은 절차를 통해 조사연구의 객관성 및 정확성은 더욱 높아질 것이다.

2. 조사계획서의 작성기준

연구자는 계획서를 작성할 때 실제 연구활동과 마찬가지로 윤리적 지침에 위배되지 않는 범위 내에서 작성해야 한다. 조사계획서를 작성할 때는 다음과 같은 기준을 만족시키는 것이 바람직하다.

❖ 조사계획서 작성기준

- 논리적이어야 함
- 정확성을 갖추어야 함
- 명확성을 확보해야 함
- 조사내용의 효과적인 전달이 가능해야 함
- 간결해야 함

첫째, 조사계획서는 논리적이어야 한다. 이는 연구자가 자신의 연구주제에 대해 고민한 사고과정을 논리적이고 체계적으로 상세하게 전달할 수 있도록 서술해야 함을 의미한다.

둘째, 조사계획서는 정확성을 갖추어야 한다. 이는 연구결과의 해석에 중요한 영향을 미치는 요소다. 조사계획서의 모든 측면에서 정확성이 필요하지만, 특히 수집할 자료의 정확성은 명확한 자료처리와 분석을 위해 더욱 요구된다. 이 외에도 보고서 내용상의 오자, 탈자, 문법에 어긋나는 표현 등에 대한 정확성도 함께 고려해야 한다.

셋째, 조사계획서는 명확성을 확보해야 한다. 명확성은 보고서의 표현이 이해하기 쉽고, 모호한 단어나 어구가 없이 구성된 것을 말한다. 연구라는 것이 어느 한 분야의 전문성을 바탕으로 하기 때문에 이러한 명확성은 쉽게 간과될 수도 있는데, 조사계획서는 그 분야에 대한 전문지식이 없는 사람도 쉽게 이해할 수 있도록 명확하게 작성해야 한다.

넷째, 조사계획서는 조사내용을 효과적으로 전달할 수 있어야 한다. 효과적인 전달이란 계획서를 읽는 사람들의 주의를 집중하고 어떤 오해나 논리적 비약 없이 전달하는 것이며, 이렇게 될 수 있도록 조사계획서를 구성해야 한다. 따라서 계획서를 작성할 때는 난해한 표현을 지양하고 간단명료하게 표현해야 한다.

다섯째, 조사계획서는 간결해야 한다. 간결성은 반드시 필요한 내용만을 조사계획서에 수록해야 한다는 것을 말한다. 즉 필요한 정보를 최소한의 문장이나 단어로 완벽하게 표현하는 것이 바람직하다.

3. 검토사항

연구를 수행하면서 아래와 같은 목록을 만들고 수시로 검토하는 것이 필요하다(Boling & Condry, 1992).

- 나의 연구제목은 ________________ 이다.
- 연구주제에 포함된 중요한 변인은 ________________ 이다.
- 연구에서 제기된 문제는 ________________ 이다.
- 연구목적은 ________________ 이다.
- 연구가설 및 연구질문(research question)은 ________, ________, ________ 이다.
- 연구에 포함된 모집단은 ________________ 이다.
- 표집방법은 ________________ 이다.
- 참고문헌들은 ________, ________, ________ 이다.
- 참고문헌을 작성하는 지침은 ________________ 을 따를 것이다(각 학회에서 요구하는 지침).
- 자료수집 방법과 절차는 ________________ 가 될 것이다.
- 자료분석 방법은 ________________ 가 될 것이다.
- 연구결과로 기대되는 제안은 ____________, ____________ 일 것이다.

제 2 절 조사계획서의 작성단계

좋은 조사계획서인지 아닌지는 계획서에 들어 있는 아이디어가 얼마나 논리적이고 체계적으로 제시되어 있느냐에 달려 있다. 다음 [그림 14-1]에 제시되어 있는 9단계는 좋은 계획서를 작성하기 위해 어떤 과정을 거쳐야 하는지를 흐름도로 제시한 것이다. 개별적인 조사의 특성에 따라 다른 과정을 첨가하거나 빼도 무방하다.

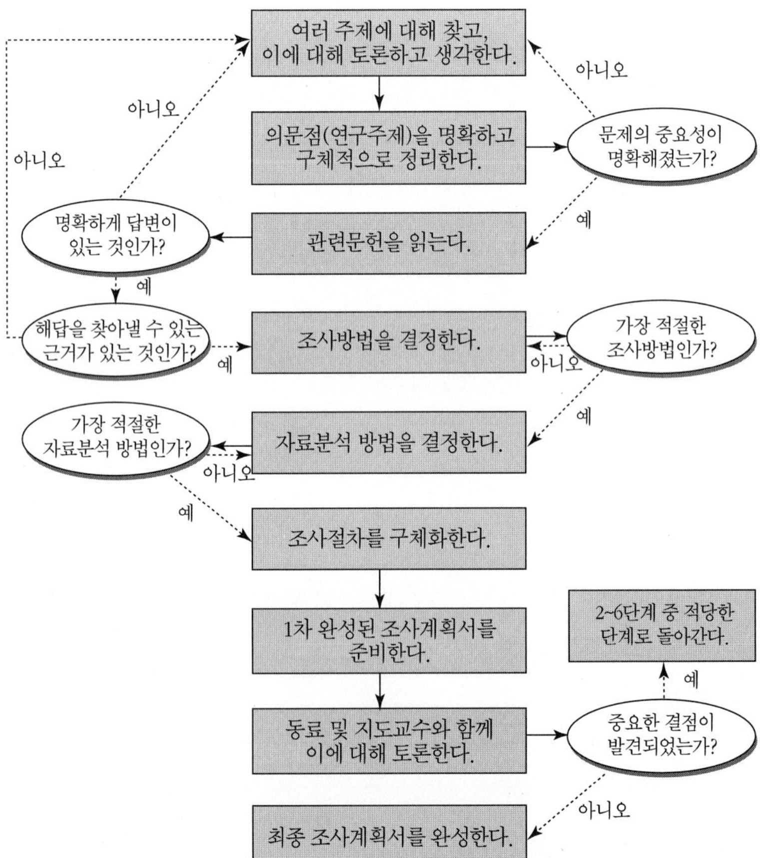

[그림 14-1] 조사계획서 작성과정

제 3 절 조사계획서의 체제

조사계획서의 체제란 조사계획서에 포함되어야 하는 요소를 의미하는 것으로, 연구유형에 따라 조금씩 달라질 수 있다. 그러나 보편적으로 연구의 목적과 필요성을 진술하는 서론, 수행하고자 하는 연구의 이론적 · 경험적 근거를 기술하는 이론적 배경, 구체적인 연구수행 방법 및 절차와 관련된 조사방법, 본 조사연구를 통해 나타날 것이라 예상되는 결과 등이 포함되어야 한다. 또한 다른 기관이나 정부의 재정적 지원을 받아 이루어진 연구일 경우, 소요 예산 및 일정에 대한 계획을 추가 · 제시하기도 한다. 조사계획서가 조사보고서와 다른 점은 조사의 결과 부분, 결론 및 제언 부분 등이 빠져 있다는 것이며, 이론적 배경의 내용이 보다 구체화되고 보강된다는 점이다([그림 14-2] 참조).

각 부분의 작성방법은 15장의 조사보고서 작성요령을 참고하기 바란다.

1. 서론
   1) 조사연구의 필요성
   2) 조사연구의 목적
   3) 연구문제 및 가설
   4) 조사연구의 범위 및 제한점

2. 이론적 배경

3. 조사방법
   1) 조사대상
   2) 측정도구
   3) 자료수집 방법 및 절차
   4) 자료분석 방법

4. 기대되는 결과

5. 참고문헌

6. 일정

7. 예산

[그림 14-2] 조사계획서의 체제

주요 용어 및 단어

조사계획서 연구문제

제 15 장

조사보고서 작성법

학습목표

1. 조사보고서 작성 시 고려해야 할 윤리적 지침을 이해한다.
2. 조사보고서 체제를 설명한다.

제1절 윤리적 지침

보고서는 조사를 실시한 뒤 작성하는 것으로, 연구보고서를 작성할 때와 같이 윤리적 지침에 위반되지 않는 범위 내에서 작성해야 한다. 조사보고서를 대외적으로 공개할 경우는 연구대상 및 연구의뢰자에게 지켜야 할 최소한의 윤리가 있는데, 그 내용은 다음과 같다.

❖ 조사보고서 작성 시 고려할 윤리적 지침

- 조사대상자에 대한 윤리
- 일반 대중 및 학자들에 대한 윤리
- 기타 관계자에 대한 윤리

첫째, 조사대상자와의 윤리다. 많은 사회조사는 설문지나 면접 등을 이용하여 표본을 뽑아 이들로부터 얻은 정보를 분석하게 된다. 이를 이용하여 보고서를 작성할 때 일반적으로 응답자의 개인적인 응답은 공개하지 않는 것이 조사의 기본윤리다.

둘째, 일반 대중 및 학자들과의 윤리다. 자신의 연구결과를 전문학술지나 일반 대중에게 발표할 경우 이들에게 받아들여지지 않는다고 해서 연구결과를 왜곡해서는 안 된다. 즉 검증이 안 된 내용을 무리하게 검증되었다고 발표하거나 연구과정에서 자신이 원하는 결과가 나오도록 특수한 연구방법을 선택하는 것은 윤리에 어긋나는 일이다.

셋째, 기타 관계자들과의 윤리다. 연구를 수행하는 과정에서 우연히 알게 되었거나 의도적으로 취득한 제보자의 정보가 발표되어서는 안 된다. 특히 경제와 관련된 연구들은 산업경제에 대한 조사가 다수인데, 이들에 대한 정보의 취득이나 누설은 특정인에게 큰 피해를 줄 수 있으므로 상당한 주의를 기울여야 한다. 또한 연구의뢰자가 연구의뢰나 주문을 특별히 하는 경우도 있지만, 연구의 공정성을 고려해야 하며 의뢰기관을 밝히지 않는다는 기밀을 보장해 주어야 한다.

제 2 절 조사보고서의 체제

연구목적에 따라 달라지기는 하지만 일반적으로 보고서는 다음과 같은 내용이 포함되어야 한다([그림 15-1] 참조).

1. 서론
   1) 조사연구의 필요성
   2) 조사연구의 목적
   3) 연구문제 및 가설
   4) 조사연구의 범위 및 제한점
2. 이론적 배경
3. 본론
   1) 조사방법
      (1) 조사대상
      (2) 측정도구
      (3) 자료수집 방법 및 절차
      (4) 자료분석 방법
   2) 조사결과
   3) 한계점
4. 결론 및 제언
5. 참고문헌
6. 부록
   1) 설문지 및 기타 조사도구
   2) 본문에 들어가지 않은 도표

[그림 15-1] 보고서의 체제

1. 서론

서론은 도입부분으로 연구의 필요성과 연구의 목적, 연구문제 및 가설, 연구의 범위 및 제한점 등을 기술하며, 연구의 필요성과 목적에는 사회현상에 대한 설명, 그에 따른 문제점과 의문점 등을 포함하여 체계적이고 설득력 있게 기술한다.

2. 이론적 배경

이론적 배경은 연구의 기초가 되는 이론을 기술하는 부분으로 관련문헌의 내용을 체계적으로 정리하는 것이 필요하다. 이때 어떤 문헌이든 연구를 위해 참고하였을 경우는 반드시 참고문헌으로 기록하는 것이 필요하며, 이는 연구자의 기본자세다. 참고하지 않고 보지도 않은 외국문헌을 참고문헌에 기록하는 것 또한 연구자의 기본자세에 어긋나는 일이므로 연구자는 윤리적이고 양심적으로 기록해야 한다.

3. 본론

본론에서는 조사에 사용된 조사방법과 조사결과, 조사의 한계점이 포함되어야 한다. 조사방법에는 조사설계, 자료수집 방법, 표본추출 방법, 분석방법 등이 해당되며, 조사결과에는 조사의 모든 과정에서 산출되는 결과를 제시하기보다는 각 문제점을 해결하는 데 필요한 결과만을 제시한다. 이때 표나 그림으로 간략하게 설명하는 방법이 사용된다. 또한 조사의 한계점에는 조사의 정확도에 관한 문제나 조사결과의 일반화에서 생기는 문제를 숨기지 말고 설명하여 정보 이용자가 조사결과를 이용하는 데 발생할 수 있는 오류를 방지해야 한다.

4. 결론 및 제언

결론 및 제언에는 각 연구문제의 결론을 단계별로 간략하게 제시하고 앞으로의 연구에 대한 제언을 한다. 그러나 이런 결론이나 제언이 나오게 된 배경에 대해서는 설명 없이 간략하게 사용하면 된다.

5. 참고문헌

참고문헌을 기록하는 형태는 각주와 후주가 있는데 일반적으로 후주를 많이 사용한다. 후주는 모든 참고문헌의 내용을 논문 맨 뒤에 함께 기록하는 형태이며, 각주는 참고문헌이 인용된 해당 페이지의 하단에 참고문헌 정보를 기록하는 형태다. 참고문헌을 후주로 기록할 경우 연구를 위해 인용된 모든 문헌을 기록한다. 일반적으로 참고문헌은 국내문헌, 외국문헌(동양권 문헌, 서양권 문헌) 순으로 기록한다.

6. 부록

부록에서는 조사에서 사용한 설문지나 기타 조사도구 등과 같이 통계적인 추정을 하였을 때 사용한 통계값 및 가설검증을 하기 위해 분석한 것을 자세히 제시한다. 그리고 본론에서 다루지 못한 조사결과의 자세한 표나 그림을 첨가할 수도 있다.

주요 용어 및 단어

조사보고서　윤리적 지침　이론적 배경

연구의 제한점　제언

부록

부록 1 난수표

10 09 73 25 33	76 52 01 35 86	34 67 35 48 76	80 95 90 91 17	39 29 27 49 45
37 54 20 48 05	64 89 47 42 96	24 80 52 40 37	20 63 61 04 02	00 82 29 16 65
08 42 26 89 53	19 64 50 93 03	23 20 90 25 60	15 95 33 47 64	35 08 03 36 06
99 01 90 25 29	09 37 67 07 15	38 31 13 11 65	88 67 67 48 97	04 43 62 76 59
12 80 79 99 70	80 15 73 61 47	64 03 23 66 53	98 95 11 68 77	12 17 17 68 33
66 06 57 47 17	34 07 27 68 50	36 69 73 61 70	65 81 33 98 85	11 19 92 91 70
31 06 01 08 05	45 57 18 24 06	35 30 34 26 14	86 79 90 74 39	23 40 40 97 32
85 26 97 76 02	02 05 16 56 92	68 66 57 48 18	73 05 38 52 47	18 62 38 85 79
63 57 33 21 35	05 32 54 70 48	90 55 35 75 48	28 46 82 87 09	83 49 12 56 24
73 79 64 57 53	03 52 96 47 78	35 80 83 42 82	60 93 52 03 44	35 27 38 84 35
98 52 01 77 67	14 90 56 86 07	22 10 94 05 58	60 97 09 34 33	50 50 07 39 98
11 80 50 54 31	39 80 82 77 32	50 72 56 82 48	29 40 52 42 01	52 77 56 78 51
83 45 29 96 34	06 28 89 80 83	13 74 67 00 78	18 47 54 06 10	68 71 17 78 17
88 63 54 02 00	86 50 75 84 01	36 76 66 79 51	90 36 47 64 93	29 60 91 10 62
99 59 46 73 48	87 51 76 49 69	91 82 60 89 28	93 78 56 13 68	23 47 83 41 13
65 48 11 76 74	17 46 85 09 50	58 04 77 69 74	73 03 95 71 86	40 21 81 65 44
80 12 43 56 35	17 72 70 80 15	45 31 82 23 74	21 11 57 82 53	14 38 55 37 63
74 35 09 98 17	77 40 27 72 14	43 23 60 02 10	45 52 16 42 37	96 28 60 26 55
69 91 62 68 03	66 25 22 91 48	36 93 68 72 03	76 62 11 39 90	94 40 05 64 18
09 89 32 05 05	14 22 56 85 14	46 42 75 67 88	96 29 77 88 22	54 38 21 45 98
91 49 91 45 23	68 47 92 76 86	46 16 28 35 54	94 75 08 99 23	37 08 92 00 48
80 33 69 45 98	26 94 03 68 58	70 29 73 41 35	53 14 03 33 40	42 05 08 23 41
44 10 48 19 49	85 15 74 79 54	32 97 92 65 75	57 60 04 08 81	22 22 20 64 13
12 55 07 37 42	11 10 00 20 40	12 86 07 46 97	96 64 48 94 39	28 70 72 58 15
63 60 64 93 29	16 50 53 44 84	40 21 95 25 63	43 65 17 70 82	07 20 73 17 90

부록 2 정규분포표

표의 방에 들어 있는 수들은 정규분포곡선의 면적(p)을 나타낸다. 최대값은 .5000인데 표준점수의 평균(0)에서 Z 점수 사이의 간격이 p다. 예를 들어, 한쪽 꼬리(one-tailed) 유의수준(α) .05라 하면, $.5000 - p = .0500$를 의미하므로 $p = .4500$을 찾아야 한다.

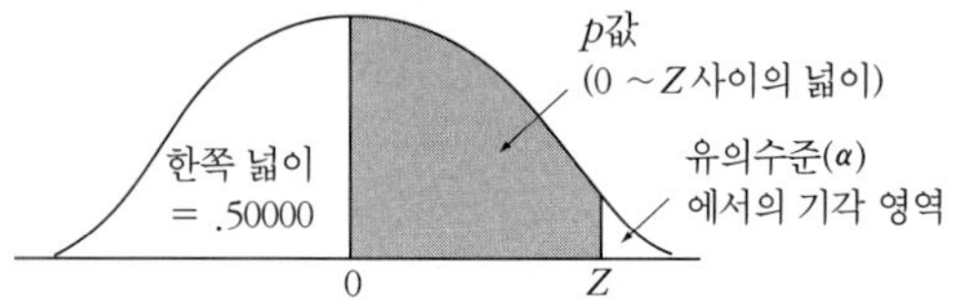

Z	Z 점수의 소수점 이하 둘째자리									
	0.00	0.01	0.02	0.03	0.04	0.05	0.06	0.07	0.08	0.09
0.0	.0000	.0040	.0080	.0120	.0160	.0199	.0239	.0279	.0319	.0359
0.1	.0398	.0438	.0478	.0517	.0557	.0596	.0636	.0675	.0714	.0753
0.2	.0793	.0832	.0871	.0910	.0948	.0987	.1026	.1064	.1103	.1141
0.3	.1179	.1217	.1255	.1293	.1331	.1368	.1406	.1443	.1480	.1517
0.4	.1554	.1591	.1628	.1664	.1700	.1736	.1772	.1808	.1844	.1879
0.5	.1915	.1950	.1985	.2019	.2054	.2088	.2123	.2157	.2190	.2224
0.6	.2257	.2291	.2324	.2357	.2389	.2422	.2454	.2486	.2517	.2549
0.7	.2580	.2611	.2642	.2673	.2703	.2734	.2764	.2794	.2823	.2852
0.8	.2881	.2910	.2939	.2967	.2995	.3023	.3051	.3078	.3106	.3133
0.9	.3159	.3186	.3212	.3238	.3264	.3289	.3315	.3340	.3365	.3389
1.0	.3413	.3438	.3461	.3485	.3508	.3531	.3554	.3577	.3599	.3621
1.1	.3643	.3665	.3686	.3708	.3729	.3749	.3770	.3790	.3810	.3830
1.2	.3849	.3869	.3888	.3907	.3925	.3944	.3962	.3980	.3997	.4015
1.3	.4032	.4049	.4066	.4082	.4099	.4115	.4131	.4147	.4162	.4177
1.4	.4192	.4207	.4222	.4236	.4251	.4265	.4279	.4292	.4306	.4319
1.5	.4332	.4345	.4357	.4370	.4382	.4394	.4406	.4418	.4429	.4441
1.6	.4452	.4463	.4474	.4484	.4495	.4505	.4515	.4525	.4535	.4545
1.7	.4554	.4564	.4573	.4582	.4591	.4599	.4608	.4616	.4625	.4633
1.8	.4641	.4649	.4656	.4664	.4671	.4678	.4686	.4693	.4699	.4706
1.9	.4713	.4719	.4726	.4732	.4738	.4744	.4750	.4756	.4761	.4767
2.0	.4772	.4778	.4783	.4788	.4793	.4798	.4803	.4808	.4812	.4817
2.1	.4821	.4826	.4830	.4834	.4838	.4842	.4846	.4850	.4854	.4857
2.2	.4861	.4864	.4868	.4871	.4875	.4878	.4881	.4884	.4887	.4890
2.3	.4893	.4896	.4898	.4901	.4904	.4906	.4909	.4911	.4913	.4916
2.4	.4918	.4920	.4922	.4925	.4927	.4929	.4931	.4932	.4934	.4936
2.5	.4938	.4940	.4941	.4943	.4945	.4946	.4948	.4949	.4951	.4952
2.6	.4953	.4955	.4956	.4957	.4959	.4960	.4961	.4962	.4963	.4964
2.7	.4965	.4966	.4967	.4968	.4969	.4970	.4971	.4972	.4973	.4974
2.8	.4974	.4975	.4976	.4977	.4977	.4978	.4979	.4979	.4980	.4981
2.9	.4981	.4982	.4982	.4983	.4984	.4984	.4985	.4985	.4986	.4986
3.0	.4987	.4987	.4987	.4988	.4988	.4989	.4989	.4989	.4990	.4990

부록 3 *t* 분포표

도표의 방에 들어 있는 수들은 *df*, α에서 요구되는 기각 t값들이다.
df = 자유도, α = 유의도 수준

df	$1-\alpha$						
	.75	.90	.95	.975	.99	.995	.9995
1	1.000	3.078	6.314	12.706	31.821	63.657	636.619
2	.816	1.886	2.920	4.303	6.965	9.925	31.598
3	.765	1.638	2.353	3.182	4.541	5.841	12.941
4	.741	1.533	2.132	2.776	3.747	4.604	8.610
5	.727	1.476	2.015	2.571	3.365	4.032	6.859
6	.718	1.440	1.943	2.447	3.143	3.707	5.959
7	.711	1.415	1.895	2.365	2.998	3.499	5.405
8	.706	1.397	1.860	2.306	2.896	3.355	5.041
9	.703	1.383	1.833	2.262	2.821	3.250	4.781
10	.700	1.372	1.812	2.228	2.764	3.169	4.587
11	.697	1.363	1.796	2.201	2.718	3.106	4.437
12	.695	1.356	1.782	2.179	2.681	3.055	4.318
13	.694	1.350	1.771	2.160	2.650	3.012	4.221
14	.692	1.345	1.761	2.145	2.624	2.977	4.140
15	.691	1.341	1.753	2.131	2.602	2.947	4.073
16	.690	1.337	1.746	2.120	2.583	2.921	4.015
17	.689	1.333	1.740	2.110	2.567	2.898	3.965
18	.688	1.330	1.734	2.101	2.552	2.878	3.922
19	.688	1.328	1.729	2.093	2.539	2.861	3.883
20	.687	1.325	1.725	2.086	2.528	2.845	3.850
21	.686	1.323	1.721	2.080	2.518	2.831	3.819
22	.686	1.321	1.717	2.074	2.508	2.819	3.792
23	.685	1.319	1.714	2.069	2.500	2.807	3.767
24	.685	1.318	1.711	2.064	2.492	2.797	3.745
25	.684	1.316	1.708	2.060	2.485	2.787	3.725
26	.684	1.315	1.706	2.056	2.479	2.779	3.707
27	.684	1.314	1.703	2.052	2.473	2.771	3.690
28	.683	1.313	1.701	2.048	2.467	2.763	3.674
29	.683	1.311	1.699	2.045	2.462	2.756	3.659
30	.683	1.310	1.697	2.042	2.457	2.750	3.646
40	.681	1.303	1.684	2.021	2.423	2.704	3.551
60	.679	1.296	1.671	2.000	2.390	2.660	3.460
120	.677	1.289	1.658	1.980	2.358	2.617	3.373
∞	.674	1.282	1.645	1.960	2.326	2.576	3.291

●●● 부록 4-1 F분포표(Ia) (α = .1)

V_1 = 분자의 자유도, V_2 = 분모의 자유도
도표의 각 방에 들어 있는 수는 α = .1 수준에서 기각에 필요한 F값을 나타낸다.

V_2	V_1									
	1	2	3	4	5	6	7	8	9	10
1	39.86	49.50	53.59	55.83	57.24	58.20	58.91	59.44	59.86	60.19
2	8.53	9.00	9.16	9.24	9.29	9.33	9.35	9.37	9.38	9.39
3	5.54	5.46	5.39	5.34	5.31	5.28	5.27	5.25	5.24	5.23
4	4.54	4.32	4.19	4.11	4.05	4.01	3.98	3.95	3.94	3.92
5	4.06	3.78	3.62	3.52	3.45	3.40	3.37	3.34	3.32	3.30
6	3.78	3.46	3.29	3.18	3.11	3.05	3.01	2.98	2.96	2.94
7	3.59	3.26	3.07	2.96	2.88	2.83	2.78	2.75	2.72	2.70
8	3.46	3.11	2.92	2.81	2.73	2.67	2.62	2.59	2.56	2.50
9	3.36	3.01	2.81	2.69	2.61	2.55	2.51	2.47	2.44	2.42
10	3.29	2.92	2.73	2.61	2.52	2.46	2.41	2.38	2.35	2.32
11	3.23	2.86	2.66	2.54	2.45	2.39	2.34	2.30	2.27	2.25
12	3.18	2.81	2.61	2.48	2.39	2.33	2.28	2.24	2.21	2.19
13	3.14	2.76	2.56	2.43	2.35	2.28	2.23	2.20	2.16	2.14
14	3.10	2.73	2.52	2.39	2.31	2.24	2.19	2.15	2.12	2.10
15	3.07	2.70	2.49	2.36	2.27	2.21	2.16	2.12	2.09	2.06
16	3.05	2.67	2.46	2.33	2.24	2.18	2.13	2.09	2.06	2.03
17	3.03	2.64	2.44	2.31	2.22	2.15	2.10	2.06	2.03	2.00
18	3.01	2.62	2.42	2.29	2.20	2.13	2.08	2.04	2.00	1.98
19	2.99	2.61	2.40	2.27	2.18	2.11	2.06	2.02	1.98	1.96
20	2.97	2.59	2.38	2.25	2.16	2.09	2.04	2.00	1.96	1.94
21	2.96	2.57	2.36	2.23	2.14	2.08	2.02	1.98	1.95	1.92
22	2.95	2.56	2.35	2.22	2.13	2.06	2.01	1.97	1.93	1.90
23	2.94	2.55	2.34	2.21	2.11	2.05	1.99	1.95	1.92	1.89
24	2.93	2.54	2.33	2.19	2.10	2.04	1.98	1.94	1.91	1.88
25	2.92	2.53	2.32	2.18	2.09	2.02	1.97	1.93	1.89	1.87
26	2.91	2.52	2.31	2.17	2.08	2.01	1.96	1.92	1.88	1.86
27	2.90	2.51	2.30	2.17	2.07	2.00	1.95	1.91	1.87	1.85
28	2.89	2.50	2.29	2.16	2.06	2.00	1.94	1.90	1.87	1.84
29	2.89	2.50	2.28	2.15	2.06	1.99	1.93	1.89	1.86	1.83
30	2.88	2.49	2.28	2.14	2.05	1.98	1.93	1.88	1.85	1.82
40	2.84	2.44	2.23	2.09	2.00	1.93	1.87	1.83	1.79	1.76
60	2.79	2.39	2.18	2.04	1.95	1.87	1.82	1.77	1.74	1.71
120	2.75	2.35	2.13	1.99	1.90	1.82	1.77	1.72	1.68	1.65
∞	2.71	2.30	2.08	1.94	1.85	1.77	1.72	1.67	1.63	1.60

부록 4-1 F분포표(Ib) ($\alpha = .1$) 〈앞의 표에서 계속〉

V_1 = 분자의 자유도, V_2 = 분모의 자유도

도표의 각 방에 들어 있는 수는 $\alpha = .1$ 수준에서 기각에 필요한 F값을 나타낸다.

V_2	V_1								
	12	15	20	24	30	40	60	120	∞
1	60.71	61.22	61.74	62.00	62.26	62.53	62.79	63.06	63.33
2	9.41	9.42	9.44	9.45	9.46	9.47	9.47	9.48	9.49
3	5.22	5.20	5.18	5.18	5.17	5.16	5.15	5.14	5.13
4	3.90	3.87	3.84	3.83	3.82	3.80	3.79	3.78	3.76
5	3.27	3.24	3.21	3.19	3.17	3.16	3.14	3.12	3.10
6	2.90	2.87	2.84	2.82	2.80	2.78	2.76	2.74	2.72
7	2.67	2.63	2.59	2.58	2.56	2.54	2.51	2.49	2.47
8	2.50	2.46	2.42	2.40	2.38	2.36	2.34	2.32	2.29
9	2.38	2.34	2.30	2.28	2.25	2.23	2.21	2.18	2.16
10	2.28	2.24	2.20	2.18	2.16	2.13	2.11	2.08	2.06
11	2.21	2.17	2.12	2.10	2.08	2.05	2.03	2.00	1.97
12	2.15	2.10	2.06	2.04	2.01	1.99	1.96	1.93	1.90
13	2.10	2.05	2.01	1.98	1.96	1.93	1.90	1.88	1.85
14	2.05	2.01	1.96	1.94	1.91	1.89	1.86	1.83	1.80
15	2.02	1.97	1.92	1.90	1.87	1.85	1.82	1.79	1.76
16	1.99	1.94	1.89	1.87	1.84	1.81	1.78	1.75	1.72
17	1.96	1.91	1.86	1.84	1.81	1.78	1.75	1.72	1.69
18	1.93	1.89	1.84	1.81	1.78	1.75	1.72	1.69	1.66
19	1.91	1.86	1.81	1.79	1.76	1.73	1.70	1.67	1.63
20	1.89	1.84	1.79	1.77	1.74	1.71	1.68	1.64	1.61
21	1.87	1.83	1.78	1.75	1.72	1.69	1.66	1.62	1.59
22	1.86	1.81	1.76	1.73	1.70	1.67	1.64	1.60	1.57
23	1.84	1.80	1.74	1.72	1.69	1.66	1.62	1.59	1.55
24	1.83	1.78	1.73	1.70	1.67	1.64	1.61	1.57	1.53
25	1.82	1.77	1.72	1.69	1.66	1.63	1.59	1.56	1.52
26	1.81	1.76	1.71	1.68	1.65	1.61	1.58	1.54	1.50
27	1.80	1.75	1.70	1.67	1.64	1.60	1.57	1.53	1.49
28	1.79	1.74	1.69	1.66	1.63	1.59	1.56	1.52	1.48
29	1.78	1.73	1.68	1.65	1.62	1.58	1.55	1.51	1.47
30	1.77	1.72	1.67	1.64	1.61	1.57	1.54	1.50	1.46
40	1.71	1.66	1.61	1.57	1.54	1.51	1.47	1.42	1.38
60	1.66	1.60	1.54	1.51	1.48	1.44	1.40	1.35	1.29
120	1.60	1.55	1.48	1.45	1.41	1.37	1.32	1.26	1.19
∞	1.55	1.49	1.42	1.38	1.34	1.30	1.24	1.17	1.00

부록 4-2 *F*분포표(IIa) (α = .05)

V_1 = 분자의 자유도, V_2 = 분모의 자유도
도표의 각 방에 들어 있는 수는 α = .05 수준에서 기각에 필요한 *F*값을 나타낸다.

V_2	V_1									
	1	2	3	4	5	6	7	8	9	10
1	161.4	199.5	215.7	224.6	230.2	234.0	236.8	238.9	240.5	241.9
2	18.51	19.00	19.16	19.25	19.30	19.33	19.35	19.37	19.38	19.40
3	10.13	9.55	9.28	9.12	9.01	8.94	8.89	8.85	8.81	8.79
4	7.71	6.94	6.59	6.39	6.26	6.16	6.09	6.04	6.00	5.96
5	6.61	5.79	5.41	5.19	5.05	4.95	4.88	4.82	4.77	4.74
6	5.99	5.14	4.76	4.53	4.39	4.28	4.21	4.15	4.10	4.06
7	5.59	4.74	4.35	4.12	3.97	3.87	3.79	3.73	3.68	3.64
8	5.32	4.46	4.07	3.84	3.69	3.58	3.50	3.44	3.39	3.35
9	5.12	4.26	3.86	3.63	3.48	3.37	3.29	3.23	3.18	3.14
10	4.96	4.10	3.71	3.48	3.33	3.22	3.14	3.07	3.02	2.98
11	4.84	3.98	3.59	3.36	3.20	3.09	3.01	2.95	2.90	2.85
12	4.75	3.89	3.49	3.26	3.11	3.00	2.91	2.85	2.80	2.75
13	4.67	3.81	3.41	3.18	3.03	2.92	2.83	2.77	2.71	2.67
14	4.60	3.74	3.34	3.11	2.96	2.85	2.76	2.70	2.65	2.60
15	4.54	3.68	3.29	3.06	2.90	2.79	2.71	2.64	2.59	2.54
16	4.49	3.63	3.24	3.01	2.85	2.74	2.66	2.59	2.54	2.49
17	4.45	3.59	3.20	2.96	2.81	2.70	2.61	2.55	2.49	2.45
18	4.41	3.55	3.16	2.93	2.77	2.66	2.58	2.51	2.46	2.41
19	4.38	3.52	3.13	2.90	2.74	2.63	2.54	2.48	2.42	2.38
20	4.35	3.49	3.10	2.87	2.71	2.60	2.51	2.45	2.39	2.35
21	4.32	3.47	3.07	2.84	2.68	2.57	2.49	2.42	2.37	2.32
22	4.30	3.44	3.05	2.82	2.66	2.55	2.46	2.40	2.34	2.30
23	4.28	3.42	3.03	2.80	2.64	2.53	2.44	2.37	2.32	2.27
24	4.26	3.40	3.01	2.78	2.62	2.51	2.42	2.36	2.30	2.25
25	4.24	3.39	2.99	2.76	2.60	2.49	2.40	2.34	2.28	2.24
26	4.23	3.37	2.98	2.74	2.59	2.47	2.39	2.32	2.27	2.22
27	4.21	3.35	2.96	2.73	2.57	2.46	2.37	2.31	2.25	2.20
28	4.20	3.34	2.95	2.71	2.56	2.45	2.36	2.29	2.24	2.19
29	4.18	3.33	2.93	2.70	2.55	2.43	2.35	2.28	2.22	2.18
30	4.17	3.32	2.92	2.69	2.53	2.42	2.33	2.27	2.21	2.16
40	4.08	3.23	2.84	2.61	2.45	2.34	2.25	2.18	2.12	2.08
60	4.00	3.15	2.76	2.53	2.37	2.25	2.17	2.10	2.04	1.99
120	3.92	3.07	2.68	2.45	2.29	2.17	2.09	2.02	1.96	1.91
∞	3.84	3.00	2.60	2.37	2.21	2.10	2.01	1.94	1.88	1.83

●●● **부록 4-2 *F*분포표(IIb)** (α = .05) 〈앞의 표에서 계속〉

V_1 = 분자의 자유도, V_2 = 분모의 자유도
도표의 각 방에 들어 있는 수는 α = .05 수준에서 기각에 필요한 F값을 나타낸다.

V_2	V_1								
	12	15	20	24	30	40	60	120	∞
1	243.9	245.9	248.0	249.1	250.1	251.1	252.2	253.3	254.3
2	19.41	19.43	19.45	19.45	19.46	19.47	19.48	19.49	19.50
3	8.74	8.70	8.66	8.64	8.62	8.59	8.57	8.55	8.53
4	5.91	5.86	5.80	5.77	5.75	5.72	5.69	5.66	5.63
5	4.68	4.62	4.56	4.53	4.50	4.46	4.43	4.40	4.36
6	4.00	3.94	3.87	3.84	3.81	3.77	3.74	3.70	3.67
7	3.57	3.51	3.44	3.41	3.38	3.34	3.30	3.27	3.23
8	3.28	3.22	3.15	3.12	3.08	3.04	3.01	2.97	2.93
9	3.07	3.01	2.94	2.90	2.86	2.83	2.79	2.75	2.71
10	2.91	2.85	2.77	2.74	2.70	2.66	2.62	2.58	2.54
11	2.79	2.72	2.65	2.61	2.57	2.53	2.49	2.45	2.40
12	2.69	2.62	2.54	2.51	2.47	2.43	2.38	2.34	2.30
13	2.60	2.53	2.46	2.42	2.38	2.34	2.30	2.25	2.21
14	2.53	2.46	2.39	2.35	2.31	2.27	2.22	2.18	2.13
15	2.48	2.40	2.33	2.29	2.25	2.20	2.16	2.11	2.07
16	2.42	2.35	2.28	2.24	2.19	2.15	2.11	2.06	2.01
17	2.38	2.31	2.23	2.19	2.15	2.10	2.06	2.01	1.96
18	2.34	2.27	2.19	2.15	2.11	2.06	2.02	1.97	1.92
19	2.31	2.23	2.16	2.11	2.07	2.03	1.98	1.93	1.88
20	2.28	2.20	2.12	2.08	2.04	1.99	1.95	1.90	1.84
21	2.25	2.18	2.10	2.05	2.01	1.96	1.92	1.87	1.81
22	2.23	2.15	2.07	2.03	1.98	1.94	1.89	1.84	1.78
23	2.20	2.13	2.05	2.01	1.96	1.91	1.86	1.81	1.76
24	2.18	2.11	2.03	1.98	1.94	1.89	1.84	1.79	1.73
25	2.16	2.09	2.01	1.96	1.92	1.87	1.82	1.77	1.71
26	2.15	2.07	1.99	1.95	1.90	1.85	1.80	1.75	1.69
27	2.13	2.06	1.97	1.93	1.88	1.84	1.79	1.73	1.67
28	2.12	2.04	1.96	1.91	1.87	1.82	1.77	1.71	1.65
29	2.10	2.03	1.94	1.90	1.85	1.81	1.75	1.70	1.64
30	2.09	2.01	1.93	1.89	1.84	1.79	1.74	1.68	1.62
40	2.00	1.92	1.84	1.79	1.74	1.69	1.64	1.58	1.51
60	1.92	1.84	1.75	1.70	1.65	1.59	1.53	1.47	1.39
120	1.83	1.75	1.66	1.61	1.55	1.50	1.43	1.35	1.25
∞	1.75	1.67	1.57	1.52	1.46	1.39	1.32	1.22	1.00

●●● 부록 4-3 *F*분포표(IIIa) (α = .025)

V_1 = 분자의 자유도, V_2 = 분모의 자유도

도표의 각 방에 들어 있는 수는 α = .025 수준에서 기각에 필요한 *F*값을 나타낸다.

V_2	V_1									
	1	2	3	4	5	6	7	8	9	10
1	647.8	799.5	864.2	899.6	921.8	937.1	948.2	956.7	963.3	968.6
2	38.51	39.00	39.17	39.25	39.30	39.33	39.36	39.37	39.39	39.40
3	17.44	16.04	15.44	15.10	14.88	14.73	14.62	14.54	14.47	14.42
4	12.22	10.65	9.98	9.60	9.36	9.20	9.07	8.98	8.90	8.84
5	10.01	8.43	7.76	7.39	7.15	6.98	6.85	6.76	6.68	6.62
6	8.81	7.26	6.60	6.23	5.99	5.82	5.70	5.60	5.52	5.46
7	8.07	6.54	5.89	5.52	5.29	5.12	4.99	4.90	4.82	4.76
8	7.57	6.06	5.42	5.05	4.82	4.65	4.53	4.43	4.36	4.30
9	7.21	5.71	5.08	4.72	4.48	4.32	4.20	4.10	4.03	3.96
10	6.94	5.46	4.83	4.47	4.24	4.07	3.95	3.85	3.78	3.72
11	6.72	5.26	4.63	4.28	4.04	3.88	3.76	3.66	3.59	3.53
12	6.55	5.10	4.47	4.12	3.89	3.73	3.61	3.51	3.44	3.37
13	6.41	4.97	4.35	4.00	3.77	3.60	3.48	3.39	3.31	3.25
14	6.30	4.86	4.24	3.89	3.66	3.50	3.38	3.29	3.21	3.15
15	6.20	4.77	4.15	3.80	3.58	3.41	3.29	3.20	3.12	3.06
16	6.12	4.69	4.08	3.73	3.50	3.34	3.22	3.12	3.05	2.99
17	6.04	4.62	4.01	3.66	3.44	3.28	3.16	3.06	2.98	2.92
18	5.98	4.56	3.95	3.61	3.38	3.22	3.10	3.01	2.93	2.87
19	5.92	4.51	3.90	3.56	3.33	3.17	3.05	2.96	2.88	2.82
20	5.87	4.46	3.86	3.51	3.29	3.13	3.01	2.91	2.84	2.77
21	5.83	4.42	3.82	3.48	3.25	3.09	2.97	2.87	2.80	2.73
22	5.79	4.38	3.78	3.44	3.22	3.05	2.93	2.84	2.76	2.70
23	5.75	4.35	3.75	3.41	3.18	3.02	2.90	2.81	2.73	2.67
24	5.72	4.32	3.72	3.38	3.15	2.99	2.87	2.78	2.70	2.64
25	5.69	4.29	3.69	3.35	3.13	2.97	2.85	2.75	2.68	2.61
26	5.66	4.27	3.67	3.33	3.10	2.94	2.82	2.73	2.65	2.59
27	5.63	4.24	3.65	3.31	3.08	2.92	2.80	2.71	2.63	2.57
28	5.61	4.22	3.63	3.29	3.06	2.90	2.78	2.69	2.61	2.55
29	5.59	4.20	3.61	3.27	3.04	2.88	2.76	2.67	2.59	2.53
30	5.57	4.18	3.59	3.25	3.03	2.87	2.75	2.65	2.57	2.51
40	5.42	4.05	3.46	3.13	2.90	2.74	2.62	2.53	2.45	2.39
60	5.29	3.93	3.34	3.01	2.79	2.63	2.51	2.41	2.33	2.27
120	5.15	3.80	3.23	2.89	2.67	2.52	2.39	2.30	2.22	2.16
∞	5.02	3.69	3.12	2.79	2.57	2.41	2.29	2.19	2.11	2.05

●●● 부록 4-3 *F*분포표(IIIb) ($\alpha = .025$) 〈앞의 표에서 계속〉

V_1 = 분자의 자유도, V_2 = 분모의 자유도

도표의 각 방에 들어 있는 수는 $\alpha = .025$ 수준에서 기각에 필요한 F값을 나타낸다.

V_2	V_1								
	12	15	20	24	30	40	60	120	∞
1	976.7	984.9	993.1	997.2	1001	1006	1010	1014	1018
2	39.41	39.43	39.45	39.46	39.46	39.47	39.48	39.49	39.50
3	14.34	14.25	14.17	14.12	14.08	14.04	13.99	13.95	13.90
4	8.75	8.66	8.56	8.51	8.46	8.41	8.36	8.31	8.26
5	6.52	6.43	6.33	6.28	6.23	6.18	6.12	6.07	6.02
6	5.37	5.27	5.17	5.12	5.07	5.01	4.96	4.90	4.85
7	4.67	4.57	4.47	4.42	4.36	4.31	4.25	4.20	4.14
8	4.20	4.10	4.00	3.95	3.89	3.84	3.78	3.73	3.67
9	3.87	3.77	3.67	3.61	3.56	3.51	3.45	3.39	3.33
10	3.62	3.52	3.42	3.37	3.31	3.26	3.20	3.14	3.08
11	3.43	3.33	3.23	3.17	3.12	3.06	3.00	2.94	2.88
12	3.28	3.18	3.07	3.02	2.96	2.91	2.85	2.79	2.72
13	3.15	3.05	2.95	2.89	2.84	2.78	2.72	2.66	2.60
14	3.05	2.95	2.84	2.79	2.73	2.67	2.61	2.55	2.49
15	2.96	2.86	2.76	2.70	2.64	2.59	2.52	2.46	2.40
16	2.89	2.79	2.68	2.63	2.57	2.51	2.45	2.38	2.32
17	2.82	2.72	2.62	2.56	2.50	2.44	2.38	2.32	2.25
18	2.77	2.67	2.56	2.50	2.44	2.38	2.32	2.26	2.19
19	2.72	2.62	2.51	2.45	2.39	2.33	2.27	2.20	2.13
20	2.68	2.57	2.46	2.41	2.25	2.29	2.22	2.16	2.09
21	2.64	2.53	2.42	2.37	2.31	2.25	2.18	2.11	2.04
22	2.60	2.50	2.39	2.33	2.27	2.21	2.14	2.08	2.00
23	2.57	2.47	2.36	2.30	2.24	2.18	2.11	2.04	1.97
24	2.54	2.44	2.33	2.27	2.21	2.15	2.08	2.01	1.94
25	2.51	2.41	2.30	2.24	2.18	2.12	2.05	1.98	1.91
26	2.49	2.39	2.28	2.22	2.16	2.09	2.03	1.95	1.88
27	2.47	2.36	2.25	2.19	2.13	2.07	2.00	1.93	1.85
28	2.45	2.34	2.23	2.17	2.11	2.05	1.98	1.91	1.83
29	2.43	2.32	2.21	2.15	2.09	2.03	1.96	1.89	1.81
30	2.41	2.31	2.20	2.14	2.07	2.01	1.94	1.87	1.79
40	2.29	2.18	2.07	2.01	1.94	1.88	1.80	1.72	1.64
60	2.17	2.06	1.94	1.88	1.82	1.74	1.67	1.58	1.48
120	2.05	1.94	1.82	1.76	1.69	1.61	1.53	1.43	1.31
∞	1.94	1.83	1.71	1.64	1.57	1.48	1.39	1.27	1.00

●●● 부록 4-4 *F*분포표(IVa) (α = .01)

V_1 = 분자의 자유도, V_2 = 분모의 자유도
도표의 각 방에 들어 있는 수는 α = .01 수준에서 기각에 필요한 *F*값을 나타낸다.

V_2	V_1									
	1	2	3	4	5	6	7	8	9	10
1	4052	4999.5	5403	5625	5764	5859	5928	5982	6022	6056
2	98.50	99.00	99.17	99.25	99.30	99.33	99.36	99.37	99.39	99.40
3	34.12	30.82	29.46	28.71	28.24	27.91	27.67	27.49	27.35	27.23
4	21.20	18.00	16.69	15.98	15.52	15.21	14.98	14.80	14.66	14.55
5	16.26	13.27	12.06	11.39	10.97	10.67	10.46	10.29	10.16	10.05
6	13.75	10.92	9.78	9.15	8.75	8.47	8.26	8.10	7.98	7.87
7	12.25	9.55	8.45	7.85	7.46	7.19	6.99	6.84	6.72	6.62
8	11.26	8.65	7.59	7.01	6.63	6.37	6.18	6.03	5.91	5.81
9	10.56	8.02	6.99	6.42	6.06	5.80	5.61	5.47	5.35	5.26
10	10.04	7.56	6.55	5.99	5.64	5.39	5.20	5.06	4.94	4.85
11	9.65	7.21	6.22	5.67	5.32	5.07	4.89	4.74	4.63	4.54
12	9.33	6.93	5.95	5.41	5.06	4.82	4.64	4.50	4.39	4.30
13	9.07	6.70	5.74	5.21	4.86	4.62	4.44	4.30	4.19	4.10
14	8.86	6.51	5.56	5.04	4.69	4.46	4.28	4.14	4.03	3.94
15	8.68	6.36	5.42	4.89	4.56	4.32	4.14	4.00	3.89	3.80
16	8.53	6.23	5.29	4.77	4.44	4.20	4.03	3.89	3.78	3.69
17	8.40	6.11	5.18	4.67	4.34	4.10	3.93	3.79	3.68	3.59
18	8.29	6.01	5.09	4.58	4.25	4.01	3.84	3.71	3.60	3.51
19	8.18	5.93	5.01	4.50	4.17	3.94	3.77	3.63	3.52	3.43
20	8.10	5.85	4.94	4.43	4.10	3.87	3.70	3.56	3.46	3.37
21	8.02	5.78	4.87	4.37	4.04	3.81	3.64	3.51	3.40	3.31
22	7.95	5.72	4.82	4.31	3.99	3.76	3.59	3.45	3.35	3.26
23	7.88	5.66	4.76	4.26	3.94	3.71	3.54	3.41	3.30	3.21
24	7.82	5.61	4.72	4.22	3.90	3.67	3.50	3.36	3.26	3.17
25	7.77	5.57	4.68	4.18	3.85	3.63	3.46	3.32	3.22	3.13
26	7.72	5.53	4.64	4.14	3.82	3.59	3.42	3.29	3.18	3.09
27	7.68	5.49	4.60	4.11	3.78	3.56	3.39	3.26	3.15	3.06
28	7.64	5.45	4.57	4.07	3.75	3.53	3.36	3.23	3.12	3.03
29	7.60	5.42	4.54	4.04	3.73	3.50	3.33	3.20	3.09	3.00
30	7.56	5.39	4.51	4.02	3.70	3.47	3.30	3.17	3.07	2.98
40	7.31	5.18	4.31	3.83	3.51	3.29	3.12	2.99	2.89	2.80
60	7.08	4.98	4.13	3.65	3.34	3.12	2.95	2.82	2.72	2.63
120	6.85	4.79	3.95	3.48	3.17	2.96	2.79	2.66	2.56	2.47
∞	6.63	4.61	3.78	3.32	3.02	2.80	2.64	2.51	2.41	2.32

부록 4-4 *F*분포표(IVb) (α = .01) 〈앞의 표에서 계속〉

V_1 = 분자의 자유도, V_2 = 분모의 자유도

도표의 각 방에 들어 있는 수는 α = .01 수준에서 기각에 필요한 F값을 나타낸다.

V_2	V_1								
	12	15	20	24	30	40	60	120	∞
1	6101	6157	6209	6235	6261	6287	6313	6339	6366
2	99.42	99.43	99.45	99.46	99.47	99.47	99.48	99.49	99.50
3	27.05	26.87	26.69	26.60	26.50	26.41	26.32	26.22	26.13
4	14.37	14.20	14.02	13.93	13.84	13.75	13.65	13.56	13.46
5	9.89	9.72	9.55	9.47	9.38	9.29	9.20	9.11	9.02
6	7.72	7.56	7.40	7.31	7.23	7.14	7.06	6.97	6.88
7	6.47	6.31	6.16	6.07	5.99	5.91	5.82	5.74	5.65
8	5.67	5.52	5.36	5.28	5.20	5.12	5.03	4.95	4.86
9	5.11	4.96	4.81	4.73	4.65	4.57	4.48	4.40	4.31
10	4.71	4.56	4.41	4.33	4.25	4.17	4.08	4.00	3.91
11	4.40	4.25	4.10	4.02	3.94	3.86	3.78	3.69	3.60
12	4.16	4.01	3.86	3.78	3.70	3.62	3.54	3.45	3.36
13	3.96	3.82	3.66	3.59	3.51	3.43	3.34	3.25	3.17
14	3.80	3.66	3.51	3.43	3.35	3.27	3.18	3.09	3.00
15	3.67	3.52	3.37	3.29	3.21	3.13	3.05	2.96	2.87
16	3.55	3.41	3.26	3.18	3.10	3.02	2.93	2.84	2.75
17	3.46	3.31	3.16	3.08	3.00	2.92	2.83	2.75	2.65
18	3.37	3.23	3.08	3.00	2.92	2.84	2.75	2.66	2.57
19	3.30	3.15	3.00	2.92	2.84	2.76	2.67	2.58	2.49
20	3.23	3.09	2.94	2.86	2.78	2.69	2.61	2.52	2.42
21	3.17	3.03	2.88	2.80	2.72	2.64	2.55	2.46	2.36
22	3.12	2.98	2.83	2.75	2.67	2.58	2.50	2.40	2.31
23	3.07	2.93	2.78	2.70	2.62	2.54	2.45	2.35	2.26
24	3.03	2.89	2.74	2.66	2.58	2.49	2.40	2.31	2.21
25	2.99	2.85	2.70	2.62	2.54	2.45	2.36	2.27	2.17
26	2.96	2.81	2.66	2.58	2.50	2.42	2.33	2.23	2.13
27	2.93	2.78	2.63	2.55	2.47	2.38	2.29	2.20	2.10
28	2.90	2.75	2.60	2.52	2.44	2.35	2.26	2.17	2.06
29	2.87	2.73	2.57	2.49	2.41	2.33	2.23	2.14	2.03
30	2.84	2.70	2.55	2.47	2.39	2.30	2.21	2.11	2.01
40	2.66	2.52	2.37	2.29	2.20	2.11	2.02	1.92	1.80
60	2.50	2.35	2.20	2.12	2.03	1.94	1.84	1.73	1.60
120	2.34	2.19	2.03	1.95	1.86	1.76	1.66	1.53	1.38
∞	2.18	2.04	1.88	1.79	1.70	1.59	1.47	1.32	1.00

부록 5 X^2 분포표

df = 자유도(degree of freedom), α = 유의수준
도표의 각 방에 들어 있는 수는 X^2값을 나타낸다.

df	$X^2_{(1-\alpha)}$							
	$X^2_{0.01}$	$X^2_{0.025}$	$X^2_{0.05}$	$X^2_{0.10}$	$X^2_{0.90}$	$X^2_{0.95}$	$X^2_{0.975}$	$X^2_{0.99}$
1	$0.0^{3}16$	$0.0^{3}98$	0.0039	0.0158	2.71	3.84	5.02	6.63
2	0.0201	0.0506	0.1026	0.2107	4.61	5.99	7.38	9.21
3	0.115	0.216	0.352	0.584	6.25	7.81	9.35	11.34
4	0.297	0.484	0.711	1.064	7.78	9.49	11.14	13.28
5	0.554	0.831	1.15	1.61	9.24	11.07	12.83	15.09
6	0.872	1.24	1.64	2.20	10.64	12.59	14.45	16.81
7	1.24	1.69	2.17	2.83	12.02	14.07	16.01	18.48
8	1.65	2.18	2.73	3.49	13.36	15.51	17.53	20.09
9	2.09	2.70	3.33	4.17	14.48	16.92	19.02	21.67
10	2.56	3.25	3.94	4.87	15.99	18.31	20.48	23.21
11	3.05	3.82	4.57	5.58	17.28	19.68	21.92	24.73
12	3.57	4.40	5.23	6.30	18.55	21.03	23.34	26.22
13	4.11	5.01	5.89	7.04	19.81	22.36	24.74	27.69
14	4.66	5.63	6.57	7.79	21.06	23.68	26.12	29.14
15	5.23	6.26	7.26	8.55	22.31	25.00	27.49	30.58
16	5.81	6.91	7.96	9.31	23.54	26.30	28.85	32.00
18	7.01	8.23	9.39	10.86	25.99	28,87	31.53	34.81
20	8.26	9.59	10.85	12.44	28.41	31.41	34.17	37.57
24	10.86	12.40	13.85	15.66	33.20	36.42	39.36	42.98
30	14.95	16.79	18.49	20.60	40.26	43.77	46.98	50.89
40	22.16	24.43	26.51	29.05	51.81	55.76	59.34	63.69
60	37.48	40.48	43.19	46.46	74.40	79.08	83.30	88.38
120	86.92	91.58	95.70	100.62	140.23	146.57	152.21	158.95

참고문헌

교육과학기술부(2008). 평생교육법. 저자.

교육과학기술부(2008). 평생교육법 시행령. 저자.

교육과학기술부(2008). 평생교육법 시행규칙 해설자료. 저자.

권순달(2000). 교육연구의 이해. 서울: 양서원.

김경희(2005). 평생교육 연구방법 탐색: 반성적 실천연구. 평생교육학연구, 11(4), 55-80.

김범종(2005). 연구조사방법 에센스. 대전: 서경.

김병진(2005). 조사방법론. 서울: 서영사.

김신일(2000). 평생교육개론. 서울: 교육과학사.

김영종(2007). 사회복지 조사방법론(2판). 서울: 학지사.

김윤옥, 김성혜, 김은경, 신경숙, 신경일, 정명화, 허승희, 황희숙(2001). 교육연구를 위한 질적연구방법과 설계. 서울: 문음사.

김진한(2007). 교사를 위한 교육학. 서울: 학지사.

김현철(2000). 표본의 추출과 분석. 서울: 교육과학사.

김환준(2004). 사회복지연구조사방법론. 서울: 나남.

성태제(2006). 현대 기초통계학의 이해와 적용. 서울: 교육과학사.

성태제(2009). 교육평가의 기초. 서울: 학지사.

성태제, 시기자(2006). 연구방법론. 서울: 학지사.

손충기(2000). 교육 · 심리 · 사회 연구방법론. 서울: 동문사.

신경림, 조명옥, 양진향(2005). 질적연구방법론. 서울: 이화여자대학교출판부.

신민철(2007). 사회연구방법의 기초. 서울: 창민사.

오혜경(1998). 사회조사방법론. 서울: 아시아미디어리서치.

윤명희, 김진화(2008). 청소년의 생활역량 진단척도 개발과 프로그램 설계를 통한 효과분석. 한국청소년연구, 19(2), 173-197.

윤명희, 임현성(2008). 초등학교 방과후학교 평가도구 개발. 교육평가연구, 21(4), 1-19.

윤성채, 최종후(1999). 연구조사방법의 이해. 서울: 세종출판사.

이순묵, 이봉건(1995). 설문, 시험, 검사의 제작 및 사용을 위한 표준. 서울: 학지사.

이원욱(1999). 조사방법론. 서울: 형설출판사.

이원욱(2000). 조사연구방법론. 서울: 형설.

이종성(1996). 교육 연구의 설계와 자료분석. 서울: 교육연구사.

이준형(2004). 조사방법론. 서울: 대영문화사.

이해영(2005). 조사방법의 이해. 서울: 대영문화사.

임승철(2001). 조사방법론. 서울: 다인출판사.

정재삼(2004). 교육프로그램평가. 교육과학사.

정재욱(2006). 사회조사방법론의 이해. 서울: 학고방.

채서일(1999). 사회과학 조사방법론. 서울: 법문사.

채서일(2007). 사회과학 조사방법론. 서울: 비앤엠북스.

천성수, 박종순(2000). 사회과학 조사분석론. 서울: 아시아미디어리서치.

최성재(2005). 사회복지조사방법론. 경기도: 나남출판.

한국교육심리학회 편(2000). 교육심리학 용어사전. 서울: 학지사.

한국교육학회 교육평가연구회(1995). 교육측정 · 평가 · 연구 · 통계 용어사전.

한승준(2006). 조사방법의 이해와 SPSS활용. 서울: 대영문화사.

홍성열(2001). 사회과학도를 위한 연구방법론. 서울: 시그마프레스.

황정규(2000). 한국 교육평가의 쟁점과 대안. 서울: 교육과학사.

American Psychological Association (2001). *Publication Manual of the American Psychological Association*(5th ed.). Washington, DC.: American Psychological Association.

Bailey, Kenneth D. (1982). *Methods of Social Research*, 2nd ed., New York:

The Free Press.

Berg, B. L. (2001). *Qualitative research methods for the social sciences.* Boston: Allyn and Bacon.

Boling, J., & Condry, S. (1992). *How to Write and Defend Your Thesis/ Dissertation: your research director(RD) from start to finish, Knosville.* Tenn: University of Tennessee.

Dave, R. H. (1976). *Foundations of lifelong educations.* New York: Harper & Row.

Kerlinger, F. N. (1989). 고홍화 · 김현세 · 백영승 역. 사회 · 행동과학연구방법의 기초. 서울: 성원사.

Kemmis, S., & McTaggert, R. eds. (1990). *The action Research Planner.* Geelong: Deakin University Press.

Lengrand, P. (1975). *An introduction to lifelong education.* Paris: UNESCO.

Locke, L. F., & Spirduso, W. (1976). *Proposal that Work.* Teacher College Press, Teachers College: Columbia, N. Y.

McCutcheon, G., & Jurg, B. (1990). Alternative Perspectives on Action Research. *Theory into Practice,* Vol. 24, No. 3, Summer.

McGaw, D., & Watson, G. (1976). *Political and Social Inquiry.* John Willey & Sons, Inc., New York.

McKernan, J. (1991). The Countenance of Curriculum Action Research: Traditional, Collaborative and Critical-Emancipatory Conceptions. *Journal of Curriculum and Supervision,* Vol. 3, No. 34, 173-200.

Neuman, W. L. (2000). *Social Research Methods: Qualitative and Quantitative Approaches. 4th ed.* Boston: Allyn and Bacon.

Rapoport, R. N.(1970). Three Dilemmas in Action Research. *Human Relations,* Vol. 23, No. 6, 480-499.

찾아보기

Bogardus 221

Categorical variable 178
CIPP 평가 모형 73
Cronbach α 239, 240

F test 187
field experimental design 97

Karl Pearson 237
KR20 239, 240
Kuder 239

Primary data 112

Richardson 239

Secondary data 112

T-test 182

X$_2$ test 177

Z test 181

가설(hypothesis) 22, 65, 67, 94
가설 검증 67
가설적 변수 71
각주 271
개념(concept) 60, 94, 206
개념적 정의(conceptual definition) 64, 66, 206
개방형 질문(open-ended question) 117, 156
거트만 척도(Guttman scaling) 216
검사효과 237
결과변수 71
결측값(missing value) 167

경험적 문제 86
계통적 표본추출법 251
공식적 오류 31
공인타당도(concurrent validity) 229
과정평가(process evaluation) 74
과학 26, 73
과학적 방법 17, 25
과학적 연구방법 22, 46
관습적 방법 15
관찰법(observation) 115, 120
관찰연구 98
구간척도 211
구인타당도(construct validity) 230
구조적 관찰 123
구조적 용어 61
군집표본추출(cluster sampling) 248, 252
군집표본추출법 246
권위적 방법 16
귀납적 방법 23
귀무가설 68
규범적 문제 87
규칙 207
기록물 200
기술적 문제 88
기술적 용어 61
기술적 조사연구 43
기술통계(descriptive statistics) 172
기초연구(basic research) 41

난수표 250
내용분석 100
내용타당도(content validity) 227
내적타당도(internal validity) 101, 102
누적척도 216

다변수 문제 88
다지선다형 145, 147
단순무선표본추출(simple random sampling) 248, 249
단순무선표집 250
단순회귀분석 193
대립가설(alternative hypothesis) 68
대인면접법 127
독립변수(independent variable) 70, 92, 102, 123
동간척도 211
동형검사신뢰도(equivalent-form reliability) 237
등가설(non-directional hypothesis) 69
등간척도(interval scale) 211, 215

리커트 척도(Likert scaling) 213

매개변수(intervening variable) 71
면담 198
면접법(interview) 96, 115, 125, 157
명목척도(nominal scale) 209
명제 72, 84
모집단(population) 100, 244
모형 73
목적표본추출(purposeful sampling) 255
무응답률 117
문항난이도(item difficulty) 235
문항내적합치도(inter-item reliability) 239
문항변별도(item discrimination) 235
문헌연구 202

문화기술적 연구(ethnographic research) 99

반분검사신뢰도(split-half reliability) 238
범주척도(categorical scale) 209
변수(variable) 70, 95
변인 70
복원추출(sampling with replacement) 250
부등가설(directional hypothesis) 69
부호화 117, 165
분산분석(ANOVA) 187
비공식적 오류 27
비구조적 관찰 123
비복원추출(sampling without replacement) 250
비비율층화표본추출법(nonproportional sampling) 252
비율척도(ratio scale) 174, 211
비율층화표본추출법(proportional sampling) 251
비조직적 관찰 122
비참여관찰 123
비참여적 연구(nonparticipant research) 58
비통제적 관찰 98, 122
비확률적 표본추출법(nonprobability sampling) 246, 254
빈도분석 172
빈도분포(frequency distribution) 171, 172, 175

사례연구(case study) 99, 115, 128
사회과학 36, 40
사회과학 조사연구 41
산출평가(product evaluation) 74
상관분석(correlation analysis) 100, 190
상호 배타성의 원칙 209, 210
상황평가(context evaluation) 73
생태학적 타당도(ecological validity) 105
생활사적 연구 128
서답형 143
서술적 가설 69
서술적 관찰(narrative observation) 199
서스턴 척도(Thurstone scaling) 218
서열척도(ordinal scale) 210
선택형 143
설명적 문제 88
설명적 조사연구 43
설문지법(questionnaire) 96, 115, 116
소시오메트리(sociometry) 221
순수실험설계(true experimental design) 97
순위척도 210
스피어만-브라운(Spearman-Brown) 공식 238
시간표집법 124
시험효과 104
식별자료(identification data) 135
신뢰도(reliability) 234, 241
신뢰도계수 238, 239
신비적 방법 16
실천연구 130
실험설계 102
실험실연구(laboratory research) 57
실험연구 97

양자택일형 144
양적연구(quantitative research) 54, 95, 98
양적자료 165, 166, 171
어의차 척도(Semantic differential scaling) 219
연구가설 68

연구계획서 261
연구대상 85, 268
연구도구 164, 196
연구목적 92, 135
연구문제 78, 80, 82, 86, 87, 93
연구방법 36, 43, 47, 52, 54, 56, 58, 92, 95, 164
연구보고서 268
연구설계 92
연구자 효과 105, 107
연역적 방법 22
영가설(null hypothesis) 68
예비조사 159, 247
예언타당도(predictive validity) 229
예측적 문제 88
오차한계 248
외적타당도(external validity) 101, 105
요구조사 45
우연적 표본 254
우편조사법 118, 138
원인적 변수 71
원자료 165
유사등간척도 218
유사실험설계(quasi-experimental design) 97
응답 범주 214
응답률 115, 120, 127, 135
응용연구(applied research) 41, 44
의도적 표본추출(purposive sampling) 255
이론(theory) 67, 72, 79
인과관계적 논의 32
인구통계학적 변인 135, 127
인터넷조사법 138
일반화 101, 105, 123, 128
일변수 문제 88
일원분산분석(oneway ANOVA) 187
일화기록법 124
임상적 연구 128
임의영점 211

자료 95, 112
자료분석 164, 200
자료수집 112
자유응답형 143
잠정적 진술 68
재검사신뢰도(test-retest reliability) 237
재생계수 217
전기적 관찰법 125
전략결합 165
전문가타당도 228
전반적 지시문 135
전자설문조사법(electronic survey) 119
전화면접법 127, 138
전화조사법 138
절대영점 211
정의 63
제언 265, 271
조사계획서 260
조사보고서 268
조사연구 41, 52, 92, 96, 261
조작적 정의(operational definition) 21, 64, 66, 94, 206
존 헨리 효과(John Henry effect) 105
종단적 연구(longitudinal study) 55
종속변수(dependent variable) 70, 92, 102, 123, 177

준거관련 타당도(criterion-related validity) 229
중다회귀분석 193
지원자 표본(volunteer samples) 254
지표 206
직관적 방법 17
질문지법 116
질적연구(qualitative research) 54, 95, 98, 196
질적자료 200
집단조사법(group questionnaire) 119, 138
집락표본 252

참여관찰(participant observation) 58, 123, 197
참여적 연구(participant research) 58
척도 145, 147, 157, 208, 212, 242, 247
체계적 표본추출(systematic sampling) 251
총화평정척도법(summated rating scale) 213
추첨법 249
측정 116, 206, 208, 212, 227, 242
측정단위 212
측정도구 227
측정의 수준 208
층화표본추출(stratified sampling) 251
층화표본추출법 245, 248

코딩(coding) 165, 168

타당도(validity) 226, 241
탐색적 조사연구 42
통계적 가설 69
통계적 회귀 104
통제 38
통제적 관찰 98, 122, 123
투입평가(input evaluation) 73

판단표본추출(judgement sampling) 255
편의표본추출(convenience sampling) 254
평가 45
평균(mean) 174
평생교육 48, 49, 50
평생교육 조사연구 52
평정척도형 145
폐쇄형 질문(closed-ended question) 118
표본(sample) 100, 246
표본설계 100, 244
표본추출 244
표준편차(standard deviation) 174, 175

할당표본추출(quota sampling) 255
해석적 문제 87
행동요약법 125
현장연구(field research) 57, 129
호손 효과(Hawthorne effect) 105, 106
확률적 표본추출법(probability sampling) 246, 249
회귀분석(regression analysis) 100, 193
횡단적 연구(cross sectional study) 55
효과변수(effect variable) 71
후주 271

저자 소개

- 윤명희

  서울대학교 학사

  아이오와 대학교 대학원(교육학 석사, 박사)

  현재 동의대학교 인문대학 평생교육학과 교수

  동의대학교 여대생커리어개발센터 소장

  관심영역: 연구방법, 심리측정, 프로그램평가, 교육통계

- 서희정

  동의대학교 학사

  부산대학교 대학원 교육학과(교육학 석사)

  동의대학교 대학원 교육학과(박사과정 수료)

  사회조사분석사 2급 자격증 소지자

  현재 동의대학교 여대생커리어개발센터 연구원

  동의대학교, 부산여자대학 강사

  관심영역: 조사방법, 평생학습동아리, 학습심리

- 성수현

  숙명여자대학교 학사

  부산대학교 대학원 교육학과(교육학 석사)

  동의대학교 대학원 교육학과(교육학 박사)

  현재 동의대학교, 신라대학교 강사

  관심영역: 성인교수학습이론, 교육프로그램개발, 교수방법

- 고영화

  경성대학교 학사

  동의대학교 대학원 평생교육학과(교육학 석사)

  동의대학교 대학원 교육학과(박사과정 수료)

  현재 동의대학교 평생교육원 전담교수

  동의대학교 강사

  관심영역: 평생교육프로그램개발, 분류체계개발, 대학평생교육

평생교육 조사방법론

2009년 9월 1일 1판 1쇄 인쇄
2009년 9월 10일 1판 1쇄 발행

지은이 • 윤명희 · 서희정 · 성수현 · 고영화
펴낸이 • 김진환
펴낸곳 • (주) 학지사
121-837 서울특별시 마포구 서교동 352-29 마인드월드빌딩 5층
대표전화 • 02)330-5114 팩스 • 02)324-2345
등록번호 • 제313-2006-000265호

홈페이지 • http://www.hakjisa.co.kr
커뮤니티 • http://cafe.naver.com/hakjisa

ISBN 978-89-6330-214-0 93370

정가 15,000원

저자와의 협약으로 인지는 생략합니다.
파본은 구입처에서 교환해 드립니다.